EXCLUSÃO EXTRAJUDICIAL DE SÓCIO
NA SOCIEDADE LIMITADA

Requisitos e procedimentos
do art. 1.085 do Código Civil

Conselho Editorial

André Luís Callegari
Carlos Alberto Molinaro
César Landa Arroyo
Daniel Francisco Mitidiero
Darci Guimarães Ribeiro
Draiton Gonzaga de Souza
Elaine Harzheim Macedo
Eugênio Facchini Neto
Giovani Agostini Saavedra
Ingo Wolfgang Sarlet
José Antonio Montilla Martos
Jose Luiz Bolzan de Morais
José Maria Porras Ramirez
José Maria Rosa Tesheiner
Leandro Paulsen
Lenio Luiz Streck
Miguel Àngel Presno Linera
Paulo Antônio Caliendo Velloso da Silveira
Paulo Mota Pinto

Dados Internacionais de Catalogação na Publicação (CIP)

C957e   Cruz, Diogo Merten.
         Exclusão extrajudicial de sócio na sociedade limitada : requisitos e procedimentos do art. 1.085 do Código Civil / Diogo Merten Cruz. – Porto Alegre : Livraria do Advogado Editora, 2016.
         154 p. ; 23 cm.
         Inclui bibliografia.
         ISBN 978-85-69538-47-9

         1. Direito empresarial - Brasil. 2. Sociedades comerciais. 3. Sócios - Exclusão extrajudicial. 4. Direito civil - Brasil. 5. Brasil. Código Civil. I. Título.

CDU 347.7(81)
CDD 346.81065

Índice para catálogo sistemático:
1. Direito empresarial : Brasil   347.7(81)

(Bibliotecária responsável: Sabrina Leal Araujo – CRB 10/1507)

Diogo Merten Cruz

EXCLUSÃO EXTRAJUDICIAL DE SÓCIO NA SOCIEDADE LIMITADA

Requisitos e procedimentos do art. 1.085 do Código Civil

Porto Alegre, 2016

© Diogo Merten Cruz, 2016

Capa, projeto gráfico e diagramação
Livraria do Advogado Editora

Revisão
Betina Denardin Szabo

Direitos desta edição reservados por
Livraria do Advogado Editora Ltda.
Rua Riachuelo, 1300
90010-273 Porto Alegre RS
Fone: 0800-51-7522
editora@livrariadoadvogado.com.br
www.doadvogado.com.br

Impresso no Brasil / Printed in Brazil

Agradecimentos

Publicar uma dissertação de mestrado equivale a submeter o trabalho a uma banca avaliadora composta por um sem número de pessoas, interessadas e sedentas para discutir o tema de fundo.

Essa situação representa um grande desafio a quem inicia-se no mundo acadêmico, mas também faz reverberar a importância daqueles que, direta ou indiretamente, contribuíram para a concretização desse projeto.

Entre todos, dirijo meus agradecimentos primeiramente à Bianca, minha esposa e companheira, que conviveu com todas as dificuldades e angústias decorrentes da elaboração deste trabalho, prestando, sem titubear, o apoio essencial para a superação dos momentos de dificuldade, assim como participando das discussões sobre alguns dos pontos a seguir tratados.

Também tenho muito a agradecer ao Professor Gerson Luiz Carlos Branco. Desde longa data nossas discussões sobre os mais diversos temas foram uma constante no dia a dia de trabalho. Contudo, quando o Gerson foi indicado pelo Programa de Pós-Graduação em Direito da UFRGS para assumir a co-orientação da minha dissertação, por conta da aposentadoria do Prof. Peter Walter Ashton, a essência do Professor veio à tona, multiplicando o respeito e admiração já nutridos anteriormente. Este agradecimento também é uma homenagem à seriedade e ao empenho como o Gerson exerce o múnus de Professor, sempre disponível e atento às diversas questões acadêmicas e metodológicas que são fundamentais para o desenvolvimento de um trabalho acadêmico.

Da mesma forma, não posso deixar de agradecer ao Prof. Cesar Viterbo Matos Santolim, que viabilizou a co-orientação do Gerson, e colaborou de forma decisiva para a elaboração da dissertação.

Quanto aos integrantes das Bancas de qualificação e avaliação, destaco que a admiração por V. Sas. já existia antes mesmo da crítica e colaboração recebidas. Agradeço aos Prof. Luis Renato Ferreira da Silva, Luis Felipe Spinelli, Francisco Satiro e Luiz Carlos Buchain pelo empenho e o tempo empreendido na análise do trabalho, pela crítica formulada e pelas indicações bibliográficas que foram importantíssimas para o trabalho realizado.

Ainda, agradeço a meus pais Hamilton e Ana Emília pelo suporte e incentivo incondicional necessários ao caminho até então percorrido.

Porto Alegre, junho de 2016.

Prefácio

Um dos principais desafios da pesquisa jurídica é encontrar espaços para realização de investigação científica sobre matérias que ao mesmo tempo reflitam preocupações contemporâneas, com utilidade social e não estejam no rol daqueles temas repetidos e com baixo grau de inovação.

Por outro lado, abordar temas inovadores implica riscos, principalmente quando a matéria é polêmica, como no caso do livro que segue a este prefácio, que trata sobre uma das questões mais tormentosas do Direito Societário, que é a exclusão extrajudicial de sócio de Sociedade Limitada.

O Diogo Merten Cruz optou por um dos caminhos mais difíceis e rigorosos, tendo elaborado um plano cartesiano, segundo parâmetros de uma pesquisa acadêmica rigorosa, sem deixar de atender aos aspectos técnicos e práticos que interessam aos operadores do Direito.

O livro parte dessa premissa, afirmando a importância da sociedade limitada no contexto do Direito brasileiro *"servindo como arcabouço jurídico de pequenos, médios ou, até mesmo, grandes conglomerados econômicos"*.

A obra teve como primeiro desafio o enfrentamento dos pressupostos deontológicos da sociedade limitada, fazendo um escrutínio dos deveres dos sócios a partir dos parâmetros fixados no Código Civil brasileiro, realizando uma exemplar distinção entre os deveres do sócio e os deveres dos administradores, sejam sócios ou não, para centrar sua atenção nos diversos graus de intensidade dos deveres que recaem sobre os sócios, conforme a estrutura peculiar de cada sociedade limitada.

A questão é complexa e possui muitas peculiaridades, tendo especial relevo a situação fática em que o sócio não administra a sociedade, porém possui atuação cotidiana, como é comum nas sociedades limitadas.

O livro enfrenta de modo impar as hipóteses do sócio capitalista, cujos deveres de lealdade e cooperação precisam ser compreendidos nos limites de sua implicação com a vida societária, tendo em vista que a ele não são atribuídos deveres fiduciários, tampouco possui ingerência nos assuntos cotidianos da sociedade.

Partindo disso, surge um importante desafio, que é o de compreender a natureza da sociedade limitada como fenômeno social e econômico em face do texto legal.

Não obstante os importantes avanços que o Código Civil representou para o Direito Privado, relativamente à modernização do Direito das Obrigações, e à adoção da Teoria da Empresa como base para a disciplina unificada do regime obrigacional; a disciplina das sociedades limitadas sofreu uma transformação substancial comparativamente com o regime do Decreto 3.078 de 10 de janeiro de 1919.

O Decreto 3.078/1919 era baseado na premissa de que as sociedades por quotas de responsabilidade limitada eram destinadas a "atividades negociais" de menor complexidade que aquelas desenvolvidas pelas sociedades por ações.

Lembre-se que no início do século XX todas as sociedades por ações tinham estrutura jurídica similar as atuais sociedades de capital aberto, podendo vender suas ações no balcão ou na bolsa de valores.[1]

Sem a complexidade das sociedades por ações, as sociedades por quotas de responsabilidade limitada criadas pelo Decreto 3.078/19 traziam o importante benefício da limitação da responsabilidade, na esteira da relativamente recente regulamentação do Direito Alemão e Direito Português.[2]

A simplicidade projetada pelo Decreto 3.078/1919 permitiu uma flexibilidade impar para o tipo societário, o que foi responsável por uma adoção contínua e progressiva do modelo na realidade comercial brasileira no curso do século XX, transformando o tipo jurídico em um dos mais importantes tipos societários, tendo praticamente suplantado sob o ponto de vista social todos os tipos previstos no Código Comercial de 1850.

Mesmo grandes conglomerados empresariais adotaram o regime das sociedades por quotas de responsabilidade limitada, já que o legislador atribuiu aos sócios a faculdade de que, através dos atos de autonomia privada, pudessem disciplinar praticamente todo o conteúdo dos deveres dos sócios, os órgãos societários e seu funcionamento, sistema de atribuição de competências, exclusão, etc.

---

[1] A propósito, ver BARCELLOS, Marta. História do Mercado de Capitais no Brasil. Elsevier/Bovespa, 2010, especialmente o texto de CARVALHO, Ney. Nas brumas do tempo; e PARGENDLER, Mariana. *Evolução do Direito Societário: Lições do Brasil*. São Paulo: Saraiva, 2013.

[2] A primeira lei sobre matéria foi editada na Alemanha em 20 de abril de 1892, texto base da Lei Portuguesa de 1901, que serviu em grande medida para a composição do texto do Decreto n. 3.078 de 10 de janeiro de 1919. MARCONDES, Sílvio. *Problemas de Direito Mercantil*. São Paulo: Max Limonad, 1970.

As diretrizes do Código Civil ao regular a sociedades limitadas foram outras.

Conforme o livro de Diogo menciona de modo claro, o Código Civil "fortemente influenciado pelo Direito Italiano, adotou a Teoria da Empresa, realocando o conceito de empresa no núcleo do sistema jurídico incidente sobre a realidade fática a ela inerente. O Direito Comercial passou a ser denominado de Direito Empresarial, e os cânones hermenêuticos receberam um novo direcionamento para que o Direito passasse a dar à empresa todo incentivo e proteção asseguradores do cumprimento da função social por ela exercida".

Esse pressuposto, já vinha sendo adotado pela jurisprudência brasileira na decisão de importantes matérias atinentes às sociedades limitadas, tais como a admissão da dissolução parcial em casos de dissolução total, para permitir que os sócios que tivessem interesse continuassem a desenvolver as atividades empresariais, etc. Porém, a disciplina do Código Civil teve como resultado um sistema intervencionista e truncado.[3]

O Código Civil estabeleceu uma regulamentação das Sociedades Limitadas de modo tão confuso que foi adjetivada por Haroldo Verçosa como *esquizofrênica* ao comentar uma de suas disposições mais importantes, que é a regra de regência do art. 1058 e seu parágrafo único.[4]

A disposição determina a aplicação subsidiária das sociedades simples sobre o regime das sociedades limitadas ignorando por completo a circunstância fática de que ao longo do século XX boa parte dos conglomerados econômicos, incluindo *holdings* controladoras de grandes sociedades anônimas organizaram-se sob a forma de Sociedades por Quotas.

Isso significa que sociedades tipicamente de capital passaram a ser reguladas pelas disposições legais destinadas a disciplinar o modelo de sociedades de pessoas previstas no Código Civil (sociedade simples), circunstância que traz dificuldades quase intransponíveis.

Por outro lado, a possibilidade de o contrato social dispor a regulamentação de modo subsidiário da Lei das Sociedades por Ações, sem uma especificação mais clara sobre a conformação dessa incidência, mantém uma nuvem que turva a visão dos juristas quanto a incidência das normas de regência.

A propósito do contrato social, este deve seguir o modelo da sociedade simples, pois mesmo se a sociedade adotar o regime subsidiário

---

[3] Sobre o desenvolvimento da matéria no regime do Decreto 3.078/19 COMPARATO, Fábio Konder. Sociedade por cotas de responsabilidade limitada. RT 473/1975 mar.1975.

[4] VERÇOSA, Haroldo Malheiros Duclerc. *Curso de Direito Comercial*. v. 2. São Paulo, Malheiros, 2008.

da sociedade por ações, não há no Código Civil requisitos mínimos do contrato social e são absolutamente inaplicáveis – por falta de coerência e pela sua natureza normativa – as disposições sobre o Estatuto Social das Sociedades por Ações. A consequência é que, em qualquer circunstância, os requisitos são os do art. 997 do Código Civil, que regulam o contrato social das Sociedades Limitadas, não obstante não sejam aplicáveis alguns incisos, especialmente os que tratam de solidariedade e responsabilidade dos sócios, disposições unicamente aplicáveis às sociedades simples.

Diogo Merten Cruz enfrenta esse cipoal normativo, traçando os marcos divisórios do regime do inadimplemento das obrigações societárias que estão regidos no art. 1.030 do Código Civil, no capítulo relativo às sociedades simples, incidente sobre as Sociedades Limitadas ainda que a norma de regência supletiva sejam as previstas na Lei das Sociedades por Ações.

A primeira parte do livro enfrenta o ponto e faz uma distinção tormentosa: diferencia as hipóteses de inadimplemento dos deveres societários que justificam a exclusão judicial prevista no art. 1.030 do Código Civil, confrontando-a com a justa causa para exclusão de sócio que é disciplinada no art. 1.085 do mesmo diploma legal.

Com rigor científico parte dos pressupostos da Doutrina Italiana e brasileira para analisar o desenvolvimento jurisprudencial ocorrido desde a edição do Código Civil brasileiro, construindo uma proposta de interpretação que diferencia de modo claro as hipóteses de incidência, não obstante as dificuldades que o texto legal apresenta.

O autor é claro ao afirmar que enquanto o art. 1.030 disciplina o inadimplemento de obrigações sociais, independentemente de culpa, porém com gravidade suficiente para pôr em risco a própria sociedade, identifica que os parâmetros para a justa causa são distintos, tendo em vista que a teleologia da norma visa proteger não somente a sociedade, como também a empresa.

Assim, considera que a justa causa é caracterizada quando o inadimplemento dos deveres do sócio coloca em risco a "empresa", especialmente em seu perfil funcional ou objetivo.[5]

Embora o Autor entenda que o ato de inegável gravidade tenha o mesmo fundamento do art. 1.030 (descumprimento de deveres), que caracterize inadimplemento das obrigações dos sócios, sua perspectiva de inadimplemento é informada pela doutrina do Direito Obrigacional,

---

[5] Segundo a lição que tornou-se clássica no Direito brasileiro pela adoção de suas ideias no Código Civil, tendo grande popularidade a tradução do texto de ASQUINI, Alberto. Perfis da empresa. Tradução de Fábio Konder Comparato. *Revista de direito mercantil*, industrial, econômico e financeiro, São Paulo, v. 35, n. 104, out./dez. de 1996.

de modo que fiquem dispensadas a caracterização da culpa ou da gravidade do inadimplemento, embora deva tal ato ou omissão por em risco a empresa.

O autor considera que atos externos não imputáveis ao sócio sejam fundamento suficiente para considerá-los como justa causa. Porém, mesmo tendo rejeitado tal concepção como fundamento para a exclusão de sócio, admite-a como possível fundamento de uma exclusão judicial: "Contudo, não é toda falta grave que configura risco à continuidade da empresa, razão pela qual não é toda falta grave que autoriza a exclusão extrajudicial de sócio, ou seja, a exclusão sem o crivo do Poder Judiciário".

A segunda parte do livro tem uma utilidade impar, pois enfrenta um problema que remonta à concepção do texto do Código Civil, que no art. 1.085 apenas indica indícios do procedimento para a exclusão extrajudicial de sócio.

Nesse aspecto retoma-se a problemática da norma de regência supletiva do Código Civil. Independentemente da aplicação do art. 1.053 *caput* ou de seu parágrafo único, é certo que o Código Civil disciplinou de modo pobre tanto a reunião de quotistas quanto a assembleia, que são os conclaves necessários para a deliberação societária.

Não bastasse a difícil e necessária investigação sobre o procedimento, a discussão desenvolvida por Diogo em sua obra enfrenta uma matéria geralmente omitida nas obras de Direito Comercial, que são as implicações decorrentes da incidência do texto constitucional.

Neste sentido, a segunda parte da obra é dedicada a enfrentar as omissões legislativas e a contemporização da adoção do princípio do *due processo of law* previsto no parágrafo único do art. 1.085 e sua aplicação no âmbito das relações intersubjetivas.[6]

É evidente que em uma obra sobre exclusão de sócio não cabe digressões sobre direitos fundamentais, porém, o enfrentamento realizado deu conta sobre uma das questões mais complexas da Teoria do Direito Privado, que diz respeito ao modo como se pode assegurar a proteção de Direitos Fundamentais naqueles casos em que o legislador estabelece um regime de proteção horizontal.

---

[6] Conforme lição de Wiedmann o Direito Societário caracteriza um *pequeno estado de direito*, pois em razão da organização necessária para a formação da vontade social surge um processo de subordinação e supremacia a partir da adoção do princípio da maioria, o que caracteriza uma *supra sociedade* de Direito Privado, acentuando o problema das atribuições de competências e necessidade de atendimento de regras que contenham soluções justas e adequadas. WIEDMANN, Herbert. Direito Societário I – Fundamentos. In: NOVAES E FRANÇA, Erasmo Valadão. *Temas de Direito Societário, Falimentar e Teoria da Empresa*. São Paulo: Malheiros, 2009. O tema é recorrente sob o ponto de vista dos limites da atuação da maioria e o poder de intervenção do Poder Judiciário nos atos societários. Alguns aspectos dessa questão e sua interpretação ao longo do século XX pode ser visto no artigo de TOOD HENDERSON, M. Old is New Again: Lessons from Dodge v. Ford Motor Company, JOHN M. O LIN L AW & E CONOMICS WORKING PAPER N. 373, <www.law.uchicago.edu>, 2007.

O Autor analisa as ideias de Miguel Reale que foram adotadas na construção do Artigo de Lei, bem como as disposições do texto constitucional e a peculiaridade de sua incidência nas relações privadas, propondo que a intepretação dos *meios inerentes* a que se refere o texto constitucional constitui-se na chave interpretativa para compreensão de que os limites procedimentais de um conclave societário não permitem a confusão com um processo judicial.

A partir disso propõe que o ordenamento pressupõe a boa-fé dos sócios que deliberam a exclusão do sócio que deu causa ao ato, atribuindo eficácia a exclusão desde que tenham sido adotados os procedimentos formais previstos para o conclave societário, especialmente a oportunidade de conhecimento da imputação e de voz na reunião ou assembleia.

Presentes tais requisitos surge o ato que será formalmente eficaz e poderá ser arquivado na Junta Comercial, podendo ser excluído da sociedade, sem prejuízo de que uma eficácia material possa ser discutida no plano judicial, em eventual demanda que vise desconstituir o ato nas hipóteses de desatendimento das condições materiais da exclusão, que são a justa causa e o risco de dano para a empresa.

A obra ao enfrentar tais temas complementa um modelo dogmático em construção que é o regime das Sociedades Limitadas, especialmente a disciplina da exclusão extrajudicial de sócio que incorre em ato de inegável gravidade e que põe em risco a continuidade da empresa.

Diogo Merten Cruz deixa clara a preocupação com o rigor técnico e com a criação de parâmetros que permitam de forma objetiva a formação de um conteúdo dogmático mínimo para a matéria, razão pela qual o trabalho além de ter um caráter acadêmico e científico também serve de roteiro para a aplicação do Direito, seja por advogados, juízes e árbitros.

A reflexão ponderada e criteriosa tornam a pesquisa e o livro que tenho a honra de prefaciar não apenas inédito, mas uma obra de excelente valor científico e operativo. Não foi por outras razões que recebeu recomendação de publicação por parte da distinta banca de mestrado que lhe examinou, com fundamento no mérito e na originalidade do trabalho, bem como por sua intrínseca importância para um tema tão caro para o Direito Comercial.

Porto Alegre, junho de 2016.

Gerson Luiz Carlos Branco
Professor de Direito Empresarial da
UFRGS e Advogado

Sumário

Introdução..15

Primeira parte – Elementos materiais da legislação brasileira relativos à exclusão extrajudicial de sócio na sociedade limitada..27

1. Pressupostos deontológicos da sociedade empresária limitada no Código Civil brasileiro..30
   1.1. Do substrato obrigacional imputável aos sócios 30
      1.1.1. Do dever de integralizar o capital subscrito 36
      1.1.2. Do dever de lealdade 40
      1.1.3. Do dever de colaboração 52
   1.2. Da utilização do fim social como parâmetro interpretativo das hipóteses de violação dos deveres sociais..57
      1.2.1. Da caracterização do fim social e sua relação com o objeto social 59
      1.2.2. Do fim social e sua utilização como parâmetro para analisar o comportamento do sócio no âmbito de uma sociedade.........................63

2. A justa causa para exclusão de sócio no art. 1.085 do Código Civil brasileiro........68
   2.1. Diferenciação necessária: as disposições do art. 1.085 do Código Civil e o regime da exclusão judicial por falta grave prevista no art. 1.030 do mesmo diploma legal..................................70
   2.2. Da justa causa para a exclusão extrajudicial de sócio – da caracterização dos atos de inegável gravidade que colocam em risco a continuidade da empresa....81

Segunda parte – Requisitos procedimentais para a tomada da deliberação de exclusão do sócio..93

3. Requisitos prévios ao conclave que deliberará a exclusão do sócio.....................93
   3.1. Da necessidade de previsão no contrato social da regra autorizativa da exclusão extrajudicial de sócio...............................94
   3.2. Questões preliminares à realização do conclave que deliberará sobre a exclusão de sócio..100
      3.2.1. Do tipo de conclave a ser realizado para a deliberação de exclusão de sócio – a reunião ou assembleia de sócios................100
      3.2.2. Da competência para a convocação do conclave societário 103
      3.2.3. Da exigência de que os conclaves que deliberarão sobre a exclusão extrajudicial de sócio sejam "especialmente convocados para tal fim".....104
      3.2.4. Da exigência de ser dada "ciência do acusado em tempo hábil para permitir seu comparecimento e o exercício do direito de defesa"............107

  3.2.4.1. Do prazo mínimo para que ocorra a ciência do sócio cuja exclusão será deliberada em conclave societário – da garantia de comparecimento e do exercício do direito de defesa..............110
  3.2.4.2. Do conteúdo da convocação e da cientificação de sócios a fim de assegurar o exercício do direito de defesa................................115

4. Requisitos formais do conclave para exclusão societária...............118
 4.1. Da formação da vontade societária para exclusão de sócio............118
  4.1.1. Quórum de instalação do conclave e assinatura no livro de presenças.....118
  4.1.2. Do direito de defesa no conclave societário que deliberará sobre a exclusão de sócio..123
  4.1.3. Das funções da mesa diretora na condução do conclave e da asseguração do exercício do direito de defesa ao sócio que está em procedimento de exclusão extrajudicial..131
  4.1.4. Do quórum necessário para a deliberação societária de exclusão de sócio...137
 4.2. Ata de assembleia e alteração de contrato social.........................141

Conclusão..145

Referências bibliográficas..149

Introdução

A exclusão extrajudicial de sócio nas sociedades limitadas consiste em procedimento previsto no art. 1.085[1] do Código Civil brasileiro pelo qual a maioria dos sócios, representativa de mais da metade do capital social, pode excluir um ou mais sócios minoritários[2] que estão pondo em risco a continuidade da empresa em virtude de atos de inegável gravidade.

A exclusão do sócio se dá mediante alteração de contrato social e requer, além de cláusula autorizativa expressa, que a deliberação seja tomada em reunião ou assembleia de sócios convocada especialmente para esse fim, com a ciência do sócio que está em processo de exclusão em tempo para permitir seu comparecimento ao ato e o exercício do direito de defesa.

Este trabalho tem por objeto analisar a regulamentação da exclusão extrajudicial de sócio na sociedade empresária limitada.[3] O núcleo da pesquisa assenta-se na incidência e aplicação das disposições do artigo 1.085 do Código Civil brasileiro sobre o tema, a partir do qual serão

---

[1] Art. 1.085. Ressalvado o disposto no art. 1.030, quando a maioria dos sócios, representativa de mais da metade do capital social, entender que um ou mais sócios estão pondo em risco a continuidade da empresa, em virtude de atos de inegável gravidade, poderá excluí-los da sociedade, mediante alteração do contrato social, desde que prevista neste a exclusão por justa causa. Parágrafo único. A exclusão somente poderá ser determinada em reunião ou assembleia especialmente convocada para esse fim, ciente o acusado em tempo hábil para permitir seu comparecimento e o exercício do direito de defesa

[2] A exclusão extrajudicial de sócio na sociedade limitada é destinada ao afastamento dos sócios minoritários pois as exigências de quórum do artigo 1.085 do Código Civil impedem a aplicabilidade do instituto em relação aos sócios majoritários. Não sendo atendido o quórum exigido pela lei para a exclusão extrajudicial de sócio, a única alternativa para tanto é a via judicial ou arbitral, com fundamento nas disposições do artigo 1.030 do Código Civil. O análise desta questão será retomada no capítulo deste estudo destinado ao estudo dos requisitos procedimentais para a exclusão extrajudicial de sócio.

[3] Na elaboração da pesquisa, não se ignorou o fato de que o tipo jurídico *sociedade limitada* pode regular tanto sociedades empresárias, quando sociedades de natureza civil. O foco deste trabalho é a sociedade limitada empresária. A sociedade limitada que rege as atividades não empresárias não é objeto desta pesquisa. Assim, caso seja feita referência genérica à sociedade limitada, o termo deve ser compreendido como de natureza empresária.

abordados os requisitos de ordem material e procedimental necessários para que a sociedade tome a deliberação de exclusão de sócio.[4]

Não faz parte na análise que se realiza neste livro o enfrentamento de temas como a liquidação e pagamento dos haveres devidos ao sócio excluído, tendo em vista que o foco da pesquisa está dirigido especificamente para o procedimento de *deliberação* da exclusão do sócio. Entende-se que a liquidação e pagamento dos haveres do sócio representa uma fase posterior à tomada da deliberação de sua exclusão,[5] com peculiaridades próprias que extrapolam os limites deste trabalho.[6]

Outrossim, apesar das diversas referências neste estudo sobre o artigo 1.030 do Código Civil, não será objeto de apreciação específica a

---

[4] Da análise do Código Civil brasileiro, conforme indicação de Haroldo Verçosa, é possível observar que constam referências a seis hipóteses de exclusão de sócios, a saber: 1) a exclusão do sócio remisso (art. 1.004 combinado com art. 1.058); 2) a exclusão do sócio por falta grave no cumprimento de suas obrigações (art. 1.030, *caput*); 3) a exclusão do sócio por incapacidade supervenientemente à constituição da sociedade (art. 1.030, *caput*); 4) a exclusão do sócio declarado falido (art. 1.030, parágrafo único); 5) a exclusão do sócio cuja quota tenha sido liquidada por credor(es) (art. 1.030, *caput*, cumulado com art. 1.026, parágrafo único); 6) a exclusão do sócio que praticou ato de inegável gravidade, pondo, assim, em risco a continuidade da empresa (art. 1.085). Nesse sentido, vide VERÇOSA, Haroldo Malheiros Duclerc. *Curso de Direito Comercial*. Vol. 2. Teoria geral das sociedades. As sociedades em espécie do Código Civil. 2. ed. São Paulo: Malheiros, 2010, p. 550. Em que pese a manifestação de Haroldo Verçosa apontando como causa de exclusão de sócio da sociedade limitada a incapacidade superveniente do sócio, deve-se destacar que a aceitabilidade de tal hipótese de exclusão de sócio na sociedade é muito discutida pela doutrina. Os defensores do entendimento que veda a aplicabilidade de tal trecho do artigo 1.030 do Código Civil às sociedades limitadas defendem que, podendo o sócio que se tornou incapaz ser representado por curador, passaria ele a exercer posição semelhante a de um sócio capitalista. Sobre o tema vide: CARVALHOSA, Modesto. *Comentários ao Código Civil:* Parte Especial – do Direito de Empresa (artigos 1.052 a 1.195), vol. 13. Antônio Junqueira de Azevedo (coord.). São Paulo: Saraiva, 2003, p. 311; e ainda trecho da própria obra de Haroldo Verçosa (Op. cit., p. 105). No que diz respeito às hipóteses previstas no artigo 1.027 e 1.028 do Código Civil, destaca-se que as mesmas não dizem respeito ao tema deste trabalho, pois tratam-se de casos de vedação do ingresso de sócio na sociedade. Neste sentido, vide COSTA-LUNGA, Karime. *As diferentes lógicas do direito na transmissão patrimonial em uma sociedade limitada intuitus personae*: uma proposta de interpretação da matéria após o código civil de 2002. 114 f. Tese (doutorado) – Universidade Federal do Rio Grande do Sul. Faculdade de Direito. Programa de Pós-Graduação em Direito. Porto Alegre, BR-RS, 2013.

[5] A dissolução de uma sociedade, em sentido amplo, é composta de todas as fases necessárias para a extinção da sociedade e sua personalidade jurídica, a saber, a dissolução em sentido estrito, a liquidação dos haveres e a extinção da sociedade. A dissolução da sociedade em sentido estrito consiste no ato através do qual a sociedade entra em liquidação, com a consequente alteração de seu objetivo originário para que os negócios sejam ultimados, com o posterior pagamento dos haveres devidos aos sócios. A exclusão extrajudicial de sócio é uma das hipóteses de consumação da dissolução parcial da sociedade, em sentido estrito, com a saída do seio societário apenas do(s) sócio(s) excluído(s). Sobre o tema, vide: BARBI FILHO, Celso. *Dissolução parcial de sociedades limitadas*. Belo Horizonte: Mandamentos, 2004. ESTRELLA, Hernani. *Apuração dos haveres de sócio*. 5. ed. atual. por Roberto Papini. Rio de Janeiro: Forense, 2010, p. 45, SPINELLI, Luis Felipe. *A exclusão de sócio por falta grave na sociedade limitada*. São Paulo: Quartier Latin, 2014, p. 24-31.

[6] Sobre a liquidação das quotas e pagamento dos haveres, entre outros, vide: COELHO, Fábio Ulhoa. Apuração de haveres na sociedade limitada. In: YARSHELL, Flávio Luiz; PEREIRA, Guilherme Setoguti J. (coord.). *Processo Societário*. São Paulo: Quartier Latin, 2012, p. 185-201. FONSECA, Priscila M. P. Corrêa da. *Dissolução parcial, retirada e exclusão de sócio*. 5. ed. São Paulo: Atlas, 2012. ESTRELLA, Hernani. *Apuração dos haveres de sócio*. 5. ed. atual. por Roberto Papini. Rio de Janeiro: Forense, 2010.

exclusão *judicial* de sócio. As referências lançadas no texto àquele dispositivo legal e à exclusão *judicial* de sócio têm por objetivo contribuir com a análise dos requisitos exigidos pelo artigo 1.085 do Código Civil.

Destaca-se, ainda, que as manifestações de cunho histórico têm por objetivo permitir a compreensão do regime legal atualmente vigente, sem a pretensão de transformar esse livro em um estudo de análise histórica profunda do tema.[7] O marco temporal adotado para a abordagem dos requisitos para a exclusão extrajudicial de sócio é a promulgação do Código Civil vigente.[8]

---

[7] A primeira legislação a prever a exclusão de sócio foi o Código Prussiano de 1794, seguido pelo Código Civil austríaco de 1811, Código Civil alemão de 1896 e Código Comercial alemão de 1897 (§§ 140-142). O direito germânico passou a influenciar diversas ordens jurídicas modernas. Embora tenha surgido no âmbito civil, foi nas sociedades comerciais que o instituto da exclusão de sócio alcançou seu pleno desenvolvimento, dada a influência que um litígio societário presta na realização dos negócios da sociedade. A doutrina indica que o desenvolvimento do instituto possui três fases, representadas pela consequência da aplicação do mesmo nas legislações alemã, espanhola e italiana. No direito alemão a exclusão de sócio surge não como instituto autônomo, mas como decorrência da dissolução por motivos relacionados à pessoa do sócio. A exclusão somente é possível nas hipóteses de dissolução e havendo a concordância de todos os sócios em permanecer em sociedade. No direito espanhol a exclusão aparece com individualidade própria, com motivação independente da dissolução. Contudo, possui uma relação formal com a dissolução, pois é chamada de rescisão parcial e tratada como forma de dissolução. Somente no sistema italiano a exclusão passa a ser disciplinada como instituto com identidade própria, formal e substancialmente desvinculada da dissolução. Nesse sentido, dentre outros vide RIBEIRO, Renato Ventura. *Exclusão de Sócios nas Sociedades Anônimas*. São Paulo: Quartier Latin, 2005, p. 112-113; DALMARTELO, Arturo. *L'Esclusione dei Soci Dalle Società Commerciali*. Padova: CEDAM. 1939, p. 13-14. Sobre histórico do instituto da exclusão de sócios e, em especial, da superação da fase individualista, na qual a propositura de ação de dissolução da sociedade resultada na dissolução integral do ente social, vide: REQUIÃO, Rubens. *A preservação da sociedade comercial pela exclusão de sócio*. Tese para Concurso à Cátedra de Direito Comercial da Faculdade de Direito da Universidade do Paraná. Curitiba. 1959, p. 117-154. Integra do trabalho disponibilizada pela Universidade Federal do Paraná através do *link* <http://dspace.c3sl.ufpr.br/dspace/bitstream/handle/1884/24814/T%20-%20REQUIAO,%20RUBENS%20(T%20 0 3492).pdf?sequence=1>, acesso em 05.10.2013.

[8] No direito brasileiro, conforme destacado por Rubens Requião, é possível observar que a ordem jurídica anterior à entrada em vigor do Código Civil de 2002 foi forjada através de uma forte filiação aos princípios individualistas, sendo observável que o Código Comercial de 1850 não das o tratamento amplo necessário à exclusão de sócio, repousando na dissolução da sociedade a solução para os problemas de relacionamento entre os sócios, não apresentando a mesma preocupação com a preservação da empresa. Coube à jurisprudência pátria modificar tal entendimento individualista, passando a dar a importância devida à empresa. A consequência direta de tal valorização consolidou-se através da construção pretoriana que possibilitou a dissolução parcial da sociedade, bem como a permissão de exclusão de sócio em outras hipóteses que não aquelas previstas no Código Comercial brasileiro de 1850, o que foi viabilizado através da figura da *justa causa* e da força atribuída aos ajustes entabulados pelos sócios no contrato social, hipóteses essas que influenciariam diretamente a legislação hoje vigente. Obviamente que ao longo de mais de 150 anos de vigência do Código Comercial e, especialmente, entre a edição do Decreto n. 3.708/19 até a entrada em vigor do Código Civil de 2002, houve inúmeras alterações de posicionamentos e tendências, tanto doutrina, quanto jurisprudência, que resultaram na formação de uma dogmática relacionada a exclusão de sócios, que acabou por influenciar o conjunto de disposições que conformam a matéria no Código vigente. Nesse sentido cabe destacar que o presidente da comissão responsável pela apresentação do Anteprojeto de Código Civil foi Miguel Reale, tendo sido ele um dos responsáveis pela inserção do artigo 1.085 do Código Civil. Miguel Reale frequentemente esteve envolvido com o tema da exclusão de sócio, tendo elaborado, ao longo de sua vida profissional, os seguintes artigos sobre a matéria: REALE, Miguel. Exclusão de sócio das sociedades comerciais. In: *Questões de direito*. São

Semelhante ressalva deve ser feita no que diz respeito ao Direito Comparado. As referências à doutrina e jurisprudência de outros países têm por objetivo embasar o posicionamento adotado no texto e contribuir com a demonstração das discussões jurídicas existentes sobre a matéria no direito brasileiro, em grande parte influenciadas pelo direito estrangeiro.

Em continuidade com as demarcações metodológicas, é de grande importância ressaltar que as discussões sobre a exclusão extrajudicial de sócio na sociedade empresária limitada deve levar em consideração que esse tipo societário possui ampla utilização no direito brasileiro, servindo como arcabouço jurídico de pequenos, médios ou, até mesmo, grandes conglomerados econômicos.

Nesse cenário de exploração das atividades empresariais, a exclusão extrajudicial de sócio é uma das questões mais relevantes ao Direito Societário, pois além de promover alterações estruturais na sociedade (com o afastamento imediato do sócio), configura, geralmente, uma contraposição direta de interesses entre a sociedade – e seu grupo majoritário – e o sócio cuja exclusão está em processo de deliberação.

Tal contraposição expõe e provoca conflitos valorativos extremamente importantes, tendo de um lado, princípios como o da função social e preservação da empresa, e de outro, direitos como o de propriedade e de autodeterminação do sócio.[9]

Paulo: Sugestões Literárias, 1981, p. 309-320. REALE, Miguel. A exclusão de sócio da sociedade civil e o controle jurisdicional. In: *Nos quadrantes do direito positivo – Estudos e Pareceres*. São Paulo: Michalany, 1960, p. 309-318. REALE, Miguel. A exclusão de sócio das sociedades mercantis e o registro de comércio. *Revista dos Tribunais*. São Paulo: RT. Ano 33, v. 150, p. 459-468, jul. 1944. REALE, Miguel. *História do Código Civil*. Biblioteca de Direito Civil. Estudos em homenagem ao Professor Miguel Reale, vol. I. São Paulo: RT, 2005. Quanto à abordagem do tema trazida por Rubens Requião, referida no início desta nota, vide REQUIÃO, Rubens. *A preservação da sociedade comercial pela exclusão de sócio*: Tese para Concurso à Cátedra de Direito Comercial da Faculdade de Direito da Universidade do Paraná. Curitiba. 1959, p. 154. Íntegra do trabalho disponibilizada pela Universidade Federal do Paraná através do *link* <http://dspace.c3sl.ufpr.br/dspace/bitstream/handle/1884/24814/T%20-%20REQUIAO,%20RUBENS%20(T%20 3492).pdf?sequence=1>, acesso em 05.10.2013.

[9] O desenvolvimento do tema da exclusão extrajudicial de sócios teve uma fase inicial marcada pelo individualismo, período no qual a doutrina, especialmente de influência francesa, discutia sobre a possibilidade da extinção da sociedade/empresa dar-se, apenas, pelo interesse do sócio. A resposta a esse questionamento ao longo da história do Direito Societário foi dada pelas decisões que, em circunstâncias concretas, entendiam adequada a exclusão do sócio e a preservação da sociedade com os demais integrantes que nela desejavam permanecer. Avelãs Nunes consignou expressamente que a possibilidade de exclusão de sócios representou "um progresso jurídico traduzido na superação da linha tradicional de valoração individualista do interesse dos sócios e na afirmação do valor da empresa em si, com a necessidade de defender a sua continuidade". (NUNES, António José Avelãs. *O direito de exclusão de sócios nas sociedades comerciais*. Reimpressão da 1ª edição. Coimbra: Almedina, 2002, p. 17). Em sentido semelhante, vide: ASCARELLI, Tullio. *Introdução ao estudo do direito mercantil*. Sorocaba: Minelli, 2007, p. 122; ASCARELLI, Tullio. *Corso di diritto commerciale*. 3. ed. Milano: Giuffrè. 1962; MESSINEO. *Societá e scopo di lucro*. In: *Studi di diritto delle societá*. Milano: Giuffrè, 1958; MOSSA, Lorenzo. *Trattato del nuovo diritto commerciale*. Padova: CEDAM. 1953. v. 3: Societá a Responsabilità Limitata; FERRI, Giuseppe. *Manuale di diritto commerciale*. Torino: Unione Tipografico-Editrice Torinese, 1955; ABRÃO, Nelson. *Sociedade por quotas de responsabilidade limitada*. 6. ed. rev., atual. e ampl. por Carlos Henrique Abrão. São Paulo: Revista dos Tribunais, 1998.

A exclusão extrajudicial de sócio desperta grande fascínio naqueles que com ela se envolvem. Essa consequência pode ser atribuída à intensidade como o Direito Societário é discutido nos conflitos instalados no seio de uma sociedade limitada, os quais são comparáveis, talvez, aos conflitos do Direito de Família, com a peculiaridade de que o resultado do conflito entre os sócios reflete, geralmente, em dezenas ou centenas de pessoas, sejam empregados, sócios, fornecedores, etc., e, em alguns casos, alcançando comunidades inteiras que têm na empresa o principal motor social e econômico.

A intensidade como as discussões geralmente ocorrem em um processo de exclusão extrajudicial de sócio, também tem por consequência o estabelecimento de uma belicosidade entre as partes, a qual caracteriza muitos dos conflitos societários na realidade jurídica atual. Via de regra, os conflitos societários nas sociedades limitadas, principalmente quando o personalismo predomina, fazem eclodir além de aspectos jurídicos e econômicos, outros de natureza pessoal e emocional, os quais dificultam, muitas vezes, a pacificação do conflito por conta do afastamento da racionalidade provocado por tais questões subjetivas.

Além de considerar as dificuldades inerentes ao envolvimento de questões emocionais em conflitos que envolvem posições patrimoniais, o estudo da exclusão extrajudicial de sócio não pode deixar de se ater aos efeitos provocados pelo tempo de duração de um conflito societário.

A forma como regulamentada a exclusão extrajudicial de sócio demonstra a preocupação do legislador em resolver os conflitos societários no tempo e de modo que preserve os principais bens jurídicos de interesse da pessoa jurídica e seus sócios. Contudo, paralelamente, é natural a dificuldade prática do Poder Judiciário em dar uma resposta à coletividade societária com a agilidade por ela almejada, o que normalmente pode resultar em destruição de riquezas pertencentes a todos os envolvidos no conflito societário. Diante dessa contexto, torna-se essencial a investigação jurídica da exclusão extrajudicial de sócio, tendo em vista se tratar de uma ferramenta[10] eficaz para pacificação das situações de crise entre os sócios majoritários e minoritários, nas quais os atos desses

---

[10] O Direito Comercial – ou Direito Empresarial para ser mais atual – é ramo do direito marcado por um forte senso de praticidade, tendo em vista que foi forjado no seio da atuação profissional do comerciante, agora do empresário. A tradição desse ramo do Direito foi, ao longo dos tempos, criando ferramentas das mais variadas espécies (institucionais, discursivas, comunicacionais, etc.), as quais, pautadas na experiência acumulada, buscam o alcance de novos resultados e efeitos jurídicos para que o Direito possa alcançar seu papel de pacificação social. A exclusão extrajudicial de sócio é uma das ferramentas mais importantes que o Direito Empresarial coloca à disposição da sociedade limitada para proteção da empresa por essa detida, a fim de que a função social por essa desempenhada possa continuar sendo exercida. Nesse sentido, sobre o conceito de papel das ferramentas jurídicas e sobre a função social dos contratos, vide: BRANCO, Gerson Luiz Carlos. *Função social dos contratos*: interpretação à luz do Código Civil. São Paulo: Saraiva, 2009.

últimos colocam em risco de continuidade, um dos principais patrimônios de uma sociedade, a empresa.

A partir dessa problemática, busca-se contribuir no desenvolvimento do tema através de uma análise individualizada dos requisitos previstos no artigo 1.085 do Código Civil, fortalecendo-se, assim, o debate em torno da ferramenta da *exclusão extrajudicial de sócio*. Em outras palavras, busca-se neste estudo analisar e discutir as condições jurídicas que levarão o Direito a considerar mais importante a exclusão do sócio, que sua manutenção na sociedade.

Essa análise é extremamente relevante em razão da verdadeira competência que o legislador outorga aos majoritários para que, observados os requisitos legais, exerçam unilateralmente o direito de modificar a relação jurídica intrasocietária,[11] alcançando, inclusive, direitos considerados fundamentais, como o direito de propriedade.

A doutrina tem se esforçado ao longo do estudo da matéria para justificar o fundamento jurídico da concessão de tal poder de modificação da relação societária. Uma das teorias que buscou explicar os fundamentos para a exclusão de sócio é a Teoria do Poder Corporativo Disciplinar,[12] que via a exclusão de sócio como uma manifestação do poder disciplinar da sociedade em confronto com seus sócios. A sociedade era considerada um sujeito que conservava um poder sobre os sócios

---

[11] Da análise da doutrina é possível observar que alguns autores diferenciam a *exclusão* da *expulsão* de sócio. Segundo Renato Ventura Ribeiro, a *exclusão* compreenderia todas as técnicas de afastamento ou eliminação, total ou parcial, da participação societária, independente da vontade do sócio. A *expulsão* de sócio seria uma espécie de exclusão (que possuiria sentido mais amplo), correspondente ao afastamento do sócio em razão da vontade da sociedade e dos demais integrantes do quadro societário, em procedimento judicial ou extrajudicial. Exemplo da primeira hipótese seriam os casos de exclusão por conta da falência do sócio ou da liquidação de sua quota por credor. Exemplo da segunda hipótese seria o afastamento do sócio deliberado pela sociedade, nos termos no artigo 1.085 do Código Civil. (RIBEIRO, Renato Ventura. *Exclusão de sócios nas sociedades anônimas*. São Paulo: Quartier Latin, 2005, p. 101-105). Em sentido semelhante ao posicionamento acima colacionado está a doutrina de Fábio Konder Comparato, o qual defende estar a expulsão dentro de uma plano mais genérico da exclusão de sócio. O referido autor também assenta a caracterização da expulsão na manifestação de vontade por parte dos sócios e da sociedade. (COMPARATO, Fábio Konder. Exclusão de sócio nas sociedades por cotas de responsabilidade limitada. In: *Revista de Direito Mercantil, Industrial, Econômico e Financeiro*, v. 16, n. 25, p. 39-48, 1977, p. 46-47). Neste trabalho não será realizada a distinção proposta pelos referidos autores.

[12] Através da Teoria do Poder Corporativo Disciplinar, os primeiros teóricos do instituto buscaram justificar a possibilidade de manutenção do ente societário de forma a evitar a vinculação da exclusão de sócio ao entendimento de que a dissolução total da sociedade consistia na lógica consequência da aplicação às sociedades dos princípios gerais da resolução dos contratos. A pretensão de superação da aplicação da tradicional sistemática contratual deu-se através da criação de uma teoria que considerava o direito de exclusão de sócio – e consequente manutenção da sociedade – como uma manifestação de um poder disciplinar que pertenceria à sociedade, como ente separado dos sócios e com o predomínio sobre eles. O vínculo corporativo repousaria sobre a existência do poder de império dos corpos sociais, que mais não seria do que o seu poder estatutário, enquanto expressão da vontade comum sobre cada membro individualmente. (vide NUNES, António José Avelãs. *O direito de exclusão de sócios nas sociedades comerciais*. Reimpressão da 1ª edição. Coimbra: Almedina, 2002, p. 24, nota 3.)

que resultava numa sujeição desses em relação à própria sociedade.[13] Destaca-se, ainda, que os defensores de tal teoria traziam o entendimento de que o poder corporativo disciplinar detido pela sociedade consistia em uma supremacia discricionária daquela em relação aos sócios, o que teria por consequência tornar inapreciável, por parte de um juiz, o mérito da decisão que resultou na exclusão de determinado sócio.[14]

Há ainda a Teoria da Disciplina Taxativa Legal, que previa a exclusão como uma sanção ao sócio como tutela do interesse substancialmente público representado pelo regular e profícuo desenvolvimento da sociedade. Essa teoria colocava em relevo a necessidade de preservação da empresa social, afastando a definição sobre o destino da sociedade das vicissitudes pessoais dos sócios. O fundamento para tal medida extrema era o texto legal que previa a busca do objetivo social como um elemento gerador da sociedade.[15] Esta teoria é criticada pelo caráter facultativo do critério de exclusão, ou seja, pelo fato de que a hipótese de exclusão não está vinculada (com exceção às hipóteses de pleno direito) à observância de determinados pressupostos, mas à expressa vontade de parte dos sócios.[16]

Uma terceira via desenvolvida pela doutrina foi a Teoria Contratualista, que foi vista pela doutrina como uma "via de meio" às teorias referidas anteriormente. Segundo Avelãs Nunes, a doutrina italiana, ainda antes de 1942, reduziu a exclusão de sócio ao tema do inadimplemento ou da impossibilidade superveniente, as quais foram *temperadas* pela preservação da empresa, com o objetivo de justificar que a resolução do vínculo societário se desse apenas em relação ao sócio inadimplente, e não em relação a todos os que dele fazem parte.[17] Segundo Dalmartelo o

---

[13] FICO, Daniele. *Lo scioglimento del rapporto societário*: recesso, esclusione e morte del socio. Milano, Giuffrè, 2012, p. 15

[14] PERRINO, Michele. *Le tecniche di esclusione del socio dalla società*. Milano: Giuffrè, 1997, p. 79.

[15] NUNES, António José Avelãs. *O direito de exclusão de sócios nas sociedades comerciais*. Reimpressão da 1ª edição. Coimbra: Almedina, 2002, p. 23-26.

[16] FICO, Daniele. Lo scioglimento del rapporto societário: recesso, esclusione e morte del socio. Milano, Giuffrè, 2012, p. 15.

[17] A *Teoria Contratualista*, por sua vez, foi vista pela doutrina como uma "via de meio" às teorias referidas nas duas notas anteriores, conforme destacado por Avelãs Nunes. Segundo o autor português, a doutrina italiana, ainda antes de 1942, reduziu a exclusão de sócio ao tema do inadimplemento, o qual foi *temperado* pela preservação da empresa, com o objetivo de justificar que a resolução do vínculo societário se desse apenas em relação do sócio inadimplente, e não em relação a todos os que dele fazem parte (...). O sinalagma funciona diferente do tradicional princípio personalista, reconduzindo as hipóteses de exclusão a violações ou inadimplemento de deveres sociais. Para Dalmartelo, todos os casos de exclusão seriam outras tantas violações, por vezes não culposas, do dever de colaboração que incumbe a todos os sócios, como dever fundamental e necessário para o contrato de sociedade. Para crítica a outras concepções contratualistas em Dalmartelo, vide DALMARTELO, Arturo. *L'esclusione dei soci dalle società commerciali*. Padova: CEDAM. 1939, p. 75-91. NUNES, António José Avelãs. *O direito de exclusão de sócios nas sociedades comerciais*. Reimpressão da 1ª edição. Coimbra: Almedina, 2002, p. 27.

sinalagma no contrato plurilateral funcionaria de forma diferente do tradicional princípio personalista, reconduzindo as hipóteses de exclusão a violações ou inadimplemento de deveres sociais. Para o referido Autor, todos os casos de exclusão seriam outras tantas violações, por vezes não culposas, do dever de colaboração que incumbe a todos os sócios, como dever fundamental e necessário para o contrato de sociedade, tema esse que será retomado adiante.[18]

Entretanto, independentemente da tentativa de adaptação realizada, a teoria contratualista sofre, pela doutrina, a limitação pela existência de causas de exclusão vinculadas à pessoa do sócio diversa da noção de inadimplemento ou de impossibilidade superveniente no cumprimento de prestação.[19]

Por tais razões, as atenções dos estudiosos do tema foram movidas da impostação contratual para o exame do papel organizativo do contrato de sociedade, de salvaguarda da atividade comum, isto é, da modalidade de desenvolvimento da atividade da sociedade anteriormente que a qualificação do comportamento dos sócios em termos de lícito ou devido.[20] A essa salvaguarda impõe-se a exigência de proteger o sócio do emprego abusivo da técnica da exclusão, não por fins organizativos ou da finalidade consentida pela lei ou pelo contrato social. Esse resultado é perseguido pelo legislador através da determinação de regra da vinculação da atividade como elemento central na delimitação dos confins da possibilidade de o grupo de sócios valer-se do poder de excluir um de seus componentes.[21]

Nessa linha, a justa causa atribuída pelo artigo 1.085 do Código Civil à exclusão extrajudicial de sócio da sociedade limitada foi o cometimento, pelo(s) minoritário(s), de atos de inegável gravidade que colocam em risco a continuidade da empresa.

Dessa delimitação exsurge nitidamente a preocupação do legislador na preservação da empresa[22] – considerando o termo em todos os

---

[18] DALMARTELO, Arturo. *L'esclusione dei soci dalle società commerciali*. Padova: CEDAM. 1939, p. 100-106.

[19] FICO, Daniele. *Lo scioglimento del rapporto societário*: recesso, esclusione e morte del socio. Milano: Giuffrè, 2012, p. 16.

[20] Ibidem.

[21] Ibidem.

[22] Consigna o referido autor português sobre tal posicionamento: "[O] ordenamento jurídico não pode deixar de reflectir as razões de ordem económica que impõem a necessidade de evitar a extinção dos organismos produtivos que são as empresas, facultando os meios jurídicos para as expurgar de todos os elementos perturbadores, já que o seu desaparecimento pode causar dificuldades na vida dos negócios, especialmente quando se encontram em situação de prosperidade". NUNES, António José Avelãs. *O direito de exclusão de sócios nas sociedades comerciais*. Reimpressão da 1ª edição. Coimbra: Almedina, 2002, p. 48.

seus *perfis* jurídicos[23] – especialmente pela função social atribuída à atividade econômica organizada exercida pela sociedade limitada para a consecução de seus fins. O exercício da empresa é fator determinante para criação e valorização de ativos patrimoniais[24] que só existem enquanto essa atividade estiver em curso, e que, sendo essenciais para sua exploração, não podem ter sua integridade ou valorização atentadas por atos de inegável gravidade imputados aos minoritários.[25]

---

[23] Sobre os *perfis* do termo empresa, a doutrina deu grande destaque ao texto de Alberto Asquini, que analisou, identificou e sistematizou o significado jurídico, ou os perfis jurídicos, utilizados pelo legislador através do vocábulo *empresa*. Segundo Asquini, empresa é um conceito econômico utilizado pelo legislador em diferentes significações jurídicas, classificadas como perfil subjetivo, funcional, objetivo ou patrimonial e corporativo. Sinteticamente, o *perfil subjetivo* se revela através da utilização do termo empresa como sinônimo de empresário, da pessoa que exerce uma atividade econômica organizada, profissionalmente, com o fim de produção para troca de bens ou serviços. O empresário é a pessoa, física ou jurídica. O *perfil funcional* equivale à atividade econômica organizativa exercida pelo empresário a fim de viabilizar determinado escopo produtivo. O *perfil patrimonial ou objetivo* refere-se à empresa como patrimônio "aziendal" e como estabelecimento. O fenômeno da empresa projetado sobre o terreno patrimonial dá lugar a um patrimônio especial distinto, por seu escopo, do restante do patrimônio do empresário (exceto se o empresário é uma pessoa jurídica, constituída para o exercício de uma determinada atividade empresarial, caso em que o patrimônio integral da pessoa jurídica serve àquele escopo). Por fim, o *perfil corporativo* considera a empresa como instituição. Destacou Asquini que, enquanto nos perfis anteriormente tratados a empresa é considerada do ponto de vista individualista do empresário, no perfil corporativo ela vem considerada como aquela especial organização de pessoas que é formada pelo empresário e pelos empregados, seus colaboradores. O empresário e os seus colaboradores dirigentes, funcionários, operários, não são de fato, simplesmente, uma pluralidade de pessoas ligadas entre si por uma soma de relações individuais de trabalho, com fim individual; mas formam um núcleo social organizado, em função de um fim econômico comum, no qual se fundem os fins individuais do empresário e dos singulares colaboradores. A doutrina atribui a indicação desse quarto perfil da empresa à influência do regime político no Fascismo vigente na Itália na época da realização do trabalho de Asquini. Embora tal influência, não se pode confundir críticas destinadas a tal posicionamento político com o conteúdo jurídico do trabalho de Asquini. Nesta pesquisa, a referência direta do termo empresa se dá no sentido do perfil funcional, significando o exercício da atividade econômica organizada. Caso o termo seja utilizado em algum dos outros três perfis indicados por Asquini, haverá expressa referência no texto. Para um aprofundamento no tema, vide: ASQUINI, Alberto. Profili dell'impresa. In: *Rivista del Diritto Commerciale e del Diritto Generale delle Obbligazioni*. Padova: CEDAM, 1943, v. 41, p. 1-20. O referido artigo foi traduzido para o português por Fábio Konder Comparato e publicado na Revista de Direito Mercantil, Industrial, Econômico e Financeiro: ASQUINI, Alberto. *Perfis da Empresa*. Trad. COMPARATO, Fábio Konder. In: *Revista de Direito Mercantil, Industrial, Econômico e Financeiro*. São Paulo: Malheiros Editores, out.-dez. 1996, n. 104, pp. 109-126.

[24] Os ativos patrimoniais ligados diretamente ao exercício da atividade econômica organizada confundem-se com os demais *perfis* atribuídos à empresa por Asquini (vide nota anterior). A forma de organização da atividade econômica e o fato de que a empresa está em marcha constituem-se em ativos que possuem valor financeiro próprio, apurado conforme técnicas específicas de avaliação da empresa e desses próprios ativos. Sobre o tema vide: DAMODARAN, Aswath. *Avaliação de empresas*. YAMAMOTO, Sonia Midori; ALVIM, Marecelo Arantes. (Trad.). 2. ed. São Paulo: Pearson Prentice Hall, 2007.

[25] O Código Civil de 2002, cuja formatação da equipe responsável por sua elaboração e discussão teve como marco formal inicial o final da década de 1960, consolidou no direito pátrio a importância atribuída pelo Direito à empresa, passando a discipliná-la e a dar efetividade ao regramento protetivo previsto no artigo 170 da Constituição Federal de 1988. Independentemente da adoção formal da teoria da empresa ter ocorrido no Direito brasileiro apenas no século XXI, sua discussão entre nós vem de longa data. Deve-se observar que as discussões sobre a superação da teoria dos atos do comércio e a adoção da teoria da empresa, em um primeiro momento, sofreram a influência políti-

Diante de tal viés organizativo, que tem por objetivo a preservação do fim que levou as partes a celebrar o negócio jurídico sociedade, destaca-se que o objeto protegido e o local onde surgirão as consequências jurídicas do ato dos sócios estão em esferas próprias. A empresa, em seu conceito primordial, é atividade; atividade essa que permitirá que os sócios alcancem os objetivos que os levaram a constituir uma sociedade. A sociedade é criação jurídica imaterial que tem por objetivo permitir a organização e a exploração daquela atividade por um ente fictício com personalidade jurídica própria.

Diante da relação de causa-efeito descrita no artigo 1.085 do Código Civil brasileiro fica evidente que a construção do regramento da exclusão extrajudicial de sócio está assentada nos preceitos da função social da empresa.[26]

---

ca decorrente do fato de que essa é resultante do regime político italiano, fascista na época de sua adoção. Essa crítica foi por muito tempo encabeçada por Waldemar Ferreira, que, de perfil liberal, apresentava resistência à teoria da empresa, que apontava como um dos principais instrumentos de intervenção estatal na atividade privada. Em que pese tal vinculação inicial com o regime fascista, deve-se observar que, mesmo após a queda do regime político, a teoria da empresa foi mantida no ordenamento jurídico italiano por conta de que, embora positivados durante o regime fascista, seus elementos basilares já estavam em discussão na doutrina jurídica. Por conta disso, deve ser destacado, também, processo de "neutralização do conceito de empresa" realizado pela doutrina italiana após a queda do fascismo, liberando-o de qualquer ligação com o intervencionismo fascista. Para uma visão mais completa da questão, vide: FORGIONI, Paula Andrea. *A evolução do Direito Comercial Brasileiro:* da mercancia ao Mercado. 2. ed. São Paulo: Revista dos Tribunais, 2012, 47-81, em especial p. 66. FERREIRA, Waldemar. A elaboração do conceito de empresa para extensão do âmbito do direito comercial. In: *Revista de Direito Mercantil, Industrial, Econômico e Financeiro.* São Paulo: Max Limonad, jan.-jun., 1955, vol. 5, p. 1-34.

[26] Conforme destacado por Ana Frasão, o princípio da função social da empresa, "como manifestação da autonomia, da emancipação do homem e do desenvolvimento da personalidade, a livre iniciativa recebe a proteção constitucional em todos os seus desdobramentos. Afinal, a função social não tem a finalidade de anular a livre iniciativa nem de inibir as inovações na órbita empresarial, mas sim de assegurar que o projeto do empresário seja compatível com o igual direito de todos os membros da sociedade de também realizarem seus respectivos projetos de vida. A própria Constituição já previu alguns princípios que necessariamente orientam e direcionam o exercício da livre iniciativa empresarial, tais como a livre concorrência, a proteção dos empregados, a defesa do consumidor e do meio ambiente, a redução das desigualdades regionais e sociais e o tratamento diferenciado à empresa de pequeno porte. É inequívoco que a função social relaciona-se com todos esses princípios, destacando que o fim da empresa é o de proporcionar benefícios para todos os envolvidos com tal atividade (sócios, empregados, colaboradores e consumidores) e também para a coletividade. Por esses motivos, há atuação considerável do legislador nos assuntos descritos no art. 170 da Constituição, buscando concretizar vários destes princípios por meio de uma regulação jurídica específica". (FRAZÃO, Ana. *Função social da empresa:* repercussões sobre a responsabilidade civil de controladores e administradores de S/As. Rio de Janeiro: Renovar, 2011, p. 193-194). Diante do ambiente de incidência de tal princípio e da complexidade de valores individuais que com ele devem ser considerados no momento de sua aplicação, merece destaque a conclusão alcançada pela referida doutrinadora, ao afirmar que a função social "pode ser considerada como uma forma que a Constituição encontrou de condicionar o exercício da atividade empresarial à justiça social sem ter que recorrer a nenhum compromisso previamente determinado". (FRAZÃO, op. cit., p. 199) Será na análise do caso concreto, através da observância dos valores e circunstâncias específicas a ele atinentes, que o intérprete deverá aplicar o Direito sem que deixe de considerar em tal ato a necessidade de observância da função social da empresa. Sob o ponto de vista prático, constata-se que cada vez mais são vinculadas preocupações sociais com a empresa. Historicamente tais preocupações estavam voltadas para as relações de trabalho e arrecadação tributária, contudo, modernamente

Embora o estudo da função social da empresa não seja objeto imediato deste trabalho, não há como negar que ela afeta o objeto da pesquisa, pois provoca um redimensionamento da incidência das normas de ordem pública no Direito Comercial.[27] Esse movimento busca conciliar a autonomia privada das partes com um Direito que não deixa de atentar para a finalidade da sociedade e daqueles que estão, mediata e imediatamente, com ela envolvidos, permitindo sua constante atualização através das noções de boa-fé, bons costumes, ordem pública, abuso de direito, entre outras, muitas vezes exteriores à própria sociedade, tendo em vista a identificação de características institucionais[28] da empresa.

Em que pese a importância exercida pela empresa e a necessidade de sua preservação,[29] no que diz respeito à exclusão extrajudicial do sócio de sociedade empresária limitada não se pode deixar de lado que tal deliberação será tomada no seio do negócio jurídico contrato de sociedade, devendo também ser observadas as implicações jurídicas de cunho obrigacional que dele são decorrentes. Dessa forma, a análise aqui realizada parte da premissa vinculada à natureza contratual plurilateral do negócio jurídico em questão, e ainda de que a exclusão de sócio prevista no artigo 1.085 do Código Civil tem espaço diante da configuração da violação do arcabouço obrigacional imputável aos participantes daquela relação.

Diante da vinculação do fenômeno jurídico *empresa* às discussões de cunho obrigacional que são travadas no cerne do Direito Societário, pretende-se avançar nesta pesquisa através de um plano que tenha por objetivo a análise de dois grandes campos relacionados à matéria, quais sejam, (i) os elementos materiais na legislação brasileira relativos à exclusão extrajudicial de sócio na sociedade empresária limitada; e (ii) os

---

é possível observar que a empresa tem desempenhado novos papéis sociais, sendo a ela atribuída responsabilidades relativas, entre outras, (i) à preservação ambiental, (ii) à realização de políticas públicas – servindo como exemplo a Lei 10.097/2000, também conhecida como Lei da Aprendizagem ou do Menor Aprendiz – (iii) às atividades de fiscalização de atividades privadas e controle de corrupção – destacando-se nesse item as Leis 9.613/98 e 12.846/13, também conhecidas como Lei da Lavagem de Dinheiro e Lei de Controle de Corrupção. Diante de tal função, passou-se a exigir das sociedades uma estabilidade maior, com o fim de viabilizar o progresso de suas atividades produtivas e das sociedades nas quais estão inseridas.

[27] SALOMÃO FILHO, Calixto. *O novo direito societário*. 3. ed., rev. e ampl. São Paulo: Malheiros, 2006, p. 32.

[28] RATHENAU, Walther. *Do sistema acionário – uma análise negocial*. Trad. LAUTENSCHLEGER JÚNIOR, Nilson. Relato breve sobre Walther Rathenau e sua obra "A teoria da empresa em sí". *Revista de Direito Mercantil, Industrial, Econômico e Financeiro*. São Paulo: Malheiros, out.-dez, 2002, n. 128, p. 214.

[29] BULGARELLI, Waldírio. *A teoria jurídica da empresa*: análise jurídica da empresarialidade. São Paulo: Revista dos Tribunais, 1985; RODRIGUES, Silvio. Parecer. In: Pinheiro Neto & Cia. – Advogados. *Sociedade de advogados – exclusão de sócios – prevalência do contrato*. São Paulo: Revista dos Tribunais, 1975. p. 230.

requisitos procedimentais para a tomada da deliberação de exclusão de sócio. Cada uma dessas partes do livro é dividida em dois capítulos.

Na primeiro parte, a abordagem do tema tem a seguinte conformação: (i.a) um capítulo dirigido aos pressupostos deontológicos do contrato de sociedade no Código Civil brasileiro, com a análise dos deveres dos sócios e da utilização do fim social como parâmetro interpretativo da conduta dos mesmos frente tais deveres; e (i.b) um capítulo dirigido à análise da justa causa da exclusão extrajudicial de sócio no Código Civil brasileiro, com o enfrentamento das discussões sobre eventual diferenciação entre as justas causas da exclusão judicial e extrajudicial de sócio, para que se possa alcançar a abordagem do conceito de *atos de inegável gravidade que coloquem em risco a continuidade da empresa*.

Na segunda parte do livro, a abordagem é dada da seguinte forma: (ii.a) um capítulo dirigido aos requisitos prévios ao conclave[30] no qual será tomada a deliberação de exclusão de sócio, com a análise das exigências legais concernentes ao tipo de conclave a ser realizado, a competência para a convocação do ato, as discussões sobre a pauta de tais conclaves e as medidas assecuratórias do direito de defesa do sócio que devem ser observadas antes da realização do conclave societário propriamente dito; e (ii.b) um segundo capítulo dirigido à análise dos requisitos formais relativos ao conclave no qual a deliberação do sócio será tomada, abordando o regramento que delineia o procedimento de formação da vontade social, em especial as discussões sobre o quórum de instalação do conclave, sobre o exercício do direito de defesa do sócio no curso do conclave, sobre o quórum de deliberação, instrumentos societários representativos da deliberação social e os efeitos dela decorrentes.

---

[30] Diante das disposições do § 1º do artigo 1.072 do Código Civil, as deliberações societárias poderão ser tomadas em reunião de quotistas ou em assembleia de quotistas, conforme for a composição da sociedade limitada. Diante dessa dupla possibilidade que pode variar de sociedade para sociedade, quando houver referência neste estudo a situações que possam ser aplicáveis tanto às reuniões quanto às assembleias de quotistas, será utilizado o termo conclave, acompanhado ou não do qualificativo societário.

Primeira parte

Elementos materiais da legislação brasileira relativos à exclusão extrajudicial de sócio na sociedade limitada

Esta primeira parte do livro analisa os requisitos de ordem material estabelecidos no artigo 1.085 do Código Civil brasileiro para a exclusão extrajudicial de um sócio na sociedade empresária limitada, buscando-se com isso fomentar o debate sobre as exigências para aplicação de tal ferramenta, que possui grande importância na proteção da sociedade e na preservação da empresa, com o consequente prestígio da função social por essa desempenhada.

Da leitura do artigo 1.085 do Código Civil observa-se a estreita relação entre o comportamento do sócio a ser excluído e os efeitos que tal agir tem sobre a *empresa*, ficando a justa causa autorizadora da exclusão extrajudicial configurada através dos atos de inegável gravidade que são imputados ao sócio minoritário e colocam em risco a continuidade da empresa.

Diante de tais elementos, esta primeira parte do trabalho é divida em dois capítulos. No primeiro serão analisados o substrato obrigacional imputável aos sócios e a possibilidade de utilização do fim social como parâmetro de verificação de tal comportamento. No segundo capítulo será abordada a justa causa para o rompimento do vínculo societário mediante a exclusão extrajudicial de sócio.

A abordagem de tais pontos permitirá sejam analisados os requisitos materiais para a caracterização da hipótese de exclusão extrajudicial de sócio e o enfrentamento das discussões doutrinárias sobre o comportamento esperado dos integrantes de uma sociedade. Tal substrato é importante para que a exclusão extrajudicial de sócio possa cumprir a função que lhe é atribuída pelo Direito Societário, qual seja, permitir que a sociedade, por meio de tal ferramenta, promova o imediato afastamento do sócio minoritário que coloca em risco a continuidade da empresa, evitando-se o prolongamento de conflitos e situações danosas.

Antes de adentrar na abordagem específica dos pontos acima anunciados, é necessário trazer mais alguns apontamentos que devem ser considerados ao longo deste trabalho.

O primeiro deles é a circunstância de que a exclusão extrajudicial de sócio é uma ferramenta jurídica que é colocada à disposição da sociedade. Cabe à sociedade, na condição de titular do direito de exclusão do sócio, realizar um juízo de conveniência sobre sua utilização. Conforme destacado pela doutrina,[31] a exclusão extrajudicial de sócio é medida facultativa, não havendo a obrigatoriedade da concretização do ato mesmo diante do preenchimento dos requisitos legais para tanto, em nítida diferença das hipóteses de exclusão de sócio de pleno direito, quando a vontade da sociedade não influencia na concretização dos efeitos.

Deve-se ainda considerar que, uma vez configurada a abdicação do exercício do direito de exclusão extrajudicial de sócio, expressa ou tacitamente, esse comportamento deve parametrizar o comportamento da sociedade no tratamento de outros sócios que incorram em situações semelhantes. Conforme adiante será retomado, o princípio da boa-fé objetiva incide com sua força máxima nas relações societárias,[32] vinculando a sociedade e seus participantes. É decorrência lógica do princípio da boa-fé o impedimento de que os sócios e a sociedade venham a ter comportamentos contraditórios no que diz respeito ao exercício de seus direitos e obrigações.[33] Assim, ocorrendo o perdão de um determinado sócio por conta da prática de determinado ato específico, não pode ser dado a outro sócio tratamento diferente no caso da prática de ato idêntico, em situação semelhante à primeira. Em que pese esse entendimento, na prática, dificilmente as situações fáticas ocorrem de forma idêntica,

---

[31] Da análise da doutrina que aborda o tema da exclusão de sócio é possível verificar que a mesma pode ocorrer de pleno direito ou de forma facultativa. A exclusão de pleno direito tem natureza cogente e possui uma autonomia em relação ao interesse da sociedade, já que uma vez configurada a falência de um sócio ou a liquidação de sua quota por um credor particular (hipóteses do parágrafo único do artigo 1.030 do Código Civil), não é dado à sociedade optar pela não exclusão do sócio em tela. As hipóteses de exclusão de sócio de pleno direito não serão objeto de análise pormenorizada neste estudo. Para análise da matéria, entre outros, vide: SPINELLI, Luis Felipe. *A exclusão de sócio por falta grave na sociedade limitada*. São Paulo: Quartier Latin, 2014, p. 31-33; VIO, Daniel de Avila. *A exclusão de sócios na sociedade limitada de acordo com o Código Civil de 2002*, 2008. 230 f. Dissertação (mestrado) – Universidade de São Paulo. Faculdade de Direito. Programa de Pós-Graduação em Direito. São Paulo, BR-SP, 2008, p. 62-68; GONÇALVES NETO, Alfredo de Assis. *Direito de empresa*: comentários aos artigos 966 a 1.195 do Código Civil. 2. ed. rev., atual. e ampl. São Paulo: Revista dos Tribunais, 2008; TOKARS, Fábio. *Sociedades limitadas*. São Paulo: LTr, 2007, p. 216-225, 380-381.

[32] SILVA, Clóvis Veríssimo do Couto e. *A obrigação como processo*. Rio de Janeiro: Editora FGV, 2006, p. 34.

[33] SCHREIBER, Anderson. *A proibição de comportamento contraditório*: tutela da confiança e *venire contra factum proprium*. Rio de Janeiro: Renovar, 2005, p. 83-84. MARTINS-COSTA, Judith H. Os avatares do abuso do Direito e o rumo indicado pela boa-fé. In: TEPEDINO, Gustavo (org.). *Direito civil contemporâneo*: novos problemas à luz da legalidade constitucional. São Paulo: Atlas, 2008, p. 77-82.

devendo tal preceito ser interpretado de maneira que os sócios majoritários não venham abusar de sua posição subjetiva.[34]

Deve ser observado, ainda, que a exclusão extrajudicial de sócio é instrumento que busca facilitar as relações privadas, afinal, serão os particulares que decidirão como o conflito societário será solucionado.

Por conta disso, são fixados critérios legais para a utilização do instituto, os quais tem por objetivo nortear o agir dos particulares e viabilizar o controle estatal sobre o ato praticado. O controle estatal, no caso, se concretiza através da vinculação dos sócios ao princípio da legalidade e da possibilidade de *revisão* da deliberação de exclusão de sócio posteriormente à sua concretização, seja pela análise formal do procedimento pelas Juntas Comerciais,[35] seja pela revisão judicial ou arbitral daquela decisão, abarcando todas as questões jurídicas a ela relacionadas.

Nesse sentido, pode-se desde já afirmar que um dos elementos que caracteriza a exclusão extrajudicial de sócio como *facilitadora* das relações privadas é o fato de que, em eventual conflito societário no qual tal hipótese é aplicável, não ocorre o "travamento" da empresa, evitando que o patrimônio da sociedade seja deteriorado. Essa dinâmica pode ser diametralmente oposta às discussões sobre exclusão de sócio que

---

[34] Cabe ressaltar decisão do Tribunal de Justiça do Estado de São Paulo (TJSP) que, embora abordando apenas a ocorrência de fatos ocorridos no passado, julgou ação que buscava excluir sócio dissidente. A ação foi julgada improcedente, pois, dentre outros fundamentos, foi consignado pelo E. TJSP que a falta de impugnação dos atos no momento de sua ocorrência configuraria perdão tácito. Nesse sentido, transcreve-se parcela da ementa, no trecho de maior interesse para a matéria: "(...) RECURSO PRINCIPAL. DIREITO SOCIETÁRIO. Pretensão de exclusão de um dos sócios por falta grave. Descabimento. Perda incontroversa da *affectio societatis* não sustenta por si só o pedido de exclusão. Divergência entre dois grupos societários, cada um com 50% do capital, quanto a quem compete a administração da empresa. Inexistência do desinteresse de colaboração para o cumprimento do objetivo comum. Desinteligência na verdade acerca de qual seria o melhor projeto de administração para a continuidade da empresa. Contrariedade nas votações é motivo insuficiente para admitir a expulsão. *Patrocínio de evento em 2007 e contrato de distribuição formulado com parente desde 2003 não se afiguram em gravidade capaz de impor o afastamento compulsório, ainda que tais questões sejam apreciadas em conjunto, porque não foram objeto de concomitante impugnação pelos demais sócios,* mas apenas em 2009, quando estabelecida a rixa no quadro societário. Descabido se afigura superestimar o acontecimento com o fito de impor descrédito desmedido à imagem do sócio desavindo (...)". (BRASIL. Tribunal de Justiça de São Paulo. Apelação 990.10.561767-0. 5ª Câmara de Direito Privado. Relator: Des. James Siano. Julgado em: 25 de maio de 2011).

[35] A análise dos requisitos procedimentais para a tomada da deliberação de exclusão extrajudicial de sócio será empreendida na segunda parte desta dissertação. Por ora, cumpre ressaltar entendimento expresso pelo Superior Tribunal de Justiça que, no julgamento do Mandado de Segurança n. 151.838-PE, decidiu não competir às Juntas Comerciais a análise do mérito da deliberação de exclusão extrajudicial de sócio quando do arquivamento da ata do conclave ou da alteração de contrato social. A ementa do julgado possui o seguinte conteúdo: "Mandado de Segurança. Junta Comercial. Arquivamento de alteração. Sociedade por cotas de responsabilidade limitada. Precedentes. 1. A Junta Comercial não cuida de examinar eventual comportamento irregular de sócio, motivador de sua exclusão, devendo limitar-se ao exame das formalidades necessárias ao arquivamento. A falta de assinatura de um dos sócios não impede o arquivamento, previsto, no caso, que as deliberações sociais são tomadas pelo voto da maioria. 2. O exame das cláusulas contratuais não tem espaço no especial, a teor da Súmula n° 05 da Corte. 3. Recurso especial não conhecido". (STJ. REsp. 151.838-PE. 3ª Turma. Rel. Min. Carlos Alberto Menezes Direito. Julgado em 04.09.2001)

dependem de solução judicial, as quais, segundo a experiência da prática jurídica brasileira, demandam o transcurso de muitos anos até uma solução final.

Em regra, se a exclusão do sócio é extrajudicial, a sociedade segue seu curso normal, e o sócio excluído pode buscar a reversão do ato caso alguma ilegalidade tenha sido praticada, devendo ser reparado qualquer dano decorrente de eventual ilegalidade da exclusão, o que normalmente ocorre mediante compensação pecuniária.

Frente tais características, eclode com grande nitidez a importância do estudo dos requisitos materiais para a utilização da ferramenta da exclusão de sócio, pois é a partir do domínio da técnica que será possível alcançar os objetivos para os quais ela foi planejada.

Dessa forma, passa-se à análise específica dos requisitos materiais para a exclusão extrajudicial de sócio das sociedades empresárias limitadas no direito brasileiro, análise essa que tem início pelos deveres essenciais imputáveis aos sócios.

1. Pressupostos deontológicos da sociedade empresária limitada no Código Civil brasileiro

1.1. Do substrato obrigacional imputável aos sócios

Para realizar a análise do substrato obrigacional imputável aos sócios, a primeira questão que deve ser levantada está relacionada ao fato de que não há uma previsão legal indicando quais são os deveres imputáveis aos sócios. A definição dos mesmos é decorrente da análise e aplicação de disposições legais esparsas, ajustes contratuais entabulados entre os sócios e na própria evolução dogmática do Direito Societário.

Diante desse cenário, assenta-se o marco interpretativo inicial deste estudo no artigo 981 do Código Civil brasileiro, que fixa as principais diretrizes daqueles que são parte no negócio jurídico *sociedade – aqui considerada em todos os seus tipos jurídicos*. O referido dispositivo legal estatui que quem celebra contrato de sociedade assume o compromisso de, reciprocamente, contribuir, com bens ou serviços, para o exercício de uma atividade econômica que viabilizará a partilha de seus resultados entre seus sócios.

A definição do contrato de sociedade prevista no artigo 981 do Código Civil é fortemente influenciada pelo direito italiano, onde a concepção contratualista da sociedade teve seu maior desenvolvimento.[36]

---

[36] SALOMÃO FILHO, Calixto. *O novo direito societário*. 3. ed., rev. e amp. São Paulo: Malheiros, 2006, p. 26-30.

Durante o século XX muito se discutiu sobre qual teoria melhor explicaria o fenômeno sociedade e a manifestação de seu interesse, discussão essa que persiste até hoje entre contratualistas e institucionalistas.

Contudo, deve-se destacar que nenhuma dessas teorias apresenta um entendimento que englobe pacificamente o conceito relativo ao negócio jurídico que resulta na constituição de uma sociedade, independentemente da interpretação que cada uma dá ao evento posterior de delimitação do interesse da sociedade.

Fixando-se o foco no negócio jurídico que dá origem a uma sociedade, a teoria contratualista é a que melhor apresenta subsídios para a explicação de tal fenômeno, embora a afirmação de que o negócio jurídico em questão esteja vinculado ao âmbito contratual não permita que se realize de imediato uma transposição e aplicação dos elementos da teoria geral contratual ao *contrato de sociedade*.

Essa observação já foi levantada por Ascarelli quando do desenvolvimento da teoria do contrato plurilateral, pois o formato da contratação de uma sociedade difere de um contrato de *permuta,* como destacado pelo mestre italiano, no qual há duas partes com interesses contrapostos na realização de uma troca, hipótese que não ocorre no fenômeno societário, no qual diversas partes possuem parcela considerável de interesse que converge para um mesmo sentido.[37]

Seguindo o caminho indicado por Ascarelli, a doutrina contratualista continuou a desenvolver estudos sobre a natureza do contrato de sociedade, merecendo destaque aqueles realizados por Paolo Ferro-Luzzi, cuja teoria ganhou notoriedade pois propôs uma revisão das tradicionais teorias contratuais que buscavam explicar o fenômeno sociedade, através de um critério funcional.

E o critério funcional no qual se assentou a teoria de Ferro-Luzzi foi atividade desenvolvida pelo ente associativo, a atividade *empresarial*

---

[37] Nesse sentido vide ASCARELLI, Tullio. *Problemas das sociedades anônimas e direito comparado.* São Paulo: Quorum, 2008, p. 374-375, onde o doutrinador italiano traz a seguinte manifestação: *Os estudiosos oritaram-se especialmente em duas direções: por um lado, há teorias modernas que negaram a contratualidade na constituição de uma sociedade (civil e, mais ainda, comercial), vendo nela, ao contrário, um ato complexo; por outro lado, a doutrina tradicional viu, na constituição de uma sociedade, um contrato. Em face da primeira dessas duas correntes, era difícil explicar a aplicação de diversas normas dos contratos na constituição da sociedade; em face da segunda, ao contrário, difícil era explicar a exclusão no contrato de sociedade de algumas destas com óbvias exigências práticas. Creio que a solução do problema possa ser encontrada distinguindo-se na categoria dos contratos, uma subespécie que poder-se-ia denominar a do contrato plurilateral, levando em conta suas características formais. (...) Algumas das regras sobre contratos constituem, na realidade, apenas uma generalização das regras próprias dos contratos de permuta, sendo natural, portanto, que, em matéria de contratos cumpra distinguir as normas próprias de todos os contratos (aplicáveis também aos contratos plurilaterais) e as próprias apenas dos contratos de permuta (inaplicáveis aos contratos plurilaterais).* Em complementação, vide também, ASCARELLI, Tullio. *Saggi di diritto commerciale.* Milão: Giuffrè, 1955, p. 130-140.

para a hipótese deste estudo.[38] A fixação do critério funcional na atividade empresarial se dá pois essa é considerada como conjunto coordenado de fatos voltados para o alcance de um objetivo comum a todos os indivíduos que formam aquela corporação, defendendo Ferro-Luzzi que essa deve ser tomada como um elemento hermenêutico do qual deve-se partir as investigações no âmbito de um contrato associativo.[39]

Dos elementos acima destacados constata-se que tanto o artigo 981 quanto o artigo 1.085, ambos do Código Civil, dão ênfase à atividade explorada pela sociedade, colocando-a em um papel central nos fatos jurídicos que regulamentam. A atividade é o meio através do qual os sócios alcançarão os objetivos pelos quais celebraram o contrato de sociedade (art. 981, CC), como também será ela o elemento que, uma vez afetado por ato de inegável gravidade praticado pelo sócio minoritário, permitirá à sociedade realizar a exclusão do sócio causador do ato (art. 1.085, CC).

Fixada a atividade empresarial, um dos principais elementos hermenêuticos nos estudos societários,[40] deve-se investigar o arcabouço obrigacional imputável aos sócios para que seja possível alcançar critérios que permitam a aplicação com segurança da regra da exclusão extrajudicial de sócio.

E quanto a tal investigação, parte-se dos critérios estabelecidos pelo próprio artigo 981 do Código Civil, que inaugura as disposições no Código Civil sobre o negócio jurídico sociedade, sendo a todas elas aplicável.[41] Estipula o referido dispositivo que, ao celebrar contrato de sociedade, os sócios: (i) comprometem-se a reciprocamente contribuir,

---

[38] Por ente associativo em um sentido genérico pode ser entendido tanto uma sociedade, quanto uma associação. Sobre a fundamentação para a vinculação funcional da teoria de Ferro-Luzzi vide: FERRO-LUZZI, Paolo. *I Contratti Associativi*. Milão: Giuffrè. 1976, p. 100-107.

[39] Conforme depreende-se da análise do texto de Ferro-Luzzi, o perfil funcional do fenômeno societário é absolutamente prevalente sobre qualquer outro, pois é essencialmente nesse plano que se procede a individualização, construção e diferenciação jurídica entre os vários fenômenos da realidade societária e os vários negócios a ela relacionados. Ademais, é sempre no perfil funcional que ocorre a investigação sobre os outros fenômenos negociais que influenciam profundamente a atividade do ente associativo. Nesse sentido FERRO-LUZZI, op. cit., p. 221-222. Abordando a obra de Ferro-Luzzi, merece destaque o artigo de CATAPANI, Márcio Ferro. Os contratos associativos. In: FRANÇA, Erasmo Valladão Azevedo e Novaes (Coord.). *Direito societário contemporâneo I*. São Paulo: Quartier Latin, 2009, p. 87-103.

[40] Embora a análise da teoria organizativa elaborada por Ferro-Luzzi esteja fixada no ato inicial que em sua repetição vai configurar a atividade empresarial, uma vez constituída a sociedade empresária é indiscutível a centralidade do elemento *"atividade"* no que diz respeito a matérias como a tratada neste livro. Nesse sentido, destaca-se a lição de Ferro-Luzzi abordando a importância aqui ressaltada: FERRO-LUZZI, op. cit., p. 318-323.

[41] A aplicabilidade de tal dispositivo também alcança as Sociedades por Ações. No que diz respeito a tal tipo societário, os artigos 1.088 e 1.089 do Código Civil remetem sua regulação à lei especial, no caso a Lei 6.404, de 15 de dezembro de 1976, regendo-se pelo Código Civil as omissões que se apresentarem na lei própria, conforme previsão do artigo 1.089 desse diploma legal.

com bens,[42] para o exercício de atividade econômica; (ii) passam a ter o objetivo comum de partilhar, entre si, os resultados obtidos por tal atividade econômica.[43]

Esse enlace entre os elementos que caracterizam o contrato de sociedade é a chave para o avanço do estudo das obrigações decorrentes de tal negócio jurídico. É a partir da análise da ocorrência sequencial dos atos/fatos supraindicados – a contribuição recíproca em bens para o exercício de atividade econômica, o próprio exercício da atividade e a distribuição de resultado – que são desenvolvidos os estudos relativos ao substrato obrigacional do contrato de sociedade.

Da análise da doutrina que aborda o tema, é possível constatar que não há unanimidade quanto ao entendimento de quais são os principais deveres decorrentes do contrato de sociedade,[44] sendo mais acentuada a divergência relativa à possibilidade de exigir-se de todos os sócios a observância de um dever de colaboração para com a sociedade.[45]

---

[42] No que diz respeito à sociedade limitada, deve-se considerar a previsão do § 2º do artigo 1.055 do Código Civil brasileiro, que veda a integralização do capital social através da conferência de serviços à sociedade.

[43] No que diz respeito à distribuição de resultado, é necessário destacar que o objetivo primordial típico dos sócios ao constituir uma sociedade é a divisão dos lucros, e não prejuízos, os quais também compõem o conceito de resultado.

[44] Diversas foram as tentativas de sistematização dos deveres imputáveis ao sócio por conta do contrato de sociedade, merecendo destaque o Anteprojeto de Lei de Sociedades de Responsabilidade Limitada, cujo presidente da comissão responsável pela proposição foi Arnoldo Wald, nomeada pela Portaria 145 do Ministério da Justiça, de 30.3.1999. No referido Anteprojeto constava em seu art. 11 a seguinte esquematização: "são deveres dos sócios: I – exercer os direitos essenciais com diligência e probidade; II – ser leal à sociedade e aos demais sócios; III – votar no interesse da sociedade; IV – manter sigilo sobre os livros, documentos e negócios sociais; V – não participar, como sócio ou administrador, de sociedade concorrente, salvo se autorizados pelo contrato social; VI – não contratar com a sociedade, diretamente ou através de outrem, ou de sociedade na qual tenha participação, em condições de favorecimento ou não equitativas, salvo se houver autorização do contrato social".

[45] Diante dessa possibilidade de diferenciação fática das sociedades limitadas, buscou-se na doutrina uma sistematização dos deveres do sócio que considerasse tal particularidade na indicação do arcabouço obrigacional. Ainda que de modo pouco sistemático, pode-se identificar pelo menos dois entendimentos sobre a matéria. Um primeiro grupo de doutrinadores que defende que os deveres (i) de integralização do capital social, (ii) de lealdade e (iii) de colaboração são decorrentes do contrato de sociedade e obrigam todos os sócios, independentemente da atuação na exploração da empresa (NUNES, António José Avelãs. *O direito de exclusão de sócios nas sociedades comerciais*. Reimpressão da 1ª edição. Coimbra: Almedina, 2002, p. 81-86; COMPARATO, Fábio Konder. Exclusão de sócio, independentemente de específica previsão legal ou contratual. In: COMPARATO, Fábio Konder. *Ensaios e pareceres de direito empresarial*. Rio de Janeiro: Forense, 1978, p. 145; GOMES, Orlando. Parecer. In: Pinheiro Neto & Cia. – Advogados. *Sociedade de advogados – exclusão de sócios – prevalência do contrato*. São Paulo: Revista dos Tribunais, 1975. p. 124; LUCENA, José Waldecy. *Das sociedades por quotas de responsabilidade limitada*. 2ª ed. Rio de Janeiro: Renovar, 1997, p. 708-709 e 928-929; WALD, Arnoldo. *Comentários ao novo Código Civil*, vol. XIV: Livro II, Do Direito de Empresa. TEIXEIRA, Sálvio de Figueiredo (coord.). Rio de Janeiro: Forense, 2005, p. 565; BARBOSA, Henrique Cunha. Dissolução Parcial, Recesso e Exclusão de Sócios: Diálogos e Dissensos na Jurisprudência do STJ e nos Projetos de CPC e Código Comercial. In: MOURA AZEVEDO, Luís André N. de; CASTRO, Rodrigo R. Monteiro de (coord.). *Sociedade limitada contemporânea*. São Paulo: Quartier Latin, 2013. p. 357.). Outro grupo de doutrinadores limita a imposição de tais deveres, considerando os dois primeiros (deveres de integralização do capital social e de lealdade) imputáveis a todos os

Dentre as diversas hipóteses de sistematização do arcabouço obrigacional decorrente do contrato de sociedade, será dada continuidade à apreciação da matéria a partir da análise daqueles que se entende sejam os três principais deveres imputáveis ao sócio de uma sociedade empresária limitada:

i) o dever de integralizar o capital social subscrito;
ii) o dever de lealdade para com a sociedade;
iii) o dever de colaborar para o alcance do fim social.

Antes de adentrar na análise específica de cada um deles, é importante destacar que a sociedade empresária limitada possui características que influenciarão diretamente a análise do substrato obrigacional.

A sociedade limitada, especialmente quando tem natureza empresarial, pode possuir características híbridas das sociedades de pessoas e das de capital.[46] Tal tipo societário pode ser utilizado tanto para regrar uma pequena sociedade de cunho familiar, com fins de subsistência, quanto grandes empreendimentos econômicos.

Nesse contexto, é possível que a sociedade empresária limitada apresente sócios de cunho eminentemente capitalista, que não possuam qualquer envolvimento direto com o exercício da atividade econômica organizada, ou mesmo com sócios que têm na sociedade seu ambiente laboral, podendo esses últimos atuarem na sociedade na condição de empregado, de administrador ou simplesmente como sócio.[47]

---

sócios e o terceiro (dever de colaboração) imputável aos sócios que atuam diretamente no exercício da empresa (entre outros vide: TOKARS, Fábio. *Sociedades limitadas*. São Paulo: LTr, 2007, p. 144; GONÇALVES NETO, Alfredo de Assis. *Lições de direito societário à luz do Código Civil de 2002*. 2ª ed., rev. e atual. São Paulo: Juarez de Oliveira, 2004, p. 223).

[46] Sobre a diferenciação entre as sociedades empresárias limitadas de pessoas e de capital, especificamente para fins de incidência do regramento sobre a exclusão de sócio, é importante colacionar a seguinte manifestação de Daniel Vio: "Todavia, os conceitos de sociedade de pessoas e sociedade de capitais ainda possuem grande relevância histórica e conceitual e são essenciais para a adequada compreensão da exclusão de sócios. (...) A aplicação do instituto da exclusão pressupõe sempre uma interferência negativa e pessoal do sócio, ou de eventos a ele atinentes, sobre as atividades da sociedade. Mais especificamente e ressalvada as hipóteses de exclusão de pleno direito, tal interferência deve necessariamente assumir a forma de um inadimplemento do excluendo em face da sociedade. (...) Ocorre que nas sociedades de capitais, a influência e relevância da pessoa do sócio para o sucesso da sociedade é, por definição, restrita. Em tais sociedades, a única conduta ativa exigida do sócio é, em princípio, a integralização da própria participação. A este dever positivo somam-se apenas algumas obrigações genéricas e elementares de não fazer, tais como não exercer o direito de voto em situação de conflito de interesse, não divulgar informações da sociedade, não abusar da posição de controlador, etc., cuja violação, de qualquer modo, já representaria na maioria dos casos um ato ilícito nos termos da legislação não societária. (...) Em resumo, nas sociedades de capitais, o sócio pode ser um mero prestador de capital, uma figura distante da sociedade e, sobretudo, da atividade empresarial exercida por esta última, limitando consequentemente o âmbito de aplicação do remédio da exclusão". VIO, Daniel de Avila. *A exclusão de sócios na sociedade limitada de acordo com o Código Civil de 2002*, 2008. 230 f. Dissertação (Mestrado) – Faculdade de Direito, Universidade de São Paulo, São Paulo, 2008, p. 114-116.

[47] Na prática jurídica é frequente a constatação de sócios laborando em sociedades empresarias limitadas, recebendo pró-labore ou qualquer outra forma de remuneração pelo trabalho prestado,

A realidade fática como se desenrola o vínculo entre o sócio e a sociedade influenciará diretamente na delimitação dos deveres imputados àqueles. Por conta dessa peculiaridade, adota-se neste estudo a seguinte premissa frente às três principais obrigações dos sócios acima colacionadas: os deveres de integralização do capital social e de lealdade são aplicáveis a todos os sócios, pois são inerentes ao contrato de sociedade; o dever de colaboração é imputável aos sócios que atuam diretamente na exploração da atividade econômica organizada, por conta de ajuste contratual expresso ou tácito.[48]

Esse posicionamento funda-se no entendimento de que em relação ao sócio estritamente capitalista, a imputação do dever de colaborar para o alcance do fim social não encontra guarida no negócio jurídico *sociedade* por ele celebrado, tampouco na realidade fática típica na qual tal sócio normalmente está inserido.

No caso do sócio *estritamente* capitalista da sociedade limitada, entende-se que a obrigação imposta a ele pelo artigo 981 do Código Civil restringe-se à integralização do capital social – em bens, para que esses bens possam viabilizar a exploração da atividade econômica organizada – e o agir leal, por conta da incidência do princípio da boa-fé.[49] Nesse sentido, embora haja a obrigação de financiar a atividade econômica organizada, no limite das obrigações assumidas pelo sócio, não se depreende do art. 981 do Código Civil a obrigação do sócio capitalista auxiliar de outro modo a concretização efetiva da atividade econômica organizada. Essa contribuição complementar à exploração da empresa somente

---

sem que isso represente o desempenho das atividades de administrador da sociedade. Há que se observar que o exercício do cargo de administrador tem por função primordial a presentação ativa e passiva da sociedade, assim como o exercício das atividades organizativas de comando necessárias à exploração da empresa, sem prejuízo de que essa segunda também seja realizada por outros sócios que não exerçam a primeira. E quanto à presentação da sociedade, é sempre interessante repisar a lição de Pontes de Miranda, que assim se manifestou sobre o tema: "De ordinário, nos atos da vida, cada um pratica, por si, os atos que hão de influir, ativa ou passivamente, na sua esfera jurídica. Os efeitos resultam de atos em que o agente é presente; pois que os pratica, por ato positivo ou negativo. A regra é a presentação, em que ninguém faz o papel de outrem, isto é, em que ninguém representa. (...) Quando o órgão da pessoa jurídica pratica o ato, que há de entrar no mundo jurídico como ato da pessoa jurídica, não há representação, mas presentação. O ato do órgão não entra, no mundo jurídico, como ato da pessoa, que é órgão, ou das pessoas que compõem o órgão. Entra no mundo jurídico como ato da pessoa jurídica, porque o ato do órgão é ato seu. Ainda há presentação, e não representação, conforme já aprofundamos no Tomo I, se a pessoa física ou órgão da pessoa jurídica pratica o ato, através de mensageiro ou de aparelho automático. (...)" (PONTES DE MIRANDA, Francisco Cavalcanti. *Tratado de Direito Privado* – Parte Geral – Tomo III – Negócios jurídicos. Representação. Conteúdo. Forma. Prova. 3ª ed. Rio de Janeiro: Borsoi, 1970, p. 231 e 233).

[48] SPINELLI, Luis Felipe. *A exclusão de sócio por falta grave na sociedade limitada.* São Paulo: Quartier Latin, 2014, p. 163-164. Outrossim, destaca-se e registra-se, mais uma vez, o expresso agradecimento aos Professores integrantes da banca de qualificação da dissertação de mestrado que deu origem a esta publicação, em especial no ponto objeto desta nota, recebendo especial atenção dos Prof. Luis Renato Ferreira da Silva e Luis Felipe Spinelli.

[49] No mesmo sentido pode-se colacionar os seguintes autores: SPINELLI, Luis Felipe. *A exclusão de sócio por falta grave na sociedade limitada.* São Paulo: Quartier Latin, 2014, p. 137.

vai ocorrer se o sócio assumir tal compromisso, expressa ou tacitamente, conforme será retomado adiante.

Diante do delineamento do modo como será abordado o arcabouço obrigacional incidente nas sociedades empresárias limitadas, passa-se à análise individualizada de tais deveres.

1.1.1. Do dever de integralizar o capital subscrito

O dever de integralização do capital subscrito é imputável a qualquer sócio, em qualquer sociedade, por conta da importância das funções desempenhadas pelo capital social nos diversos campos da relação societária, sejam eles no âmbito interno da sociedade, sejam no âmbito externo dessa.

No âmbito interno, o capital social desempenha papel de fonte financeira para as atividades exploradas pela sociedade, assim como um papel político, pois é a partir dele que se forma o poder de controle societário.

Quando da constituição de uma sociedade empresária, normalmente ocorre – ou deveria ocorrer – um planejamento entre os sócios a fim de se verificar o capital mínimo necessário para que o novo ente que surgirá do negócio jurídico em tela (contrato de sociedade) possa alcançar os objetivos previamente estabelecidos entre os sócios. O planejamento da forma como será explorada a empresa normalmente é seguido de debate entre aqueles que participarão do negócio jurídico sobre o montante que cada um deles alcançará à sociedade para que ela possa, a partir dele, praticar os atos necessários ao alcance do objetivo planejado.[50]

Ainda quanto aos debates que normalmente ocorrem quando da constituição de uma sociedade, o capital social exerce papel de destacada importância ao servir de parâmetro para o estabelecimento do poder de controle da sociedade. A forma de divisão do capital social entre os sócios moldará o poder de controle da sociedade, devendo cada sócio entregar à sociedade aquilo que prometeu, e no formato que prometeu, para que possa exercer legitimamente todos os direitos oriundos de sua participação societária.

---

[50] Em que pese haja divergência doutrinária quanto à função financiadora do capital social, tendo em vista que a sociedade pode angariar recursos para o desenvolvimento de suas atividades através de mútuos no mercado financeiro ou com terceiros, neste trabalho adota-se o posicionamento no sentido de reconhecer ao capital social uma posição financiadora das atividades sociais, tendo em vista que as hipóteses elencadas para justificar o posicionamento antagônico não consideram a imensa maioria das sociedades limitadas sob a égide do Direito brasileiro. Em sentido contrário, vide TOKARS, Fábio. *Sociedades limitadas*. São Paulo: LTr, 2007, p. 175-179.

Assim, considerando a função financiadora e política exercida pelo capital social, a falta de cumprimento da obrigação de integralizar o capital subscrito compromete não só a forma como serão exploradas as atividades empresariais que viabilizarão a consecução do fim social estabelecido, como também estabelece uma divisão ilegítima dos poderes políticos, afinal, sendo o cômputo dos votos na sociedade realizado a partir do capital subscrito, a falta de integralização na forma e tempo ajustados permitiria que o sócio inadimplente exercesse de forma ilegítima os poderes políticos através de participação societária.[51]

No âmbito das relações externas da sociedade, a integralização do capital social tem relação direta com a verificação da limitação de responsabilidade pessoal dos sócios e exerce, ainda, uma garantia indireta aos credores.

Quanto à verificação da limitação de responsabilidade pessoal dos sócios pelos passivos da sociedade, o artigo 1.052 do Código Civil é expresso ao consignar que na sociedade limitada, a responsabilidade de cada um deles é restrita ao valor de suas quotas, mas todos respondem solidariamente pela integralização do capital social. Enquanto não integralizado o capital social por todos os sócios, os demais são responsáveis pela prática de tal ato, tendo em vista que a quantia expressa no contrato social é o elemento inicial mínimo assegurado aos credores da sociedade quando da sua constituição. Enquanto não integralizado totalmente o capital social, a aferição da limitação de responsabilidade dos sócios deve considerar não só o valor de suas quotas, mas também o valor pendente de integralização do capital social. Uma vez integralizado o capital social, a responsabilização dos sócios passa a ser limitada unicamente ao valor de suas quotas, regra essa que será superada nas hipóteses de desconsideração da personalidade jurídica ou por conta de atitudes praticadas pelos sócios na condição de administradores que atraiam a eles a responsabilização por tais atos.[52]

Quanto à função de garantia indireta aos credores da sociedade, exercida pelo capital social, diz-se indireta, pois a garantia direta

---

[51] SPINELLI, Luis Felipe. *A exclusão de sócio por falta grave na sociedade limitada*. São Paulo: Quartier Latin, 2014, p. 124.

[52] O tema da desconsideração da personalidade jurídica já rendeu diversos estudos jurídicos de destaque. Assim sendo, mesmo diante das disposições do art. 1.052 do Código Civil não se ignora a existência de posicionamento jurisprudencial, especialmente na Justiça do Trabalho, que flexibiliza sobremaneira a limitação de responsabilidade dos sócios da sociedade limitada, por vezes ignorando-a. Sobre o tema merece destaque recente estudo realizado por Bruno Salama que faz uma análise histórica, jurídica e econômica do instituto da limitação de responsabilidade pela personalidade jurídica, abordando questões relacionadas ao Direito Tributário, Direito do Consumidor, Direito do Trabalho, entre outras hipóteses de relativização da regra do art. 1.052 do Código Civil. Para análise das manifestações vide: SALAMA, Bruno Meyerhof. *O fim da Responsabilidade Limitada no Brasil – História, Direito e Economia*. São Paulo: Malheiros, 2014.

àqueles se dá pelo patrimônio social,[53] que possui conceituação jurídica diversa e mais ampla. Enquanto o capital social é fixo, o patrimônio social é mutável, podendo ser maior ou menor que o próprio capital social, dependendo do sucesso do empreendimento social.[54]

Dada a representatividade de tais elementos,[55] o legislador preocupou-se em assegurar a existência e a consistência do capital social, especialmente no momento da constituição da sociedade. A fundamentação jurídica para tanto está no princípio da Exata Formação do Capital Social, que tem por significado a exigência de que, na constituição da sociedade, o valor do patrimônio social (que é então formado pelas entradas dos sócios) deve corresponder realmente ao valor do capital social[56]

Mesmo que no desempenho das atividades empresariais venha a ocorrer uma dissociação entre as cifras do capital social e patrimônio social, a conferência inicial e fundamental vinculada ao capital social é o ponto de partida para a movimentação da estrutura empresarial.

Embora as situações supraestabelecidas sejam aplicáveis a todos os tipos societários, na sociedade empresária limitada, o dever de integralização do capital subscrito possui peculiaridades frente à viabilidade econômica da sociedade[57] e à limitação de responsabilidade dos sócios. Essa é uma das razões por que há a vedação da integralização do capital em serviços, imposta pelo art. 1.055, § 2º,[58] do Código Civil. Nesse tipo societário, a vedação da integralização do capital social em serviços traz a necessidade efetiva de a sociedade dispor do capital prometido pelo sócio para efetivar o exercício da atividade econômica almejada pelos sócios, aumentando a importância de tal dever.

---

[53] O patrimônio de uma sociedade é o conjunto de relações jurídicas com valor econômico, isto é, avaliável em dinheiro de que é sujeito ativo e passivo uma dada pessoa. Trata-se de um fundo real de bens e direitos, efetivo, concreto e continuamente variável na sua composição e montante. O capital social, por sua vez, é um elemento concreto do contrato de sociedade que se traduz numa cifra estável, representativa da soma dos valores nominais das participações sociais. (DOMINGUES, Paulo de Tarso. Garantias da Consistência do Patrimônio Social. In: *Problemas do direito das sociedades*. Coimbra: Almedina, 2003. p. 498).

[54] COELHO, Fábio Ulhoa. *Curso de Direito Comercial*. Vol. 2. 17. ed. São Paulo: Saraiva, 2013, p. 184.

[55] Sobre a importância do tema cumpre transcrever a seguinte manifestação colacionada em artigo publicado por André Gustavo Livonesi: "A principal obrigação que o sócio contrai ao assinar o contrato social é a de investir, na sociedade, determinados recursos que podem ser dinheiro ou bens, visando à organização conjunta de uma empresa. Desta forma, cada sócio assume, perante o outro, a obrigação de disponibilizar, de seu patrimônio, os recursos que considerar necessários ao negócio que será explorado, isto é, cada sócio tem o dever de integralizar a quota do capital social que subscreveu". LIVONESI, André Gustavo. Responsabilidade dos Sócios na Sociedade Limitada. In: *Revista de Direito Privado*. São Paulo: RT, vol. 20, ano 2004, out.-dez. 2004, p. 59.

[56] DOMINGUES, Paulo de Tarso. Garantias da Consistência do Patrimônio Social. In: *Problemas do direito das sociedades*. Coimbra: Almedina, 2003. p. 499.

[57] TOKARS, Fábio. *Sociedades Limitadas*. São Paulo: LTr, 2007, p. 144.

[58] Art. 1.055. o capital social divide-se em quotas, iguais ou desiguais, cabendo uma ou diversas a cada sócio. (...) § 2º É vedada contribuição que consista em prestação de serviços.

A essencialidade do dever de integralização do capital social, na sociedade empresária limitada, é tamanha que a lei traz em relação a ele um tratamento específico, disposto no artigo 1.058[59] do Código Civil, que se reporta ao artigo 1.004[60] do mesmo diploma legal.

Da análise do artigo 1.004 do Código Civil, localizado nas disposições relativas à sociedade simples, verifica-se que o sócio remisso responderá pelo dano emergente da mora, podendo ele ser (i) cobrado pela sociedade pelo valor devido, (ii) excluído dela, ou (iii) ter sua quota reduzida ao montante já realizado.

Da aplicação do artigo 1.058 do Código Civil, verifica-se que, na sociedade limitada, é facultado aos outros sócios tomarem para si a quota do sócio remisso ou transferi-la para terceiros, sem prejuízo das hipóteses do artigo 1.004, a fim de que haja o efetivo ingresso do capital na sociedade e não seja prejudicado o planejamento realizado para a exploração da atividade econômica pela sociedade.[61]

Observadas as razões até aqui expostas, conquanto este estudo verse sobre a exclusão extrajudicial de sócio prevista no artigo 1.085 do Código Civil e a violação do dever de integralização do capital subscrito possa se configurar como ato de inegável gravidade que coloca em risco a continuidade da empresa, é importante enfatizar que a exclusão de sócio remisso se dá pela via do artigo 1.058 do Código Civil, que é mais ampla, permitindo a exclusão de qualquer sócio, independente da participação no capital social, não sendo necessária a observância dos requisitos previstos no artigo 1.085 do mesmo diploma legal, destinada especificamente para os sócios minoritários.

Mesmo diante da existência de uma solução legal específica para o caso de inadimplemento do dever de integralização do capital social, deve ser destacada a importância da abordagem deste dever decorrente do contrato de sociedade, seja para delimitar o substrato obrigacional imputável ao sócio, necessário ao desenvolvimento da investigação aqui realizada; seja porque, muitas vezes, circunstâncias relacionadas à for-

---

[59] Art. 1.058. Não integralizada a quota de sócio remisso, os outros sócios podem, sem prejuízo do disposto no art. 1.004 e seu parágrafo único, tomá-la para si ou transferi-la a terceiros, excluindo o primitivo titular e devolvendo-lhe o que houver pago, deduzidos os juros da mora, as prestações estabelecidas no contrato mais as despesas.

[60] Art. 1.004. os sócios são obrigados, na forma e prazo previstos, às contribuições estabelecidas no contrato social, e aquele que deixar de fazê-lo, nos trinta dias seguintes ao da notificação pela sociedade, responderá perante esta pelo dano emergente da mora. Parágrafo único. Verificada a mora, poderá a maioria dos demais sócios preferir, à indenização, a exclusão do sócio remisso, ou reduzir-lhe a quota ao montante já realizado, aplicando-se, em ambos os casos, o disposto no § 1º do art. 1.031.

[61] No mesmo sentido, vide VERÇOSA, Haroldo Malheiros Duclerc. *Curso de Direito Comercial*. Vol. 2. Teoria Geral das Sociedades. As Sociedades em Espécie do Código Civil. 2. ed. São Paulo: Malheiros, 2010, p. 136.

ma como se dá a observância do dever de integralização do capital social podem resultar em fatos que vão justificar a exclusão do sócio através da hipótese do artigo 1.085 do Código Civil.

1.1.2. Do dever de lealdade

O desenvolvimento do dever de lealdade ocorreu principalmente no Direito alemão, passando a influenciar diversos doutrinadores que tiveram acesso às manifestações daquela doutrina e jurisprudência.[62] No Direito brasileiro, tal qual ocorreu no Direito germânico, o dever de lealdade não é decorrente de previsão legal expressa, trata-se de construção doutrinária que teve sua origem na incidência do princípio da boa-fé nas relações societárias,[63] passando tal princípio a pautar o comportamento do sócio em relação à sociedade e aos assuntos de interesse dessa.

Conforme é possível observar da doutrina de Clóvis do Couto e Silva,[64] a incidência da boa-fé nas relações societárias se dá em grau máximo,[65] exercendo a boa-fé o papel de mandamento de honestidade e informação imputável aos sócios.[66]

---

[62] NOVAES FRANÇA. Erasmo Valladão Azevedo. *Affectio Societatis*: um conceito jurídico superado no moderno direito societário pelo conceito de "fim social". In: *Temas de direito societário, falimentar e teoria da empresa*. São Paulo: Malheiros, 2009, p 46, e em especial nota 38.

[63] COELHO, Fábio Ulhoa. *Curso de Direito Comercial*. Vol. 2. 17. ed. São Paulo: Saraiva, 2013, p. 445; RIBEIRO, Renato Ventura. *Exclusão de sócios nas sociedades anônimas*. São Paulo: Quartier Latin, 2005, p. 229.

[64] Neste sentido: "O princípio da boa-fé contribui para determinar o *que* e o *como* da prestação e, ao relacionar ambos os figurantes do vínculo, fixa, também, os limites da prestação. Nos negócios bilaterais, o interesse, conferido a cada participante da relação jurídica (*mea res agitur*), encontra sua fronteira nos interesses do outro figurante, dignos de serem protegidos. O princípio da boa-fé opera, aqui, significativamente, como mandamento de consideração. Quando o vínculo se dirige a uma atividade em proveito de terceiro (gestão de negócios, negócios fiduciários), o dever de levar em conta o interesse da outra parte (*tua res agitur*) é conteúdo do dever do gestor ou do fiduciário. Nas relações jurídicas em que a cooperação se manifesta em sua plenitude (*mostra res agitur*), como na sociedade, em parte nas de trabalho, e, principalmente, na comunhão familiar, cuida-se de algo mais do que a mera consideração, pois existe dever de aplicação à tarefa suprapessoal, e exige-se disposição ao trabalho conjunto e a sacrifícios relacionados com o fim comum". SILVA, Clóvis Veríssimo do Couto e. *A obrigação como processo*. Rio de Janeiro: Editora FGV, 2006, p. 34.

[65] No mesmo sentido vide Judith Martins-Costa: "Mais intensa, ainda, será a incidência dos deveres de cooperação, consideração, tutela e lealdade quando as relações obrigacionais marcadas pela comunhão de escopo, como as relações de sociedade: então, a cooperação se manifesta em sua plenitude (*mostra res agitur*). Aqui, ensinou Clóvis do Couto e Silva, *'cuida-se de algo mais do que a mera consideração, pois existe dever de aplicação à tarefa suprapessoal, e exige-se disposição ao trabalho conjunto e a sacrifícios relacionados com o fim comum'*. O intérprete, porém, não deve enganar-se pelo nome do ajuste, por sua forma: deve descer ao fato para averiguar como estão estruturados os mútuos interesses". MARTINS COSTA, Judith Hoffmeister. Os Campos Normativos da Boa-fé objetiva: As Três Perspectivas do Direito Privado Brasileiro. In JUNQUEIRA DE AZEVEDO, Antonio; TÔRRES, Heleno Taveira; CARBONE, Paolo (coord.). Princípios do Novo Código Civil Brasileiro e Outros Temas: Homenagem a Tullio Ascarelli. São Paulo: Quartier Latin, 2008, p. 403. Em sentido semelhante, vide: SPINELLI, Luis Felipe. *A exclusão de sócio por falta grave na sociedade limitada*. São Paulo: Quartier Latin, 2014, p. 137-138; VIO, Daniel de Avila. *A Exclusão de Sócios na Sociedade Limitada de*

Os fundamentos do dever de lealdade também estão assentados no princípio da unicidade ou coordenação, o qual tem por base a necessária conexão entre poder e responsabilidade.[67] Conforme destaca Marcelo von Adamek, o princípio da unicidade ou coordenação está na base do fundamento ético-social do dever societário de lealdade (*treunpflicht*), estando representado pelo poder de um grupo influenciar a esfera jurídica alheia e a contrapartida exigida de que ocorra o exercício responsável das posições jurídicas subjetivas de tal grupo.[68]

Foi a partir dessa correlação, que também tem a boa-fé como um dos elementos fundantes, que o direito alemão desenvolveu os estudos sobre a matéria, tendo por cenário inicial as sociedades de pessoas, nas quais a vinculação pessoal dos sócios é, de regra, mais intensa. Sua consagração posterior nas sociedades limitadas[69] e anônimas foi fruto de

---

Acordo com o Código Civil de 2002, 2008. 230 f. Dissertação (mestrado) – Universidade de São Paulo. Faculdade de Direito. Programa de Pós-Graduação em Direito. São Paulo, BR-SP, 2008, p. 142.

[66] MARTINS COSTA, Judith Hoffmeister. Os Campos Normativos da Boa-fé objetiva: As Três Perspectivas do Direito Privado Brasileiro. In JUNQUEIRA DE AZEVEDO, Antonio; TÔRRES, Heleno Taveira; CARBONE, Paolo (coords.). *Princípios do novo Código Civil brasileiro e outros temas*: Homenagem a Tullio Ascarelli. São Paulo: Quartier Latin, 2008, p. 413.

[67] No Direito alemão, diversas teorias buscaram fundamentar o dever de lealdade, a saber: (1) a teoria da persecução do fim social, cujos defensores buscam extrair o dever de lealdade, ao menos indiretamente, da regra do BGB (§705) que diz ser expressão de um dever imanente dos sócios a persecução do fim social; (2) a teoria da condensação, segundo a qual o dever de lealdade seria um destaque da regra do § 242 do BGB; e (3) a teoria do aperfeiçoamento jurídico, segundo a qual o dever de lealdade teria seu fundamento em diversas disposições normativas, tendo sido extraído e aperfeiçoado através da atuação dos juízes e da doutrina, transformando-se em cláusula geral. Entretanto, conforme destaca Marcelo von Adamek sobre o tema, nenhuma delas obteve uma imposição em relação às demais, entendendo parcela majoritária dos doutrinadores germânicos por bem assentar a fundamentação do dever de lealdade na tese da correlação ou coordenação entre poder e responsabilidade. Nesse sentido, vide ADAMEK, Marcelo Vieira von. *Abuso de minoria em direito societário*. São Paulo: Malheiros, 2014, p. 112.

[68] Idem, p. 58.

[69] No Direito alemão a consagração do dever de lealdade nas sociedades limitadas deu-se no caso " ITT", que versava sobre a proteção de minoritários em grupos de sociedades limitadas. Conforme relato de Marcelo Adamek, a descrição simplificada é a seguinte: "uma grande sociedade estrangeira ITT, na qualidade de sócia majoritária da sociedade limitada que atuava como sócia comanditada em uma 'GmbH & Co. KG', impôs à sociedade comanditária e às suas subsidiárias a celebração de contratos de prestação de serviços com uma subsidiária da ITT, pelo qual aquelas se obrigavam a transferir 1% de seus lucros à dita subsidiária, sem contraprestação equivalente. O sócio minoritário da sociedade limitada – que atuava como sócia comanditada – processou a empresa controladora reclamado a posição dos lucros à sociedade comanditária e suas subsidiárias". No caso, o Supremo Tribunal da República Federal da Alemanha (*Bundesgerichtshof* – BGH) diferentemente das instâncias ordinárias, entendeu que as relações internas da sociedade limitada e das sociedades de pessoas são muito próximas, o que tornava o dever de lealdade exigível, não apenas nas relações entre os sócios e a sociedade, mas também na relação dos sócios entre si. Em tempo, conforme nota de rodapé (n. 125) colacionada pelo referido autor, a "GmbH & Co. KG" é um tipo societário surgido da deformação da sociedade em comandita simples, na qual o sócio comanditado é uma sociedade limitada. No Direito brasileiro a utilização de tal tipo societário pela praxe seria inadmissível, pois somente pessoas físicas podem ser sócios comanditados, conforme previsão do art. 1.045 do Código Civil. As manifestações objeto desta nota de rodapé estão em ADAMEK, Marcelo Vieira von. *Abuso de Minoria em Direito Societário*. São Paulo: Malheiros, 2014, p. 114-115.

progressivo desenvolvimento doutrinário e jurisprudencial, contudo, até alcançar-se tal desenvolvimento foram levantados questionamentos relacionados à influência do tipo societário em relação do dever de lealdade.

As discussões sobre a incidência, ou não, do dever de lealdade dependendo do tipo societário tiveram como principal foco de discussão as sociedades anônimas, tendo em vista que parcela da doutrina entendia que nesse tipo societário as relações de participação dos acionistas não possuíam o traço pessoal originário do dever de lealdade, como verificado nas sociedades limitadas e de pessoas. A solução apresentada pela doutrina alemã se deu através da análise de qual seria o cerne da discussão, identificando ele na realidade fática na qual se desenvolvia a relação societária, deixando para uma verificação subsidiária a formatação jurídica de tal relação.

Nesse sentido, ressalta-se que, "embora o tipo societário possa influenciar as relações existentes entre os sócios, de fato, é a realidade, a estrutura real na qual se desenvolve a relação societária que permite verificar o formato e a intensidade das relações entre os sócios".[70]

Uma vez vinculado pela realidade na qual é desenvolvida a relação societária, o dever de lealdade terá sua incidência nas relações decorrentes daquela, ou seja, na relação entre os sócios, vinculadas aos interesses societários em comum, e entre esses e a própria sociedade, observados as peculiaridades fáticas e jurídicas de cada uma delas,[71] cujo conteúdo precisa ser delimitado caso a caso.[72]

---

[70] A referência foi feita por Marcelo von Adamek, que complementa tal posicionamento colacionando o seguinte trecho da obra de Karsten Schmidt: "O resultado não depende da forma jurídica da organização societária, mas da sua estrutura real. Fosse diferente, então, poderiam os sócios, como diz Wiedemann, por ocasião da deliberação sobre a transformação societária, pendurar os deveres de lealdade no cabide. Depende em que extensão elementos personalísticos (personalistas) ou cooperativos encontram entrada na vida social, e depende então em cada caso específico da extensão da lesão de interesses, se uma infração ao dever de lealdade é ou não aceitável. Também a indagação sobre se um sócio participa de uma sociedade comercial como empresário ou apenas como investidor, tem importância. A forma jurídica da organização societária tem em todas elas significação meramente indiciária". SCHMIDT, Karsten. *Gesellschaftsrecht*. 4. ed. Köln: Carl Heymanns, 2002, p. 592; apud ADAMEK, Marcelo Vieira von. *Abuso de minoria em direito societário*. São Paulo: Malheiros, 2014, p. 116.

[71] Quanto às diversas relações internas existentes no âmbito de um contrato de sociedade, também deve-se destacar a lição de Menezes Cordeiro, que entende que o dever de lealdade é exigido em todas elas, ou seja, (i) nas relações mantidas entre os sócios com a sociedade; (ii) nas relações da sociedade para com os sócios; e (iii) nas relações mantidas no seio dos órgãos de administração da sociedade. Nesse sentido, vide: CORDEIRO, António Menezes. A lealdade no direito das sociedades. *Revista da Ordem dos Advogados de Portugal*, ano 66, v. III, p. 1.033-1.065, dez, 2006. Disponível eletronicamente através do endereço <http://www.oa.pt/Conteudos/Artigos/detalhe_artigo.aspx?idc=31559&idsc=54103&ida=54129>, acessado em 18.03.2014.

[72] A jurisprudência alemã reconheceu o dever de lealdade no relacionamento entre os sócios no famoso caso *Linotype*. Nesse caso, a sociedade Linotype detinha 90% da sociedade Stempel e desejava adquirir diretamente a atividade aziendal dessa última. Dada a condição de controladora de

Tomando por base a análise da doutrina e jurisprudência alemã, especialmente sobre a incidência do dever de lealdade na análise do posicionamento dos sócios majoritários e minoritários para perquirição sobre o tema do *abuso de minoria*, afirma Marcelo von Adamek que o dever de lealdada do sócio majoritário fundamenta-se no acréscimo de poder que ele obtém por conta do exercício de tal posição jurídica, a qual lhe permite, na assembleia geral ou administração, dispor de seu próprio patrimônio e do patrimônio alheio, além de influenciar na alienação dessas participações societárias. Ou seja, tendo em vista que o poder do sócio majoritário pode alcançar a esfera patrimonial dos sócios minoritários ligada à sociedade, tem ele o dever de levar em consideração, nos limites do interesse coletivo, os legítimos interesses da minoria, sem restringir desmesuradamente os direitos dessa.[73]

No que diz respeito ao sócio minoritário, afirma o referido autor que o dever de lealdade também delimita o âmbito de suas ações, pois mesmo não tendo ordinariamente o poder detido pelos sócios majoritários, há situações específicas que os sócios minoritários exercem papel decisivo na sociedade, referindo-se como exemplo situações de aumento de capital social, medidas de saneamento da sociedade ou outras alterações de contrato social que venham a se fazer necessárias.[74]

Stempel, Linotype deliberou a dissolução da primeira, mesmo essa sendo uma sociedade próspera que produzia lucros consistentes. Na fase de liquidação, Linotype concretizou seu objetivo e adquiriu o estabelecimento de Stempel. Em decisão o Supremo Tribunal Federal da Alemanha (BGH) entendeu que o acionista controlador violou seu dever de lealdade em face dos demais acionistas e isso, não pelo fato de ter adquirido na liquidação os ativos da sociedade, mas por ter agido na persecução de um próprio e egoístico interesse, sem ter considerado com isso o dano causado para os minoritários com a dissolução da sociedade. Mais sobre o tema, vide ADAMEK, op. cit., p. 118.

[73] ADAMEK, Marcelo Vieira von. *Abuso de minoria em direito societário*. São Paulo: Malheiros Editores, 2014, p. 118.

[74] O dever de lealdade por parte das minorias somente foi consagrado na jurisprudência alemã em 1995, no julgamento do caso *Girmes*, no qual a sociedade que dá nome ao caso encontravase em situação de insolvência. Diante disso, foi elaborado pelo Conselho de Administração dela, juntamente com instituições financeiras, um plano para sua recuperação, no qual estava previsto uma redução do capital social e a correspondente *"canje"* (recolocação de ações) na proporção de 5/2. Um dos acionistas minoritários, editor de uma revista especializada (Effekten-Spiegel), passou a apelar aos acionistas para representá-los na assembleia a fim de votar e buscar impor uma proporção de 3/5. Com tal ato conseguiu aglomerar um grupo de acionistas que detinha mais de 25% do capital social, com o que bloqueou a aprovação do plano de recuperação. Em consequência disso a sociedade faliu e as ações da Companhia perderam seu valor. Por conta disso, acionistas que não foram representados pelo acionista editor referido reclamaram dele o ressarcimento dos danos causados. Diante desse caso o BGH confirmou a regra de que as minorias também estão sujeitas ao dever de lealdade no exercício de seus direitos, ressalvando que os acionistas podem perseguir os seus próprios interesses empresariais dentro de uma certa margem de discricionariedade. O acionista minoritário deveria ter levado em consideração não só o interesse da sociedade, mas os interesses conexionados à sociedade dos demais acionistas. Para uma abordagem mais aprofundada do referido caso vide: ADAMEK, op. cit., p. 119-120 e KÜBLER, Friedrich. *Derecho de sociedades*. Trad. Michèle Klein, Madri: Fundación Cultural del Notariado, 2001, p. 306-307.

Tal delimitação encontra respaldo nas manifestações lançadas por Menezes Cordeiro[75] ao abordar o dever de lealdade nas relações societárias, pois consigna o referido autor português que, em sentido geral, a lealdade envolve uma relação de confiança marcada pela correção e previsibilidade da conduta do agente.

No desenvolvimento de uma relação societária, o fim comum mantido pelos sócios fixa diretrizes que devem ser por eles observadas. Nos exemplos acima citados a relação mantida entre os sócios pressupõe, em um primeiro momento, que nenhum deles tomará medidas que prejudiquem o fim comum, que em situações de conflitos entre os interesses pessoais dos sócios e o interesse da sociedade, deverá ser dado prevalência ao segundo.

Isso se dá, pois, como afirma Menezes Cordeiro, o dever de lealdade impõe o exercício das posições sociais de acordo com a boa fé, "o que se concretiza na tutela da confiança (p. ex., proibição de *venire contra factum proprium*) e na primazia da materialidade subjacente (p. ex., proibição de actos emulativos)".[76]

Nesse contexto conceitual, faz-se referência à definição apresentada por Renato Ventura Ribeiro,[77] relativamente ao dever de lealdade, impondo-se esse comportamento honesto, honrado e digno da posição jurídica exercida pelo sócio, características essas que não possuem o mesmo conteúdo jurídico e que pautam a forma como deverá se dar a consecução do fim social.[78] Esse autor traz a abordagem do dever de lealdade em sua tese de doutorado sobre a exclusão de acionista na sociedade por ações. Contudo, mesmo tratando-se de tipo societário diverso, suas considerações são aplicáveis à sociedade empresária limitada. Nesse sentido, é colacionada a seguinte manifestação, especialmente no que diz respeito ao dever de lealdade do sócio capitalista no tipo societário objeto deste estudo:

[O dever de lealdade] compreende principalmente condutas negativas, devendo o acionista abster-se de prejudicar a sociedade no exercício de seus direitos, como o de voto, não agir com comportamento perturbador nas assembleias ou defesa de interesses con-

---

[75] CORDEIRO, António Menezes. A lealdade no direito das sociedades. In: *Revista da Ordem dos Advogados de Portugal*, ano 66, v. III, p. 1.033-1.065, dez, 2006. Disponível em: <http://www.oa.pt/Conteudos/Artigos/detalhe_artigo.aspx?idc=31559&idsc=54103&ida=54129>, acessado em 18.03.2014.

[76] Especificamente quanto à referência à primazia da materialidade subjacente Menezes Cordeiro traz como exemplo de situação que é caracterizada como desleal, por conta do descompasso entre a materialidade subjacente e a disposição legal, o abuso no pedido de informações, pois tal situação contraria os valores que levaram o legislador a conferir tal direito ao sócio. CORDEIRO, cit., Disponível em: <http://www.oa.pt/Conteudos/Artigos/detalhe_artigo.aspx?idc=31559&idsc=54103&ida=54129>, acessado em 18.03.2014.

[77] RIBEIRO, Renato Ventura. *Exclusão de sócios nas sociedades anônimas*. São Paulo: Quartier Latin, 2005, p. 181.

[78] Entendimento semelhante é apresentado por JORGE, Tarsis Nametala Sarlo. *Manual das sociedades limitadas*. Rio de Janeiro: Lumen Juris, 2007, p. 217-218.

trários à sociedade, não denegrir imagem, com fatos, atos ou operações suscetíveis de atentar contra o nome e o crédito da sociedade, não violar o dever de não concorrência, manter sigilo das informações obtidas em razão da condição de acionista ou membro de órgão social, não utilizar bens sociais em proveito próprio, entre outros.[79]

Dessa definição verifica-se que o escopo comum que caracteriza o contrato plurilateral concede ao operador do direito elementos para que ele possa pautar a análise do comportamento do sócio, especialmente para fins de verificação de violação do dever de lealdade.

Em complementação, merece destaque o posicionamento de Erasmo Valladão, que defende, ainda, a fixação do dever de lealdade como padrão de comportamento do sócio na vida societária,[80] o qual deve ser observado nas mais diversas hipóteses em que exercida a posição jurídica de sócio, seja, exemplificativamente, nas reuniões ou assembleias de quotistas; quando do exercício do direito de voto e de posições subjetivas; no exercício do poder de controle; quanto ao uso de informações recebidas, mesmo na posição de sócio capitalista,[81] na vedação à concorrência à sociedade,[82] entre outras.[83]

Assim sendo, o dever de lealdade vincula todas as posições jurídicas subjetivas que podem ser exercidas pelos sócios, exigindo uma ponderação de interesses incidentes quanto à aplicação de tal dever a cada caso em concreto.

E sobre tal ponderação de interesses entre as posições jurídicas detidas pelos sócios e pela sociedade, proveitosa é a visita à abordagem do

---

[79] RIBEIRO, op. cit., p. 229.

[80] NOVAES FRANÇA. Erasmo Valladão Azevedo. *Affectio Societatis*: um conceito jurídico superado no moderno direito societário pelo conceito de "fim social". In: *Temas de direito societário, falimentar e teoria da empresa*. São Paulo: Malheiros, 2009, p. 46, e em especial nota 37.

[81] Relativamente à utilização das informações recebidas pelo sócio, que também podem ser caracterizadas como uma forma de concorrência desleal da sociedade, dependendo do fim dado àquelas informações, cabe destacar manifestação de Renato Ventura Ribeiro quando trata da exclusão de acionista da sociedade por ações, mas aplicável à hipótese em estudo. Consigna o referido doutrinador: "Nas sociedades contratuais, o dever de não concorrência atinge os sócios gestores e os de responsabilidade ilimitada. O sócio não gestor, mas detentor de informações da sociedade em razão da sua condição de sócio, não pode utilizá-los em benefício próprio, nem realizar negócios para si". RIBEIRO, op. cit., p. 237.

[82] A configuração de uma hipótese de concorrência desleal para fins de violação do dever de lealdade requer seja levado em consideração tanto a realidade fática da sociedade quanto o substrato obrigacional estabelecido em relação ao sócio acusado da violação. Nesse sentido, é necessário analisar os possíveis resultados de tal ato na sociedade e no mercado em que ela atua; a forma como se dá a participação do sócio na pessoa indicada como concorrente; o comportamento dos sócios perante o conhecimento de tal fato. Albergando tal posicionamento, entre outras, cabe citar a decisão proferida pelo Tribunal de Justiça do Estado do Rio Grande do Sul, no julgamento da Apelação 70052999125, em julgamento realizado pela 6ª CC., 21/03/2013. Na doutrina, abordando a prática de concorrência desleal para fins de exclusão de sócio, vide, entre outros: RIBEIRO, op. cit., p. 364-365; VILLAVERDE, Rafael Garcia. *La exclusion de socios: causas legales*. Madrid: Montecorvo, 1977, p. 177-185.

[83] Uma longa abordagem de hipóteses que configuram violação do dever de lealdade pode ser observada em SPINELLI, Luis Felipe. *A exclusão de sócio por falta grave na sociedade limitada*. São Paulo: Quartier Latin, 2014, p. 147-157.

tema que é dada por Marcelo von Adamek,[84] que repisa a doutrina alemã sobre o tema, trazendo considerações importantes para a obtenção de ferramentas para a superação de situações de difícil conclusão, característica essa que frequentemente estão vinculadas aos casos de violação do dever de lealdade.

Ao abordar o comportamento que um sócio deve ter ao posicionar-se diante de uma situação que pode resultar em violação ao dever de lealdade, consigna o referido autor, trazendo manifestação de Thomas Raiser e Rüdiger Veil, que

> enquanto o sócio obrigado ao dever de lealdade exercer direitos postos em consideração a interesses alheios, acima de tudo poderes de gerência, deve ele observar exclusivamente o interesse da empresa. No exercício de poderes postos no interesse próprio, não precisa ele colocar os seus próprios interesses atrás dos da sociedade. Porém vale o princípio da proporcionalidade: ele deve se servir do meio mais suave e não deve onerar a sociedade de um modo que esteja fora de proporção em relação à vantagem obtida.[85]

Diante dessa utilização, o dever de lealdade passa a ser considerado como uma cláusula-geral do direito societário que serve para juridicamente superar conflitos na sociedade, cuja solução não se encontra previamente indicada na lei ou no contrato social.[86] Tal qual a boa-fé objetiva, princípio do qual se destacou e desenvolveu, o dever de lealdade servirá de cânone hermenêutico, auxiliando na interpretação dos estatutos e contratos sociais.[87]

Para fins específicos do objetivo final deste estudo, cumpre ainda destacar que o dever de lealdade atinge todas as fases da relação societária, inclusive nas fases pré e pós-contratual, e todas as sociedades, sejam elas majoritárias ou com a exigência de unanimidade.[88]

Como forma de organizar a abordagem do tema, nos tópicos que seguem será analisada, primordialmente, a incidência do dever de lealdade na relação entre sócio e sociedade.[89]

Este corte metodológico é feito, pois o Direito Societário estatui uma carga obrigacional supletiva específica para cada uma das esferas

---

[84] ADAMEK, Marcelo Vieira von. *Abuso de minoria em direito societário*. São Paulo: Malheiros, 2014, p. 122-123.

[85] Consta em ADAMEK, op. cit., p. 122-123. A referência ao texto alemão é a seguinte: RAISER, Thomas; VEIL, Rüdiger. *Recht der Kapitalgesellschaften*. 4. ed. Munique: Franz Vahlen, 2006, p. 443.

[86] ADAMEK, op. cit., p. 123. Em referência expressão texto de RAISER; VEIL, op. cit., p. 442.

[87] Idem, p. 124-125.

[88] Idem, p. 124.

[89] Adianta-se, desde já, posicionamento de que eventuais inadimplementos ou problemas de relacionamento entre os sócios sobre questão alheia à relação societária específica por eles mantida não traz influência no negócio jurídico *contrato de sociedade*, a menos que seus efeitos acabem por impedir a consecução do fim social, inviabilizando a sociedade, configurando-se na hipótese do artigo 1.034, II, do Código Civil.

internas da sociedade, vinculando controladores ou administradores, em regramento próprio que considera as atividades e problemas que tipicamente se configuram em cada âmbito de incidência.

Esse posicionamento não significa, por exemplo, negar a possibilidade de o sócio que exerce a administração ser excluído da sociedade por conta da violação do dever de lealdade. Caso o ato praticado pelo administrador também atinja o seu dever de lealdade na condição de sócio, e também ocorra o preenchimento dos demais requisitos legais, sua exclusão poderá vir a se concretizar.[90]

O objetivo dessa segmentação na análise é realçar a diferença entre as relações jurídicas suprarreferidas, especialmente frente à natureza híbrida da sociedade limitada no Brasil. Não se pode esquecer que há a possibilidade de a sociedade empresária limitada ter em sua composição sócios capitalistas, ou mesmo administradores que não sejam sócios. Essas peculiaridades demonstram a necessidade de se analisar especificamente a carga obrigacional imputada ao sócio, sem que isso signifique qualquer vedação de o inadimplemento do administrador configurar-se violação do dever de sócio.

Diante desse panorama, deve-se questionar até que ponto o dever de lealdade pode ser considerado mais intenso[91] em uma sociedade limitada de cunho personalista do que em uma de cunho capitalista.[92]

Entende-se que o dever de lealdade, oriundo única e exclusivamente do vínculo societário, é o mesmo para todos os sócios da sociedade

---

[90] Esse posicionamento não é imune a controvérsia. Daniel Vio, por exemplo, entende que o dever de lealdade permite estender a exclusão de sócio para circunstâncias externas à relação societária, trazendo a seguinte manifestação: "principal mérito da atribuição de um dever de lealdade ao sócio é tornar o remédio da exclusão aplicável a todas as hipóteses de atos ilícitos graves praticados pelo sócio contra a sociedade, ainda que não relacionadas diretamente à sua qualidade de quotista. Assim, em um exemplo extremo, caso o sócio se conluie com terceiros para saquear armazém com bens sabidamente pertencentes à sociedade, agirá em clara violação de seu dever de lealdade. Nesses termos, o dever de lealdade fornece a base necessária para a exclusão do sócio que viole gravemente deveres decorrentes da função de administrador da sociedade". (VIO, Daniel de Avila. *A exclusão de sócios na sociedade limitada de acordo com o Código Civil de 2002*, 2008. 230 f. Dissertação (mestrado) – Universidade de São Paulo. Faculdade de Direito. Programa de Pós-Graduação em Direito. São Paulo, BR-SP, 2008, p. 149). Em sentido contrário, Haroldo Verçosa entende, por exemplo, que os atos praticados pelo administrador não podem resultar na exclusão do sócio: VERÇOSA, Haroldo Malheiros Duclerc. *Curso de Direito Comercial*. Vol. 2. Teoria Geral das Sociedades. As Sociedades em Espécie do Código Civil. 2. ed. São Paulo: Malheiros, 2010, p. 552.

[91] Nesse sentido, entre outros, vide NOVAES FRANÇA. Erasmo Valladão Azevedo. *Affectio Societatis*: um conceito jurídico superado no moderno direito societário pelo conceito de "fim social". In: *Temas de direito societário, falimentar e teoria da empresa*. São Paulo: Malheiros, 2009, p. 46, em esp. nota 38.

[92] Segundo Ruiz, "é afirmação reiterada na doutrina que estuda o dever de fidelidade do sócio que sua vigência não deve ser entendida vinculada a determinadas formas sociais. É um dever genérico de lealdade que está presente em todas as sociedades. A intensidade dependerá da estrutura real da concreta sociedade de que se trate. Dependerá do grau de personalização da sociedade, devendo ser referida essa expressão às concretas possibilidades de influência do sócio na marcha da sociedade e na consecução do fim comum (RUIZ, Mercedes Sánchez. *La facultad de exclusión de socios en la teoría general de sociedades*. Cizur Menor: Thomson Civitas, 2006, p. 115-116).

empresária limitada. A diferença entre as situações é que o sócio gestor da empresa[93] ou o sócio-administrador da sociedade acumulam duas relações jurídicas diversas, com a consequente sobreposição da carga obrigacional decorrente do dever geral de lealdade,[94] ou seja, a carga decorrente da condição do sócio, oriunda do contrato de sociedade, com a carga originada da condição de gestor da empresa ou administrador da sociedade, oriunda de outorga de poderes de representação da sociedade e da atuação profissional na sociedade.

Nessa situação, mesmo havendo uma dupla incidência do dever de lealdade no que concerne às atividades fáticas relacionadas ao *sócio-administrador*, entende-se que o dever de lealdade oriundo especificamente da relação societária é idêntico tanto para o sócio capitalista, quanto para o sócio-administrador, por exemplo.

O sócio capitalista deve ser tão leal nas relações que mantém com a sociedade quanto o sócio que exerce a administração daquela. O que difere as duas hipóteses é que a relação fática e jurídica do sócio-administrador com a sociedade é mais ampla, e as situações onde a observância do dever de lealdade são exigidas ocorrem com maior frequência. Diante de tal situação, pode-se afirmar que as sociedades de cunho personalista, caracterizadas pela atuação conjunta e pessoal dos sócios no exercício da empresa, possuem uma realidade fática que exige deles a observância do dever de lealdade com maior frequência do que, por exemplo, na relação entre um sócio capitalista e a sociedade em que ele possui participação. Entende-se que a frequência na qual há a necessidade de observância do dever de lealdade não pode ser confundida com uma gradação do dever de lealdade; não pode ser confundida com eventual exigência de que um sócio seja mais leal com a sociedade que outro.

Antes de avançar na análise do objeto deste estudo, cumpre ainda analisar uma questão que aparece com frequência na doutrina, qual seja,

---

[93] A referência à gestão da empresa diz respeito às atividades laborais que podem ser realizadas pelos sócios na empresa, sem que os mesmos venham a exercer o cargo jurídico de *sócio-administrador*, o qual resumidamente tem o poder de representação ativa e passiva da sociedade. Para fins da manifestação realizada, eventual sócio capitalista não atua diretamente na gestão da empresa, limitando-se a financiar as atividades que são delegadas à administração da empresa – profissional ou realizada pelos demais sócios.

[94] Especialmente no que diz respeito ao direito de não concorrência e os demais deveres fiduciários que são impostos ao sócio que exerce a posição jurídica de administrador da sociedade. A relação do dever de lealdade com os deveres fiduciários no âmbito da administração da sociedade não retira força do dever de lealdade e atribui a ele uma concretude maior para que seja possível uma aplicação mais segura na análise do caso concreto, desenvolvendo-se um padrão de comportamento nas relações societárias pautado pela ética, pelo cumprimento das obrigações, e voltado para a obtenção do fim social, aglutinador dos sócios na sociedade. Nesse sentido vide ZANINI, Carlos Klein. A doutrina dos fiduciary duties no direito Norte-Americano e a tutela das sociedades e acionistas minoritários frente aos administradores das sociedades anônimas. In: *Revista de direito mercantil, industrial, econômico e financeiro*. São Paulo: Malheiros, jan.-mar. 1998, p. 137-149.

o comportamento que é imposto aos sócios em atendimento ao dever de lealdade e a necessidade desse colaborar com a sociedade.

É assente na doutrina, como já referido, o entendimento de que o agir leal do sócio deve estar vinculado ao interesse da sociedade, concluindo-se que, muitas vezes, o comportamento individual do sócio venha a ser subordinado aos interesses comuns,[95] já que o dever de lealdade impõe aos sócios que levem em consideração a posição dos demais sócios e da própria sociedade.[96]

Esse entendimento está alinhado à lição de Erasmo Valladão Azevedo e Novaes França, que – fundado na doutrina de Herbert Wiedemann[97] – consigna: o "dever de lealdade compreende a orientação das relações jurídicas societárias para uma correta colaboração de todos os participantes a fim de atingir o fim social".[98]

Posicionamento semelhante também é encontrado nas manifestações de Luis Felipe Spinelli, que se preocupa em demonstrar uma maior delimitação do conteúdo do dever de lealdade:

> E o dever de lealdade, enquanto regra de comportamento, pode ser condensado em deveres concretos de colaboração e de proteção, proscrevendo condutas que venham a lesar os legítimos interesses e as expectativas tuteláveis dos restantes sócios e da sociedade. Possui, portanto, o dever geral de lealdade conteúdo dúplice típico, que é o de o sócio colaborar ativamente (condutas positivas) para os assuntos da coletividade na extensão prometida (os sócios têm o dever de zelar pelo interesse social) e abster-se (condutas negativas) de tudo que possa prejudicar o interesse social – o que inclui tanto os interesses e expectativas da sociedade quanto os interesses e expectativas dos sócios enquanto sócios (*ex causa societatis*). Mas, além de limitar o exercício de direitos (subjetivos e formativos) dos sócios e impor a estes deveres de conduta (e isso nas mais diferentes esferas sociais: assembleia ou reunião de sócios, administração da sociedade, negociação de participações sociais, etc.), o dever de lealdade serve como cânone hermenêutico na interpretação dos contratos (e estatutos) sociais.[99]

Dessas duas manifestações acima colacionadas é possível verificar que seus autores, embora seguindo uma mesma linha teórica, trazem referências a uma *necessidade de colaboração* do sócio como elemento integrante do dever de lealdade.

---

[95] VERÇOSA, Haroldo Malheiros Duclerc. *Curso de direito comercial*. Vol. 2. Teoria Geral das Sociedades. As Sociedades em Espécie do Código Civil. 2. ed. São Paulo: Malheiros, 2010, p. 140.

[96] SPINELLI, Luis Felipe. *A exclusão de sócio por falta grave na sociedade limitada*: fundamentos, pressupostos e consequências, 2014. 549 f. Tese (Doutorado) – Faculdade de Direito, Universidade de São Paulo, São Paulo, 2014, p. 119.

[97] WIEDEMANN, Herbert. *Gesellschaftsrecht*. Vol. II, Recht der Personengesellschaften. Munique: C. H. Beck, 2004, p. 123.

[98] NOVAES FRANÇA. Erasmo Valladão Azevedo. *Affectio Societatis*: um conceito jurídico superado no moderno direito societário pelo conceito de "fim social". In: *Temas de Direito Societário, Falimentar e Teoria da Empresa*. São Paulo: Malheiros, 2009, p. 45-46.

[99] SPINELLI, Luis Felipe. *A exclusão de sócio por falta grave na sociedade limitada*. São Paulo: Quartier Latin, 2014, p. 140-141.

O posicionamento de Erasmo Valladão está assentado em seu entendimento de que há uma relação direta entre o dever de lealdade e o de colaboração, consignando ele que o dever de colaboração pode ser considerado uma das facetas do dever de lealdade.[100]

O posicionamento de Luis Felipe Spinelli traz referência a um *dever concreto de colaboração* do sócio, contudo traz uma especificação maior quanto à *colaboração ativa*, referindo que ela se relaciona aos *"assuntos da coletividade na extensão prometida"*.[101]

A referência à colaboração com assuntos da coletividade exaltada pelos suprarreferidos autores, que se assenta na obra de Herbert Wiedemann, não pode ser confundida com um dever de colaboração no sentido de que o sócio deve atuar no desempenho das atividades empresariais, tampouco ser justificativa para entender ser esse dever atribuível a todos os sócios. Conforme destacado por Luis Felipe Spinelli, a colaboração com os assuntos da sociedade ocorrerá *na extensão prometida*; logo, se o sócio não prometer outra colaboração além daquela representada pela integralização do capital social, não há subsídio legal para que a prática de outros atos colaborativos lhe seja imposta.

Essa é a razão pela qual entende-se haver uma segmentação entre o dever de lealdade e o de colaboração,[102] sendo o primeiro incidente a todos os sócios e o segundo, possuindo o sentido de atuação nas atividades empresariais, somente em relação àqueles sócios que assumem tal compromisso, de forma expressa ou tácita.

Assim, em que pese a existência de outras definições sobre o dever de lealdade, algumas até mais restritivas quando considerada a posição do sócio capitalista,[103] ressalta-se a concordância com o direcionamento

---

[100] Nesse sentido, vide NOVAES FRANÇA. Erasmo Valladão Azevedo. *Affectio Societatis*: um conceito jurídico superado no moderno direito societário pelo conceito de "fim social". In: *Temas de Direito Societário, Falimentar e Teoria da Empresa*. São Paulo: Malheiros, 2009, p. 46.

[101] Relativamente à assunção do dever de colaboração, vide SPINELLI, Luis Felipe. *A exclusão de sócio por falta grave na sociedade limitada*. São Paulo: Quartier Latin, 2014, p. 170-171.

[102] Da análise da continuidade da obra de Luis Felipe Spinelli é possível verificar que o mesmo apresenta tal diferenciação. A utilização de excerto de seu texto se dá pois na definição do dever de lealdade faz referências à necessidade de uma colaboração ativa do sócio para a consecução do fim social, cuja delimitação e segmentação são imperiosas. Ibidem.

[103] É importante destacar lição de Friedrich Kübler sobre o dever de lealdade no Direito alemão. Embora a natureza de cada tipo societário apresente as peculiaridades que lhe são atribuídas em cada ordenamento jurídico, observa-se que o autor alemão entende que, quanto às sociedades de responsabilidade limitada (que possui a característica de uma sociedade capitalista naquele ordenamento jurídico), embora não exista uma relação contratual específica e direta entre os sócios (mas esses com a sociedade), esses possuem um dever de lealdade tanto frente à sociedade, quanto aos demais sócios, semelhante ao dever de lealdade que se impõe às sociedades personalistas. KÜBLER, Friedrich. *Derecho de sociedades*. Trad. Michèle Klein, Madri: Fundación Cultural del Notariado, 2001, p. 396. E quanto ao dever de lealdade nas sociedades personalistas, consigna Kübler: "La vinculación recíproca de los socios no se agota en la obligación de aportar y en las demás obligaciones establecidas legal o contractualmente; además, les incumbe promover en general la consecución

dado ao dever de lealdade pela doutrina acima colacionada, observadas as ressalvas apresentadas.

Dessa forma, o dever de lealdade pode ser resumido na imposição a todos os sócios, na medida dos compromissos assumidos perante a sociedade, de uma conduta pautada pela boa-fé, com a característica de ser previsível e não violar os legítimos interesses e expectativas dos demais integrantes da relação societária na consecução do fim social.[104] Por fim, em que pese possam persistir debates em torno do dever de lealdade, reitera-se que qualquer análise sobre ele, dada a amplitude que caracteriza toda cláusula geral,[105] precisa debruçar-se sobre o caso concreto,[106] tendo em vista a necessidade da verificação da conduta do sócio, em especial, se ela está alinhada aos preceitos decorrentes da boa-fé. A indicação de hipóteses que *a priori* podem se constituir violações a tal dever tem por objetivo contribuir com a abordagem do tema, podendo variar de acordo com as peculiaridades de cada sociedade.

---

del fin social acordado, así como respetar las necesidades individuales relacionadas con él. Para designar este importante aspecto de la relación societaria, se ha impuesto el término 'deber de lealtad', concepto que, sin embargo, es cuestionable por varias razones: por un lado, está relacionado con el concepto de relación moral y social de la época feudal; por otro, parece sugerir que existe una diferencia fundamental entre el Derecho de sociedades y el Derecho contractual general, lo cual no se corresponde con la realidad. En efecto, también los contratos sinalagmáticos pueden generar una relación obligatoria compleja con deberes accesorios que no se recojan expresamente pero cuyo incumplimiento culpable puede dar lugar a responsabilidad contractual. Hay que admitir que el Derecho de sociedades se caracteriza por el hecho de que este deber contractual es más intenso. Ahora bien, es necesario distinguir en función del fin social acordado: si se está ante la explotación de una empresa o un despacho de profesionales liberales, los socios no sólo están obligados a guardar secreto, sino también, en su caso, a comunicar a los demás socios las circunstancias y acontecimientos que puedan afectar a la marcha de la actividad común; y en el marco de la obligación de gestión, que puede modificarse en el contrato de sociedad, los socios han de aportar sus conocimientos y experiencia en provecho de la sociedad. *En cambio, el socio de una sociedad interna pura, que no participa en la gestión social no tiene más obligaciones que la de desembolsar la aportación dineraria prometida en el contrato*". KÜBLER, Friedrich. *Derecho de Sociedades*. Trad. Michèle Klein, Madri: Fundación Cultural del Notariado, 2001, p. 99.

[104] Daniel Vio ressalta a importância do dever de lealdade para fins da exclusão de sócio, externando seu entendimento de que a abordagem ampla desse dever permite sejam nele enquadradas todas as hipóteses de atos ilícitos graves praticados pelo sócio contra a sociedade, "ainda que não relacionadas diretamente à sua qualidade de quotista". Sobre esse entendimento, complementa o referido autor: "Assim, em um exemplo extremo, caso o sócio se conluie com terceiros para saquear armazém com bens sabidamente pertencentes à sociedade, agirá em clara violação de seu dever de lealdade. Nesses termos, o dever de lealdade fornece a base necessária para a exclusão do sócio que viole gravemente deveres decorrentes da função de administrador da sociedade, como indicado a seguir". (VIO, Daniel de Avila. *A exclusão de sócios na sociedade limitada de acordo com o código civil de 2002*, 2008. 230 f. Dissertação (mestrado) – Universidade de São Paulo. Faculdade de Direito. Programa de Pós-Graduação em Direito. São Paulo, BR-SP, 2008, p. 149). Em que pese o esforço desse autor, entende-se que o fato acima descrito já se enquadra no âmbito do conceito de lealdade defendido nessa dissertação, tendo em vista que viola a boa-fé objetiva incidente na relação sócio sociedade.

[105] Sobre a abordagem e definição das cláusulas gerais, vide: MARTINS-COSTA, Judith Hoffmeister. As cláusulas gerais como fatores de mobilidade do sistema jurídico. *Revista dos Tribunais*, São Paulo, v. 680, p. 47-58, 1992.

[106] SPINELLI, Luis Felipe. *A exclusão de sócio por falta grave na sociedade limitada*. São Paulo: Quartier Latin, 2014, p. 161.

1.1.3. Do dever de colaboração

Quanto ao dever de colaboração, deve ser repetida a mesma manifestação realizada inicialmente quanto ao dever de lealdade: não há disposição legal que fixe o conteúdo do dever de colaboração, sendo ele uma construção doutrinária cuja existência tem ensejado controvérsias.

Da análise da doutrina societária é possível observar que parte[107] defende que todos os sócios possuem o dever de colaborar com a sociedade para a consecução do fim social,[108] e outra parcela[109] nega a imputação de tal dever de forma indiscriminada aos sócios da sociedade empresária limitada.

Entre aqueles que defendem o posicionamento de que é imputável aos sócios o dever de colaboração para com a sociedade, merece destaque manifestação de Avelãs Nunes. Consigna o autor português:

> Parece certo que o fundamento do dever de colaboração se encontra na própria essência das sociedades como organizações que visam realizar uma actividade económica através da participação de todos os sócios, possibilitando que estes dividam depois entre si os lucros obtidos. Os limites de tal dever hão-de definir-se pelo seu fundamento, dentro da finalidade a que é preordenado. O comportamento dos sócios releva na medida em que se reflectir na organização social, impedindo-a ou desviando-a da realização do escopo comum.[110]

Como se vê do trecho supratranscrito, a defesa da existência de um dever de colaboração estaria vinculado à "essência" do contrato de so-

---

[107] Neste sentido, vide NUNES, António José Avelãs. *O direito de exclusão de sócios nas sociedades comerciais*. Reimpressão da 1ª edição. Coimbra: Almedina, 2002, p. 81-86; COMPARATO, Fábio Konder. Exclusão de sócio, independentemente de específica previsão legal ou contratual. In: COMPARATO, Fábio Konder. *Ensaios e pareceres de direito empresarial*. Rio de Janeiro: Forense, 1978, p. 145; LUCENA, José Waldecy. *Das sociedades por quotas de responsabilidade limitada*. 6. ed. Rio de Janeiro: Renovar. 1997, p. 705-707 e 928; WALD, Arnoldo. *Comentários ao novo Código Civil*, vol. XIV: Livro II, Do Direito de Empresa. TEIXEIRA, Sálvio de Figueiredo (coord.). Rio de Janeiro: Forense, 2005, p. 565; PIMENTA, Eduardo Goulart. *Exclusão e retirada de sócios*: conflitos societários e apuração de haveres no Código Civil e na Lei das Sociedades Anônimas. Belo Horizonte: Mandamentos, 2004, p. 68-69; PIMENTA, Eduardo Goulart. *Direito societário*. Rio de Janeiro: Elsevier, 2010, LEÃES, Luiz Gastão Paes de Barros. Exclusão extrajudicial de sócio em sociedade por quotas. In: *Revista de direito mercantil, industrial, econômico e financeiro*. São Paulo, n. 100, 1995, dentre outros.

[108] Os autores que defendem o posicionamento de que é imputável aos sócios o dever de colaboração para com a sociedade serão tratados mais adiante neste tópico. Por ora, cumpre destacar manifestação de Avelãs Nunes fundamentando tal posicionamento. Consigna o autor português: "Parece certo que o fundamento do dever de colaboração se encontra na própria essência das sociedades como organizações que visam realizar uma actividade económica através da participação de todos os sócios, possibilitando que estes dividam depois entre si os lucros obtidos. Os limites de tal dever hão de definir-se pelo seu fundamento, dentro da finalidade a que é preordenado. O comportamento dos sócios releva na medida em que se reflectir na organização social, impedindo-a ou desviando-a da realização do escopo comum". (NUNES, op. cit., p. 86.).

[109] Os autores que defendem tal posição passarão a ser referidos, a seguir, no próprio corpo do texto.

[110] NUNES, op. cit., p. 86.

ciedade, em relação ao qual o sócio assumiria um compromisso de participar e auxiliar no desenvolvimento e consecução dos fins sociais.[111]

Contudo, deve-se observar que o artigo 981 do Código Civil é expresso ao consignar que celebram contrato de sociedade as pessoas que reciprocamente se obrigam a contribuir, com bens ou dinheiro, para o exercício da atividade econômica e a partilha de resultados. Do conceito de sociedade trazido pelo texto legal observa-se que, além da contribuição com bens ou dinheiro, não é possível retirar do mesmo outra obrigação de colaboração que seja inerente ao contrato de sociedade e imputável a todos os sócios.

Esse entendimento está presente na maioria das manifestações doutrinárias que negam a possibilidade de uma imputação do dever de colaboração a todos os sócios da sociedade limitada. O principal fundamento arguido é a circunstância de não existir uma obrigação de o sócio, em tal posição jurídica, atuar na exploração da empresa para que a sociedade alcance seu fim social.[112] Seguindo essa diretriz, Fabio Tokars traz a seguinte manifestação sobre o tema:

> Inicialmente, cumpre destacar que, ao contrário do que defende parte relevante da doutrina, os sócios não têm, regra geral, obrigação de trabalho (também chamado de dever de colaboração) frente à sociedade. Nem mesmo o art. 981 do Código Civil, que traz a definição de sociedade, há indicação de algum dever de trabalho, já que a contribuição dos sócios para a atividade social pode consistir, alternativamente, em bens ou serviços (somente se admitindo a exclusiva colaboração em serviços nas sociedades simples).[113]

Esse entendimento também é defendido por Alfredo de Assis Gonçalves Neto, que assevera ser "equivocado pensar que o sócio deve

---

[111] Destaca-se manifestação de José Waldcy Lucena, que sobre o tema colaciona o seguinte: "Todos esses autores compaginaram, para embasamento do instituto da exclusão de sócio, o princípio preservativo da empresa com o princípio geral da resolução contratual por inadimplemento (cláusula expressa ou tácita), mas de tal arte a que, sob pálio da doutrina do contrato plurilateral com comunhão de escopo, fosse alcançado apenas o vínculo social entre o sócio excluendo e a sociedade, com a subsistência do contrato de sociedade entre os demais sócios, o que não poderia jamais ocorrer, caso se assemelhasse o contrato social aos contratos bilaterais, estritamente comutativos. E o inadimplemento erige-se em suporte jurídico (CC/1916, arts. 119, par. único, e 1.02, par. único; CC/2002, arts. 127 e 128), para a exclusão do sócio que falta a seu dever de colaboração social, na busca do escopo comum de todos, ou seja, de um proveito econômico a partilhar, assim comprometendo a *affectio societatis*, a qual, na conhecida e propalada conceituação de Pic e Kréher, é um elemento institucional do contrato de sociedade e há de ser entendida como uma 'colaboração ativa, consciente e igualitária de todos os contratantes, em vista da realização de um benefício a partilhar'".

[112] Nesse sentido, destaca-se o seguinte trecho da obra de Daniel Vio: "Na sociedade limitada, em particular, não se poder presumir – no silêncio do contrato social – que o sócio tenha qualquer outra obrigação ativa, concreta e específica que não a integralização de sua participação no capital social. Não havendo uma obrigação específica de colaboração pessoal, não se pode afirmar que a incapacidade superveniente seja qualquer forma incompatível com a manutenção da qualidade de quotista, enquanto mero prestador de capital". VIO, Daniel de Avila. *A exclusão de sócios na sociedade limitada de acordo com o Código Civil de 2002*, 2008. 230 f. Dissertação (mestrado) – Universidade de São Paulo. Faculdade de Direito. Programa de Pós-Graduação em Direito. São Paulo, BR-SP, 2008, p. 142.

[113] TOKARS, Fábio. *Sociedades limitadas*. São Paulo: LTr, 2007, p. 144.

atuar em busca dos fins sociais, prestando serviços à sociedade".[114] Fábio Tokars ainda complementa, referindo que somente se o contrato contiver obrigações pessoais, específicas, relativamente à atuação dos sócios na empresa, que tais condutas poderão ser deles exigidas.[115]

Diante do posicionamento antagônico apresentado pela doutrina quanto ao dever de colaboração, entende-se deva prevalecer aquele que estabelece a incidência do dever de colaboração apenas para os sócios que assumem o compromisso de atuar diretamente na exploração da empresa.

Esse posicionamento se dá, pois não devem ser confundidos os efeitos jurídicos do contrato de sociedade – que é marcado pela existência de um escopo comum – com a imputação de um dever de colaboração ao sócio de forma a obrigar esse a atuar na consecução do fim social, objetivo esse que é vinculado à própria sociedade.

Quando os sócios celebram contrato de sociedade limitada, eles reciprocamente obrigam-se a conferir os bens que servirão de lastro ao exercício da atividade econômica que viabilizará posteriormente a partilha do resultado econômico. Ao assim proceder, os sócios concedem à sociedade os meios – bens – necessários para que *ela* possa vir a explorar a atividade econômica organizada. É a sociedade que realiza a exploração da empresa, sendo essa a principal razão para o Direito lhe atribuir personalidade jurídica própria.

Outrossim, a existência de um escopo comum entre os sócios não tem por consequência lhes atribuir a obrigação de atuar na empresa detida pela sociedade. Tanto é assim que o § 2º do artigo 1.055 do Código Civil veda a integralização do capital social em serviços. Essa vedação tem por finalidade assegurar à sociedade empresária limitada os bens mínimos necessários para que ela realize a exploração da atividade econômica organizada.

Nesse sentido, entende-se que a realidade fática, como a sociedade empresária limitada é explorada no Brasil, também demonstra a delimitação do campo de incidência do dever de colaboração. Como já referido anteriormente, tal tipo societário é utilizado para regular sociedades que detêm desde as microempresas, até grandes conglomerados econômicos. Em um caso extremo, a sociedade empresária limitada pode ser composta apenas por sócios capitalistas, e a empresa ser explorada por uma administração profissional. Esse cenário fático não cabe na hipótese jurídica daqueles que entendem sejam atribuídos aos sócios

---

[114] GONÇALVES NETO, Alfredo de Assis. *Lições de direito societário à luz do Código Civil de 2002.* 2. ed., rev. e atual. São Paulo: Juarez de Oliveira, 2004, p. 223.

[115] TOKARS, Fábio. *Sociedades limitadas.* São Paulo: LTr, 2007, p. 144.

deveres outros[116] além do de lealdade e de integralização do capital social.[117] Em outras palavras, entende-se não seja imputado a tais sócios capitalistas o dever de colaboração com a sociedade, assim entendido como um dever de participação ativa no exercício da empresa.

Nesse sentido, não sendo imputada aos sócios, sequer, a obrigação de uma participação *ativa* na relação societária, pois não são obrigados nem a votar nas deliberações societárias,[118] entende-se que o dever de colaboração só pode ser imputado àqueles que voluntariamente assumem, expressa ou tacitamente, o compromisso de atuar nas atividades que permitirão a consecução do fim da sociedade.

Embora seja realizada essa delimitação na incidência do dever de colaboração, impõe-se observar que sua aplicabilidade se dá na imensa maioria das sociedades empresárias limitadas brasileiras, já que é extremamente comum a participação do sócio na exploração da atividade econômica organizada.

Nesse sentido é a manifestação de Daniel Vio:

> Não se pode deixar de considerar, outrossim, o fato de que a forma de sociedade limitada é adotada também por diversas pequenas e micro empresas *(sic)*, nas quais os sócios participam diretamente das atividades quotidianas. Frequentemente, tais sociedades sequer possuem empregados ou colaboradores não-sócios. No âmbito de tais empreendimentos, a simples capacidade de trabalho de cada sócio, independentemente de qualquer talento particular ou renome, pode exercer um papel relevante para a viabilidade do negócio. Em todos os casos mencionados, tanto a própria atribuição da qualidade de quotista como o

---

[116] Cabe colacionar posicionamento lançado por Haroldo Verçosa sobre o tema: "Assim, se o sócio assumir uma posição capitalista, assumindo apenas o compromisso de integralizar quantia para a consecução dos objetivos sociais, seu dever de colaboração será mínimo quando comparado ao dos outros sócios que, além dos aportes de capital, também estão envolvidos na administração da sociedade e, normalmente, no exercício da empresa". VERÇOSA, Haroldo Malheiros Duclerc. *Curso de Direito Comercial*. Vol. 2. Teoria Geral das Sociedades. As Sociedades em Espécie do Código Civil. 2. ed. São Paulo: Malheiros, 2010, p. 141.

[117] Não se busca com esses argumentos dar ao tema uma interpretação restrita do termo colaboração. Sobre a amplitude de tal termo, deve-se observar a doutrina de Fábio Konder Comparato, que ainda sob a égide do Código Comercial brasileiro de 1850, em parecer tratando da possibilidade de exclusão de sócio sem expressa previsão no contrato social, consignou expressamente a necessidade de se interpretar o direito de colaboração "com larguzea e não de forma estrita". COMPARATO, Fábio Konder. Exclusão de sócio, independentemente de específica previsão legal ou contratual. In: *Ensaios e pareceres de direito empresarial*. Rio de Janeiro: Forense, 1978, p. 145. Contudo, mesmo diante de tais manifestações, a amplitude defendida na interpretação não pode permitir que haja uma confusão conceitual, especialmente em relação à interpretações que sobrepõem o dever de integralização do capital subscrito e o dever de colaboração com a sociedade. A integralização do capital social é concretizada por conta do primeiro dever, e não do segundo.

[118] Sobre a ausência de um dever de voto do sócio, vide CARVALHOSA, Modesto. *Comentários ao Código Civil*: Parte Especial – do Direito de Empresa (artigos 1.052 a 1.195), vol. 13. Antônio Junqueira de Azevedo (coord.). São Paulo: Saraiva, 2003, p. 215. "O comparecimento à assembleia constitui direito e não obrigação dos quotistas, que podem abster-se sem que, para tanto, devam justificar-se. Não pode, com efeito, o contrato social instituir a obrigação desse comparecimento, embora os sócios que acumulam as funções de administradores devam necessariamente comparecer ao conclave para ali dar as explicações e exigir os relatórios e documentos que instruirão as deliberações".

equilíbrio econômico estabelecido em relação às prestações exigidas de seus consócios, estão fortemente lastreados na contribuição individual e pessoal que se espera do sócio. Parece, portanto, justo e razoável que a sociedade possa excluí-lo caso se verifique uma situação intrinsecamente incompatível com a continuidade de tal colaboração.[119]

Quanto ao conteúdo do dever de colaboração, entende-se ser ele composto pelas ações positivas assumidas pelo sócio vinculadas ao exercício da atividade econômica organizada, voltadas para a consecução do fim social. Essa indicação tem conteúdo aberto, pois a assunção de tal dever se dá no limite da autonomia privada, variando de caso a caso, conforme se desenrola a relação societária e os compromissos assumidos pelos sócios na exploração da empresa.

O dever de colaboração, portanto, trata-se de uma prestação acidental ao contrato de sociedade que pode, ou não, ser assumida pelo sócio, expressa ou tacitamente, quando da assunção do compromisso de participar da exploração da atividade econômica.[120]

Neste sentido deve-se esclarecer que acidental é utilizado como adjetivo atribuído ao dever que não é inerente ou natural ao contrato de sociedade, mas que depende de circunstâncias concretas e peculiares da realidade de cada sociedade em especial.

Isso não significa dizer que o dever de colaboração em determinada sociedade não seja de grande importância, mas que ele não reúne as características comuns a todos os contratos de sociedade. Tal dever, como já referido, muitas vezes, é um dos mais importantes para que determinadas sociedades alcancem seu fim, dado o papel de destaque desempenhado pelos sócios em determinadas circunstâncias, em especial na obtenção de negócios ou na entrega de seu conhecimento ou experiência para o desenvolvimento dos mesmos.

Por fim, quanto à assunção de tais obrigações, salienta-se que o contrato social cria competências, atribui direitos e deveres aos sócios, mas trata-se de instrumento que não aborda todas as questões atinentes à relação contratual que ele representa. A fixação dos deveres dos sócios, especialmente aqueles ligados ao dever de colaboração, pode ser realizada através de ajustes societários informais,[121] não escritos, que conformam o dia a dia

---

[119] VIO, Daniel de Avila. *A exclusão de sócios na sociedade limitada de acordo com o Código Civil de 2002*, 2008. 230 f. Dissertação (mestrado) – Universidade de São Paulo. Faculdade de Direito. Programa de Pós-Graduação em Direito. São Paulo, BR-SP, 2008, p. 144-145. Trecho esse também destacado por Luis Felipe Spinelli: SPINELLI, Luis Felipe. *A exclusão de sócio por falta grave na sociedade limitada*. São Paulo: Quartier Latin, 2014, p. f168

[120] Neste sentido vide TOKARS, Fábio. *Sociedades limitadas*. São Paulo: LTr, 2007, p. 143-144; GONÇALVES NETO, Alfredo de Assis. *Lições de direito societário à luz do Código Civil de 2002*. 2. ed., rev. e atual. São Paulo: Juarez de Oliveira, 2004, p. 223; SPINELLI, op. cit., p. 164-167.

[121] Conforme destacado por Luis Felipe Spinelli, é frequente a observância de casos em que a participação do sócio na exploração da empresa se dá mediante ajuste verbal ou tácito entre os sócios. SPINELLI, op. cit., p. 170-171.

da via societária, não podendo tais ajustes serem ignorados na conformação do substrato obrigacional decorrente do contrato de sociedade, seja pela incidência do princípio da boa-fé, seja por força das disposições do artigo 997, parágrafo único,[122] do Código Civil, gerando efeitos em relação aos sócios, inclusive para fins de sua exclusão da sociedade.[123]

1.2. Da utilização do fim social como parâmetro interpretativo das hipóteses de violação dos deveres sociais

A pesquisa objetiva, entre outras questões, demonstrar os elementos que permitirão a utilização da exclusão extrajudicial de sócio, que é ferramenta de proteção da empresa, diante da criação de risco à sua continuidade, em razão da prática de atos de inegável gravidade pelos sócios minoritários.

Para alcançar tal objetivo é necessário fixar um parâmetro de verificação do comportamento dos sócios, para constatar-se se ele está de acordo com o conjunto obrigacional decorrente do contrato de sociedade, e, ainda, se tal comportamento se amolda ao requisito *"ato de inegável gravidade que coloca em risco a continuidade da empresa"*, exigido pelo artigo 1.085 do Código Civil.

Nesse sentido, destaca Erasmo Valladão[124] – sob a influência do Direito alemão – a importância do conceito de *fim social*, em especial para o estudo da exclusão de sócio, indicando manifestação de Herbert Wiedemann no sentido de ser o *fim social* o *"metro normativo para a conduta da administração e dos sócios"*[125] de uma sociedade.

Antes de dar continuidade ao tratamento do tema é necessário destacar que os termos fim social e fim comum são utilizados como sinônimos neste trabalho.[126] Ambos estão relacionados ao elemento que

---

[122] Art. 997. (...) Parágrafo único. É ineficaz em relação a terceiros qualquer pacto separado, contrário ao disposto no instrumento do contrato.

[123] Em sentido contrário, vide Daniel Vio: "De qualquer modo, a exclusão apenas será possível se a prestação (não-monetária) devida pelo quotista à sociedade for expressamente estipulada no contrato social, porque – como já dito à exaustão – não é intrínseco à sociedade limitada nenhum outro dever de colaboração que não a integralização do capital social". VIO, Daniel de Avila. *A Exclusão de sócios na sociedade limitada de acordo com o código civil de 2002*, 2008. 230 f. Dissertação (mestrado) – Universidade de São Paulo. Faculdade de Direito. Programa de Pós-Graduação em Direito. São Paulo, BR-SP, 2008, p. 146.

[124] NOVAES FRANÇA. Erasmo Valladão Azevedo. *Affectio Societatis*: um conceito jurídico superado no moderno direito societário pelo conceito de "fim social". In: *Temas de direito societário, falimentar e teoria da empresa*. São Paulo: Malheiros, 2009, p. 27-68.

[125] WIEDEMANN, Herbert. *Gesellschaftsrecht*. Vol. II, Recht der Personengesellschaften. Munique: C. H. Beck, 2004, p. 123. *Apud* NOVAES FRANÇA. op. cit., p. 45-46, nota 36.

[126] É possível constatar idêntico tratamento em relação aos termos *fim social* e *fim comum* na obra de Erasmo Valladão Azevedo Novaes França, op. cit., p. 43.

aglutina os sócios na sociedade com o fito de alcançar o objetivo estabelecido pela parte final do artigo 981 do Código Civil.

De acordo com esse panorama, o objetivo deste tópico é analisar a possibilidade de utilização do fim social como marco referencial da investigação do comportamento do sócio no âmbito do contrato de sociedade, especialmente para o objetivo de investigar a legalidade de uma deliberação de exclusão de sócio diante do rol de conceitos abertos que configuram sua justa causa.

Do ponto de vista contratual, como já destacou Ascarelli,[127] um dos elementos mais importantes que diferencia o contrato de sociedade dos demais tipos contratuais é a finalidade comum a todos os sócios, ou a *comunhão de fim*. Através da doutrina de Ascarelli, o conceito de fim ou escopo social alcança sua autonomia, assumindo papel juridicamente relevante para a determinação dos direitos e deveres das partes integrantes de um contrato de sociedade.

Os direitos e deveres das partes em tal ambiente jurídico sofrerão influência do tipo societário eleito pelos sócios à exploração do *fim social* e das peculiaridades decorrentes da realidade fática vivida no seio de cada sociedade.[128]

Nesse aspecto, a análise do fim social da sociedade empresária limitada deve levar em consideração que seu arcabouço jurídico é utilizado para regular tanto a pequena empresa, de relações eminentemente pessoais, quanto sociedades de capital, como muitas vezes ocorrem em sociedades *holding*[129] controladoras de grandes conglomerados econômicos, que se utilizam do formato jurídico objeto deste estudo, por exem-

---

[127] ASCARELLI, Tullio. *Problemas das sociedades anônimas e direito comparado*. São Paulo: Quorum, 2008, p. 394-395.

[128] A utilização da expressão "realidade fática vivida no seio de cada sociedade" tem por objetivo ressaltar que, como todo contrato de duração continuada, a realidade fática tem importância e traz reflexos nas normas jurídicas incidentes no tipo societário eleito pelos empreendedores. Cabe aqui ressaltar a importância que é dada às relações pessoais em sociedades anônimas fechadas, ditas p. e. familiares, que acabarão por atrair, por analogia, regras aplicáveis a outros tipos societários.

[129] As sociedades *holding* (do inglês *to hold* – segurar, controlar, guardar, manter) normalmente têm por principal objetivo o controle de outras sociedades, ou delas participar. A origem das *holdings* ocorreu nos Estados Unidos, quando em 1780 foi assinado no Estado da Pensilvânia uma autorização legislativa para que cerca de 40 sociedades assumissem participação no capital de outras sociedades. A primeira lei geral permitindo a participação societária de sociedades no capital de outras sociedades foi promulgada no Estado de Nova Jérsei, em 1888. As vantagens empresariais da sociedade *holging* normalmente indicadas são (i) o controle centralizado, com uma administração descentralizada; (ii) gestão financeira unificada do grupo; (iii) controle sobre um grupo com o mínimo investimento necessário. As sociedades *holding* podem ser classificadas como puras (que exercem, somente, a participação no capital social de outras sociedades) e como *mistas*, que além da participação no capital de outras sociedades, também exploram atividades empresariais (atividade econômica organizada). Para aprofundamento maior no tema, vide, entre outros: COMPARATO, Fábio Konder. *O poder de controle na sociedade anônima*. Atual. Calixto Salomão Filho. Rio de Janeiro: Forense, 2008, p. 170.

plo, dada uma maior rigidez no que diz respeito a alterações das regras societárias.[130]

Independentemente da forma como são estabelecidas as relações entre os sócios da sociedade limitada – se personalista ou capitalista – já fora demonstrado que há um conjunto mínimo de obrigações imputáveis a todos os sócios, obrigações essas cuja verificação de cumprimento deverá ser pautada pela perseguição do fim social.

Diante da importância do fim social na fixação das diretrizes obrigacionais da sociedade empresária limitada, torna-se necessária a análise dos elementos caracterizadores do *fim social*, em especial, a relação de tais elementos com aqueles que conformam o contrato de sociedade e do objeto social, pontos esses que serão importantes para a investigação sobre a adequação da utilização do fim social como instrumento de referência na análise do comportamento dos sócios para fins de deliberação de exclusão de um ou mais deles.

1.2.1. Da caracterização do fim social e sua relação com o objeto social

A utilização do fim social como elemento de referência do comportamento dos sócios e dos administradores no âmbito societário é decorrente da importância desse conceito, seja no que diz respeito à constituição de qualquer sociedade, seja no que concerne à execução de suas atividades, ou, até mesmo, na determinação de sua dissolução.

Nesse sentido, a impossibilidade de preenchimento do fim social é causa de dissolução de sociedade, conforme disposições tanto do artigo 1.034, II, do Código Civil, quanto do artigo 206, II, "b", da Lei 6.404/76, um dos quais será aplicável à sociedade limitada, conforme a eleição prevista no artigo 1.053 do Código Civil.

No direito brasileiro, a definição dos conceitos de objeto social e de fim social segue a linha doutrinária que pode ser representada pelas manifestações de Alfredo Lamy Filho e José Luiz Bulhões Pedreira nos comentários à Lei 6.404/76, com aplicação às sociedades limitadas, observadas as adequações conceituais atinentes ao tipo societário que referem. Consignaram os referidos autores:

> Fim e objeto da companhia são a razão de ser, ou causa final, da ação dos acionistas e órgãos sociais, mas o fim é genérico e o objeto específico. O fim da companhia é realizar

---

[130] Em que pese um risco maior de dissolução, a sociedade limitada é utilizada para regular sociedades que tenham interesse em manter hígidas as regras do contrato social, não permitindo que tais regras sejam alteradas por um quórum menor, como pode ocorrer nas sociedades anônimas.

lucro a ser distribuído aos acionistas, e objeto social é o tipo de atividade mediante a qual os sócios se propõem a alcançar esse fim.[131]

Tal manifestação é seguida por autores como Modesto Carvalhosa,[132] que, por sua vez, utiliza diferente terminologia ao realizar abordagem do fim social. Para esse autor, o objeto social, entendido como atividade exercida pela sociedade, é seu fim imediato, que leva à consecução do fim teleológico da sociedade, que é a obtenção de lucro.[133]

Em que pesem os posicionamentos supraexpostos, relembra-se observação de Carlos Klein Zanini,[134] de que o estudo do objeto social não recebeu em nosso país o mesmo aprofundamento dado ao tema, por exemplo, pela doutrina italiana, a qual influenciou diretamente não só os responsáveis pela elaboração do Anteprojeto de Código Civil brasileiro, como também a doutrina pátria, que buscou naquela o referencial teórico específico construído, no mínimo, desde 1942.[135]

E no Direito italiano, uma obra de referência sobre o estudo do *oggetto sociale* é aquela elaborada por Gianluca La Villa,[136] utilizada em

---

[131] LAMY FILHO, Alfredo; PEDREIRA, José Luiz Bulhões (coords.). *Direito das Companhias*. Rio de Janeiro: Forense, 2009, p. 109.

[132] CARVALHOSA, Modesto. *Comentários ao Código Civil*: Parte Especial – do Direito de Empresa (artigos 1.052 a 1.195), vol. 13. Antônio Junqueira de Azevedo (coord.). São Paulo: Saraiva, 2003, p. 347.

[133] Além do que acima foi mencionado, cumpre, ainda, destacar a diferenciação conceitual encontrada na doutrina societária no que diz respeito à terminologia *objeto social* e *objetivo* social. É defendido por diversos autores que o segundo, o objetivo social, é tratado como sinônimo do fim mediato ou teleológico da sociedade (distribuir resultados). Quanto ao objeto social, o entendimento é semelhante àquele supracolacionado, ou seja, determina a atividade explorada pela sociedade. Neste sentido, vide JORGE, Tarsis Nametala Sarlo. *Manual das Sociedades Limitadas*. Rio de Janeiro: Lumen Juris, 2007, p. 373; NOVAES FRANÇA. Erasmo Valladão Azevedo. *Affectio Societatis*: um conceito jurídico superado no moderno direito societário pelo conceito de "fim social". In: *Temas de Direito Societário, Falimentar e Teoria da Empresa*. São Paulo: Malheiros, 2009, p. 43; entre outros.

[134] Conclusão que se reitera diante da dificuldade decorrente da pesquisa na doutrina nacional para o desenvolvimento deste estudo. Sobre os fundamentos utilizados pelo referido autor, vide ZANINI, Carlos Klein. *A dissolução judicial da sociedade anônima*. Rio de Janeiro: Forense, 2005, p. 86.

[135] As discussões doutrinárias que resultaram na promulgação do Código Civil italiano ocorrem desde o advento do Código Comercial italiano de 1865. Entre 1919 e 1942 foram instaladas 03 comissões que tiveram a responsabilidade de reformar a legislação comercial italiana, capitaneadas por Cesare Vivante, Mariano D'Amelio e Alfredo Asquini. Nenhuma delas alcançou seu objetivo, tendo sido utilizado o trabalho da terceira comissão para a unificação da legislação civil e comercial no Código Civil italiano de 1942, que resultou na adoção da teoria da empresa e a retomada por um referencial de natureza subjetiva na identificação dos beneficiários da legislação comercial. Utiliza-se no texto a referência a 1942 tendo em vista que foi o ano de promulgação do Código Civil italiano, momento da adoção pelo Estado das teorias da empresa e do contrato plurilateral, não se ignorando que as discussões doutrinárias sobre tais temas tiveram início em data anterior. Nesse sentido, vide MARCONDES, Sylvio. *Problemas de Direito Mercantil*. 2. tir. São Paulo: Max Limonad, 1970, p. 10; ASQUINI, Alberto. Dal Codice del Commercio del 1865 al libro del lavoro de Codice Civile del 1942. In: *Rivista del Diritto Commerciale e del Diritto Generale dele Obbligazione*. n. 1-2 Ano LXV. Milão: Casa Editrice Dr. Francesco Vallardi. 1967, p. 4.

[136] LA VILLA, Gianluca. *L'oggetto Sociale*. Milano: Giuffrè. 1974.

diversos textos brasileiros[137] para justificar as posições semelhantes àquelas anteriormente apresentadas.[138]

E, quanto à obra da La Villa, sua referência no estudo da exclusão extrajudicial de sócio tem relevância, pois esse autor, ao buscar demonstrar os significados que podem ser atribuídos ao conceito de *oggetto sociale*, no Direito italiano,[139] traz uma profunda análise da relação existente entre o fim social e o objeto social.

Nesse viés, conforme se verifica da obra de La Villa, no Direito italiano, o conceito de *oggetto sociale*[140] abarca dois conceitos que são tratados de forma apartada no Direito brasileiro, ou seja, os conceitos de "objeto social" e "fim social". E, a partir da análise da referida obra, fica desvelado o cenário no qual o operador do direito deve analisar a gravidade dos atos atribuídos ao sócio em procedimento de exclusão.

Nesse sentido, destaca-se que a análise do duplo significado do conceito de *oggetto sociale* no Direito italiano partiu de uma interpretação conjunta do referido termo com os marcos doutrinários fixados pelo Código Civil italiano de 1942 relativamente à empresa e o contrato plurilateral de sociedade.

De tal interação, destaca La Villa ser importante realizar a interpretação do termo *oggetto sociale* a partir da análise de sua relação (i) com a atividade econômica prevista na definição de contrato de sociedade (lucrativa),

---

[137] LAMY FILHO, Alfredo; PEDREIRA, José Luiz Bulhões. *Direito das Companhias*. LAMY FILHO, Alfredo (Coord.); PEDREIRA, José Luiz Bulhões (Coord.). Rio de Janeiro: Forense, 2009, p. 109; ZANINI, Carlos Klein. *A dissolução judicial da sociedade anônima*. Rio de Janeiro: Forense, 2005, p. 85.

[138] ZANINI, Carlos Klein. *A dissolução judicial da sociedade anônima*. Rio de Janeiro: Forense, 2005, p. 85. LA VILLA, Gianluca. *L'oggetto sociale*. Milano: Giuffrè. 1974, p. 49-50. Esse último consigna expressamente que, por conta das próprias disposições dos artigos 2247, 2272 n.2, 2445 e 2448 n. 2 do Código Civil italiano, é inerente ao objeto social uma conotação teleológica que o avizinha ao conceito de escopo-fim.

[139] O conceito de "oggetto sociale" abarca no Direito italiano o que é entendido no Direito brasileiro tanto como o objeto social propriamente dito, quanto como fim social. Tal diferenciação foi abordada por Carlos Klein Zanini quando de seus estudos sobre a dissolução da sociedade por ações, sendo destacado que nos estudos de La Villa a expressão "oggetto sociale" possui um duplo significado: um primeiro representado pela atividade econômica desenvolvida pela sociedade tomada em seu sentido abstrato, em aproximação com a noção de fim ou escopo da sociedade; o segundo representado pela enunciação do segmento ou atividade econômica específica pela sociedade explorada, aproximando-se do conceito de objeto social no Direito brasileiro. Cumpre ainda destacar que Carlos Klein Zanini, com base na manifestação de Uria, Menendez e Beltran (URIA, Rodrigo; MENENDEZ, Aurelio; BELTRAN, Emilio. *Comentario al regimen legal de las sociedades mercantiles*. Madrid: Civitas, 1992, p. 35), entende ser mais adequada a utilização segmentada dos conceitos de fim social e objeto social, tal qual ocorre no Direito brasileiro, pois o primeiro é mais amplo que o objeto social, embora não se negue sua íntima e estreita conexão. Neste sentido vide: ZANINI, op. cit., p. 83.

[140] A partir de então, a utilização do termo *oggetto sociale*, em italiano, tem por objetivo alertar o leitor que o termo tem o significado amplo trazido naquele direito, não se confundindo com o conceito específico de objeto social do Direito brasileiro.

conforme previsão do artigo 2247 do Código Civil italiano;[141] e (ii) com o escopo comum que caracteriza a noção de contrato plurilateral.[142]

Ao analisar-se o conceito de *oggetto sociale*, em um sentido mais estrito – tal qual entendemos por objeto social no Direito brasileiro –, o autor italiano destaca a importância da atividade econômica na formação do conceito de sociedade. Acentua ele a necessidade de consideração de tal elemento quando da análise da finalidade da própria sociedade, pois o exercício dessa atividade exerce função instrumental para o alcance da finalidade de distribuição dos resultados econômicos que configura qualquer sociedade empresária.

Dessa forma, consigna o autor italiano que o *oggetto sociale*, entendido como atividade econômica específica, é o "escopo-meio" para o alcance de um "escopo-fim" que é a obtenção de lucro pela sociedade.[143]

Com o relevo atribuído à atividade econômica organizada como elemento estrutural da sociedade, o exercício da empresa, em seu sentido funcional, passa a ser considerado como o elemento através do qual é possível a concretização do fim social, sendo estabelecida uma relação de causa e efeito entre a atividade econômica organizada – escopo meio – e a distribuição dos resultados – escopo fim –, construção essa que é realizada por La Villa a partir da interpretação conjunta dos artigos 1420[144] e 2247 do Código Civil italiano.[145]

Embora o significado atribuído ao termo *oggetto sociale* seja apresentado de forma individualizada no Direito brasileiro – através dos conceitos de *objeto social* e *fim social* – as manifestações de La Villa são de grande importância para o tema da exclusão extrajudicial de sócio, pois demonstram a interrelação existente entre a atividade econômica organizada e a finalidade da sociedade, ou, em outras palavras, entre o objeto social propriamente dito e o fim da sociedade.

Nesse panorama, salienta-se que as diretrizes ali estabelecidas são fundamentais para que se possa continuar a investigação sobre a pos-

---

[141] O artigo 2247 do Código Civil italiano possui redação semelhante à do artigo 981 do Código Civil brasileiro.

[142] LA VILLA, Gianluca. *L'oggetto Sociale*. Milano: Giuffrè. 1974, p. 52-54.

[143] Neste sentido vide ASQUINI, Alberto. *I Battelli del Reno*, Rivista delle Società. Milano: Giuffrè, 1959, p. 617-633.

[144] Art. 1.420 – Nullità nel contratto plurilaterale – Nei contratti con più di due parti, in cui le prestazioni di ciascuna sono dirette al conseguimento di uno scopo comune, la nullità che colpisce il vincolo di una sola delle parti non importa nullità del contratto, salvo che la partecipazione di essa debba, secondo le circostanze, considerarsi essenziale. (Em uma tradução livre: Nulidade no contrato plurilateral – Nos contratos com mais de duas partes, em que a atuação de cada um são direcionadas para a consecução de um objetivo comum, a nulidade que afeta o vínculo de uma das partes não importa nulidade do contrato, exceto que a participação dessa deva, de acordo com as circunstâncias, ser considerada essencial.)

[145] LA VILLA, op. cit., p. 55.

sibilidade de utilização do fim social como elemento de referência na investigação do comportamento de qualquer sócio no âmbito de uma relação societária. Principalmente porque elas permitirão a compreensão do conceito de fim social de forma a considerar toda sua amplitude, com a consequente fixação da importância da realidade fática que caracteriza cada sociedade, por conta da forma peculiar com que cada uma exerce o escopo meio designado para viabilizar o alcance daquele fim social.

Das manifestações de La Villa fica evidente sua preocupação em não realizar uma interpretação parcial dos elementos conformadores de um contrato de sociedade, afinal, é o conjunto de tais elementos – a contribuição recíproca para o financiamento da atividade, o exercício de uma atividade econômica organizada e a distribuição dos resultados obtidos pela atividade desenvolvida – que servirá de sustentáculo fático do contrato de sociedade e possibilitará o alcance dos objetivos que levaram à celebração de tal negócio jurídico.

1.2.2. Do fim social e sua utilização como parâmetro para analisar o comportamento do sócio no âmbito de uma sociedade

Conforme observado no tópico anterior, o fim social, no Direito Societário contemporâneo, possui uma estreita relação com a atividade econômica organizada explorada pela sociedade, a qual viabilizará a concretização dos objetivos almejados pelos sócios quando do ingresso em uma sociedade.

Com a importância atribuída à empresa, o fim social teve seus limites conceituais alargados para refletir as alterações ocorridas na sociedade, de forma a cumprir as funções a ele normalmente atribuídas pela doutrina, em especial para servir de ferramenta de análise da relação mantida entre os sócios.

O conceito de fim social, em um sentido amplo, conforme observado anteriormente, abarca os fins mediato e imediato de uma sociedade. Os efeitos que irradiam de tal conceito, de modo geral – considerando o objeto social e o *objetivo* de uma sociedade –, são estudados e utilizados pela doutrina para pautar a relação dos sócios enquanto inseridos na relação societária.

E nesse sentido, destaca-se a crítica de Erasmo Valladão[146] questionando a aplicação do conceito de *affectio societatis* no moderno direito societário, buscando demonstrar a adequação da utilização do conceito

---

[146] NOVAES FRANÇA. Erasmo Valladão Azevedo. *Affectio Societatis*: um conceito jurídico superado no moderno direito societário pelo conceito de "fim social". In: *Temas de direito societário, falimentar e teoria da empresa*. São Paulo: Malheiros, 2009, p. 45.

de *fim ou escopo social* como marco de referência da interpretação do negócio jurídico contrato de sociedade, assentando os fundamentos para tal manifestação no direito alemão, e, em especial, na obra da Herbert Wiedemann.[147]

A referida análise realizada por Erasmo Valladão busca identificar os motivos que levam as pessoas a celebrar o negócio jurídico contrato de sociedade para que, a partir daí, se possa utilizar tal motivação para fixar os parâmetros de comportamento dos sócios ao longo da vida societária, seja na constituição da mesma, seja na sua execução, ou ainda quando da resolução de tal negócio jurídico,[148] hipótese em que deverá ser analisada a higidez dos elementos que uniram os participantes naquele negócio.

Nesse sentido, observa-se que Erasmo Valladão identifica o fim comum como o elemento de motivação para a celebração do contrato de sociedade, identificando uma duplicidade conceitual em tal vocábulo, a qual, fundada nos ensinamentos de Wiedemann, seria a seguinte:

> Em sentido amplo, o fim comum abrange o escopo-meio (ou objeto) e o escopo-fim (ou objetivo). Na realidade, o escopo-meio ou objeto (empresa, no caso da sociedade empresária) é a atividade à qual a organização societária se dedica, servindo, entre outras coisas, para distinguir as sociedades empresárias das sociedades não-empresárias (CC, art. 982, *caput*). Por outro lado, o escopo-fim ou finalidade é elemento que serve para distinguir as sociedades das associações em sentido estrito: nas sociedades a finalidade é a partilha dos resultados da atividade social entre seus membros (CC, art. 981), algo que não pode jamais suceder na associação (CC, art. 53), sob pena de desnaturá-la em sociedade.[149]

Conforme observado quando das manifestações realizadas sobre os estudos de La Villa, a análise do *fim social* é questão que tem instigado a realização de estudos doutrinários por conta dos reflexos que o mesmo tem no contrato de sociedade. No trecho supraelencado, é possível observar uma distinção dupla quanto ao conceito de fim social que lembra aquela apresentada por La Villa quanto ao *oggetto sociale*. Contudo, enquanto o *fio condutor* do texto de La Villa pode ser atribuído ao exercício da atividade econômica e às consequências dele decorrentes, no texto de Erasmo Valladão, aquele está vinculado a um plano mais abstrato, o da motivação que leva as pessoas a celebrar o negócio jurídico contrato de

---

[147] WIEDEMANN, Herbert. *Gesellschaftsrecht*. Vol. I, Grundlagen. Munique: C. H. Beck, 1980.

[148] Da análise da obra de La Villa, verifica-se que o autor italiano também traz uma análise da influência do "oggetto sociale" nas diversas fases de desenvolvimento de uma sociedade, tecendo comentários sobre a influência na fase constitutiva, na fase funcional e na fase extintiva da sociedade. LA VILLA, Gianluca. *L'oggetto Sociale*. Milano: Giuffrè. 1974.

[149] NOVAES FRANÇA. Erasmo Valladão Azevedo. *Affectio Societatis*: um conceito jurídico superado no moderno direito societário pelo conceito de "fim social". In: *Temas de direito societário, falimentar e teoria da empresa*. São Paulo: Malheiros, 2009, p. 45.

sociedade e a análise comportamental das mesmas ao longo da vigência de tal negócio jurídico.

Nesse sentido, observa-se que Erasmo Valladão realiza uma análise da eficácia do conceito de fim social ao longo da vida societária, atribuindo a tal conceito uma *eficácia constitutiva* e uma eficácia *funcional*, as quais, segundo o autor, servirão de parâmetro para a interpretação e análise da relação jurídica entre aqueles que celebraram contrato de sociedade.[150]

Assim, consigna Erasmo Valladão[151] que a *eficácia constitutiva* do *fim social* decorre do fato de ele ser a *motivação comum* que leva as pessoas a se associarem (considerando o termo associação em sentido amplo).[152] Segundo esse autor, o fim social, em sua eficácia constitutiva, é estabelecido de consenso entre as partes e não se confunde com o fim individual de cada sócio, o qual pode ser econômico, ideal, passageiro, duradouro, etc.[153]

A análise da eficácia constitutiva do fim social tem continuidade na obra do referido autor com a atribuição da função de definição da forma jurídica da organização societária (se associação ou sociedade), o que trará especificações quanto ao regramento aplicável em cada organização, e ainda para que sejam fixados os parâmetros para a dissolução da organização societária, tendo o legislador se utilizado do *fim social* como elemento de controle externo da questão dissolutória no direito brasileiro.

Erasmo Valladão também aponta a importância do fim social para a investigação da justa causa da exclusão de sócios na sociedade limitada quando analisa a *"eficácia funcional"* daquele conceito.[154] Isso é decor-

---

[150] La Villa também realizou a análise dos efeitos do conceito de *oggetto sociale* durante as fases constitutiva, funcional e extintiva de uma sociedade, a qual pode ser simplificada a partir da análise das manifestações de ZANINI, Carlos Klein. *A dissolução judicial da sociedade anônima*. Rio de Janeiro: Forense, 2005, p. 85 e segs.

[151] NOVAES FRANÇA. Erasmo Valladão Azevedo. *Affectio Societatis*: um conceito jurídico superado no moderno direito societário pelo conceito de "fim social". In: *Temas de direito societário, falimentar e teoria da empresa*. São Paulo: Malheiros, 2009, p. 44.

[152] Sobre a identificação do fim como elemento de motivação da celebração do contrato de sociedade, também é possível fazer referência a Raúl Aníbal Etcheverry, que consigna: "La organización persigue un fin y tiene un objeto. A ellos se une una actividad, que está representada por los actos que cumplen el objeto previsto, directa o indirectamente. En fin es el motivo o razón de ser, para el cual la organización fue creada. El objeto será el ramo, la clase de actividad que se realizará en el contexto social". (ETCHEVERRY, Raúl Aníbal. *Derecho Comercial y Económico – Formas jurídicas de la organización de la Empresa*. 2. ed. Buenos Aires: Astrea, 1995, p. 6.) Em tradução livre: "A organização persegue um fim e tem um objeto. A eles se une uma atividade, que está representada pelos atos que cumprem o objeto previsto, direta ou indiretamente. Enfim, é o motivo ou razão de ser para o qual a organização foi criada. o objeto será o ramo, a classe de atividade que se realizará no contexto social".

[153] NOVAES FRANÇA. op. cit., p. 44.

[154] A atribuição das funções decorrentes da eficácia funcional do fim social realizada por Erasmo Valladão são assentadas, conforme indicado pelo próprio autor, nas lições de Herbert Wiedemann. (WIEDEMANN, Herbert. *Gesellschaftsrecht*. Vol. I, Grundlagen. Munique: C. H. Beck, 1980, p. 9-11.) Nesse sentido, vide NOVAES FRANÇA. op. cit., p. 45.

rente da atribuição ao fim social, em sua eficácia funcional, do encargo de (i) fixar as diretrizes da política social; (ii) determinar os direitos e deveres dos sócios (em especial sua intensidade), delimitando assim as esferas individuais e coletivas; e (iii) dirigir os estágios da vida social.[155]

Entende-se que tais atribuições ao fim social devem ser interpretadas a partir dos elementos dispostos no artigo 981 do Código Civil brasileiro, tal qual preceituado por La Villa no direito italiano.

Assim, entende-se que o fim social influenciará e será influenciado pela forma de exploração do objeto social – da atividade econômica organizada – pautando o comportamento de todos aqueles que estão sob os efeitos do contrato de sociedade.

Quanto ao primeiro ponto destacado por Erasmo Valladão sobre a *eficácia funcional* do fim social, verifica-se que a fixação das diretrizes da política social se revela na imputação a todos os envolvidos na exploração da atividade da empresa a necessidade de buscar a satisfação da finalidade social, possuindo eles o dever de buscar o cumprimento e alcance do objetivo social.

Quanto à direção dos estágios da vida social, o fim social, sob uma ótica funcional, irá orientar as diferentes ações necessárias que devem ser tomadas pelos sócios e administradores seja na constituição, no decorrer da vida societária, ou na dissolução da sociedade:[156]

No que concerne à funcionalidade do fim social na determinação dos direitos e deveres dos sócios, o texto de Erasmo Valladão aborda questão que é essencial para o estudo da exclusão daqueles:[157] estabelece o fim social como parâmetro de comportamento na investigação sobre

---

[155] Haroldo Malheiros Duclerc Verçosa apresenta os mesmos fundamentos na introdução de seu Curso de Direito Comercial, apontando a mesma doutrina de Wiedemann, parcialmente traduzida ao direito pátrio por Erasmo Valladão, destacando a importância da finalidade social para a regulação da vida societária. VERÇOSA, Haroldo Malheiros Duclerc. *Curso de Direito Comercial*. Vol. 2. Teoria Geral das Sociedades. As Sociedades em Espécie do Código Civil. 2. ed. São Paulo: Malheiros, 2010, p. 33-34.

[156] Merece destaque sobre o ponto a manifestação de Friedrich Kübler: "La disolución de la sociedad implica su transición a la fase de liquidación. Se trata de un procedimiento de modificación del fin social o transformación: no afecta a la identidad de la sociedad (...); pero en lugar del fin social original entra en juego el de la liquidación; la sociedad activa se convierte en una sociedad en liquidación (...). Tras la disolución, pero antes de la extinción, la sociedad en liquidación puede volver a convertirse en una sociedad activa, por medio de la (nueva) modificación contractual del fin social, retomándose el inicialmente pactado o acordándose un nuevo". KÜBLER, Friedrich. Derecho de Sociedades. Trad. Michèle Klein, Madri: Fundación Cultural del Notariado, 2001, p. 117. Trecho também referido por NOVAES FRANÇA, Erasmo Valladão Azevedo. *Affectio Societatis*: um conceito jurídico superado no moderno direito societário pelo conceito de "fim social". In: *Temas de Direito Societário, Falimentar e Teoria da Empresa*. São Paulo: Malheiros, 2009, p. 45, nota 39.

[157] No mesmo texto, o referido autor fala em intensidade dos deveres de lealdade, ponto específico esse que se discorda da forma como definida a incidência de tal dever, conforme já suprademonstrado.

a observância de *"direitos e deveres dos sócios"*, delimitando-se, assim, *"a esfera individual da esfera social"*.[158]

Dessa forma, de tal posicionamento, conclui-se que qualquer investigação sobre eventual inadimplemento de sócio no que diz respeito aos deveres sociais deverá ter como parâmetro (i) o comportamento esperado daquele sócio se estivesse voltado ao cumprimento do fim social, de acordo com os compromissos assumidos nos limites da autonomia privada, (ii) a realidade fática como tal atividade é explorada, e (iii) os efeitos que o comportamento do sócio tem na atividade econômica organizada e no objetivo específico da sociedade, a obtenção de lucro.

Este conjunto de valores decorrentes do *fim social* em um sentido amplo deve ser utilizado como marco interpretativo em qualquer relação societária, em especial, quando se estiver analisando a hipótese de exclusão extrajudicial de sócio.

Nesse contexto, cabe reiterar que a utilização do fim social como parâmetro de investigação do comportamento dos sócios deve sempre partir da realidade fática como é explorada a empresa. Isso porque – como já destacado por Carlos Klein Zanini[159] quando da investigação da dissolução da sociedade anônima fechada pelo não preenchimento de seu fim – em sociedades em que vigora o caráter personalista, o fim social deve ser analisado e investigado de acordo com o padrão obrigacional decorrente do negócio jurídico específico, amoldado às peculiaridades de cada caso concreto, tendo em vista que o interesse dos sócios, em cada uma dessas sociedades, poderá variar de acordo com a forma de exploração da atividade econômica.

Assim, com base no que foi exposto até aqui, filia-se ao entendimento que fixa o fim social como parâmetro de verificação do comportamento dos sócios, especialmente no cumprimento do substrato obrigacional a ele imputável por conta de sua relação societária. Contudo, a verifica-

---

[158] NOVAES FRANÇA. Erasmo Valladão Azevedo. *Affectio Societatis*: um conceito jurídico superado no moderno direito societário pelo conceito de "fim social". In: *Temas de Direito Societário, Falimentar e Teoria da Empresa*. São Paulo: Malheiros, 2009, p. 46-47.

[159] Neste sentido cabe trazer a transcrição do seguinte trecho da obra do referido autor: "Assim é que nas grandes companhias abertas o interesse do sócio minoritário costuma ser estritamente econômico; tem na ação um investimento a partir do qual espera colher frutos (...). Dispõe, ademais, de um mercado organizado ao qual pode se dirigir para vender seus títulos. Nas sociedades fechadas, por outro lado, a situação dos sócios costuma ser bastante diferente. Não dispõem de um mercado onde possam vender suas ações, bem como encontram-se, frequentemente, envolvidos na administração da empresa, retirando seu sustento na forma de salários ou pró-labore. Evidente que, nesse contexto, os interesses dos sócios são outros, o que inevitavelmente alteraria, no caso em concreto, o fim da sociedade. Por tudo isso, parece-nos impossível chegar a um conceito completo, detalhado e fechado – enfim, determinado – sobre o fim da sociedade anônima. Dizer, por exemplo, que o fim da sociedade se resume à geração e partilha do lucro entre os sócios – definição bastante corrente entre os autores – pode não ser suficiente nem exato". (ZANINI, Carlos Klein. *A dissolução judicial da sociedade anônima*. Rio de Janeiro: Forense, 2005, p. 108)

ção dos elementos que compõem o fim social para a instrução de uma decisão tão delicada como a exclusão de sócio não pode se dissociar da realidade fática de cada sociedade, afinal, como já salientado, o fim social não é formado apenas por elementos teóricos, mas também pelos valores e pela realidade fática como são exploradas as atividades de cunho empresarial.

Dando continuidade ao aprofundamento do estudo da exclusão extrajudicial de sócio, passa-se agora à investigação das definições de justa causa utilizadas nos artigos 1.030 e 1.085 do Código Civil brasileiro para a caracterização das hipóteses de exclusão de sócio.

2. A justa causa para exclusão de sócio no art. 1.085 do Código Civil brasileiro

A justa causa da exclusão de um sócio é o elemento autorizador do rompimento do vínculo contratual societário, sendo essa relação, de modo geral, de longo prazo e de execução continuada.[160]

Nesse sentido, para que seja imposto o afastamento de uma das partes da sociedade, é necessário que haja um motivo com força compatível com aquela emanada do contrato de sociedade.

Em vista desse fato, a exigência de uma justa causa para a exclusão de sócio foi ferramenta desenvolvida pela doutrina para evitar que um dos sócios fosse afastado da relação societária pelo arbítrio da maioria. A justa causa é marco hermenêutico no procedimento de exclusão de sócio que tem por principal objetivo permitir seja investigada a aplicação do instituto e, especialmente, para evitar que haja a violação do direito de qualquer sócio em permanecer como integrante de uma sociedade, direito esse que somente poderá ser superado caso seja constatado um motivo suficientemente judicioso para tanto.

Tendo em vista a preocupação do legislador em tutelar a relação societária a fim de que não haja abusos de lado a lado, é importante observar que os fatos que embasam a justa causa para a exclusão de sócio devem ser atuais,[161] não podendo a conduta que caracterizará a justa

---

[160] As sociedades de propósito específico ou de prazo determinado não estão excluídas das regras sobre a exclusão de sócio, já que a mesma está relacionada aos efeitos que o comportamento do sócio terá na sociedade, independentemente do prazo que resta para a vigência ou do propósito a que se destina. Mesmo assim, há que se ressaltar que os exemplos de exclusão de sócio são mais frequentes em sociedades que não detenham tais características, pois a limitação de prazo ou objeto acabam por limitar, muitas vezes, a forma como se desenrola a relação entre os sócios.

[161] ADAMEK, Marcelo Vieira von. Anotações sobre a exclusão de sócios por falta grave no regime do Código Civil. In: *Temas de direito societário e empresarial contemporâneos*: Liber Amicorum Prof. Dr. Erasmo Valladão Azevedo e Novaes França. São Paulo: Malheiros, 2011, p. 193-194.

causa da exclusão do sócio "ter recebido o perdão (ou renúncia) dos demais sócios (e não por administradores ou empregados) que perfaçam, é claro, o quórum de deliberação necessário à promoção da exclusão".[162]

O destaque realizado pela doutrina quanto à atualidade dos fatos que justificarão a exclusão do sócio tem por objetivo evitar que haja a reserva de fatos ocorridos ao longo do tempo para utilização de acordo com os interesses da maioria. No entanto, mesmo diante de tal possibilidade, há parcela da doutrina que apresenta posicionamento contrário, defendendo a viabilidade da exclusão de sócio enquanto não consumada a prescrição daquele direito,[163] possibilidade que não é acolhida neste estudo.

No caso da exclusão extrajudicial de sócio, o artigo 1.085 do Código Civil vincula a justa causa da exclusão aos efeitos que os atos praticados pelo sócio terão sobre a empresa, demonstrando, nitidamente, a preocupação do legislador na preservação da empresa, a qual passou a ter papel de destaque no regramento das atividades econômicas.

Contudo, observa-se que o artigo 1.085 do Código Civil, além de estabelecer as hipóteses que justificariam a exclusão extrajudicial de sócio na sociedade limitada, também faz ressalva ao artigo 1.030 do mesmo diploma legal. Este último dispositivo trata da exclusão de sócios na sociedade simples, cuja única possibilidade de concretização se dá através de procedimento judicial.[164]

A ressalva ao artigo 1.030 realizado pelo artigo 1.085 do Código Civil tem por objetivo disponibilizar à sociedade limitada os elementos para a exclusão judicial de sócio. Todavia, da análise do primeiro dispo-

---

[162] SPINELLI, Luis Felipe. *A exclusão de sócio por falta grave na sociedade limitada*. São Paulo: Quartier Latin, 2014, p. 106.

[163] Nesse sentido destaca-se manifestação de TOKARS, Fábio. *Sociedades Limitadas*. São Paulo: LTr, 2007, p. 373: " Vale referir, por fim, que inexiste fixação de um prazo dentro do qual pode ser o sócio excluído, a partir do fato que justifica tal medida. (...) A ausência de regra fixando prazo autoriza que a deliberação possa ser tomada enquanto não ocorrer a prescrição da ação de exclusão, sendo este prazo de 10 (dez) anos, nos termos do art, 205 do Código Civil".

[164] Tal entendimento é decorrente da aplicação do artigo 999 do Código Civil, que por sua vez remete ao artigo 997 do mesmo diploma legal. Os dois dispositivos são a seguir transcritos: "Art. 999. As modificações do contrato social, que tenham por objeto matéria indicada no art. 997, dependem do consentimento de todos os sócios; as demais podem ser decididas por maioria absoluta de votos, se o contrato não determinar a necessidade de deliberação unânime". "Art. 997. A sociedade constitui-se mediante contrato escrito, particular ou público, que, além de cláusulas estipuladas pelas partes, mencionará: I – nome, nacionalidade, estado civil, profissão e residência dos sócios, se pessoas naturais, e a firma ou a denominação, nacionalidade e sede dos sócios, se jurídicas; II – denominação, objeto, sede e prazo da sociedade; III – capital da sociedade, expresso em moeda corrente, podendo compreender qualquer espécie de bens, suscetíveis de avaliação pecuniária; IV – a quota de cada sócio no capital social, e o modo de realizá-la; V – as prestações a que se obriga o sócio, cuja contribuição consista em serviços; VI – as pessoas naturais incumbidas da administração da sociedade, e seus poderes e atribuições; VII – a participação de cada sócio nos lucros e nas perdas; VIII – se os sócios respondem, ou não, subsidiariamente, pelas obrigações sociais".

sitivo legal verifica-se que suas disposições relativamente à justa causa que autoriza a exclusão de sócio são lançadas em termos diversos daquelas constantes no artigo 1.085 do Código Civil.

A justa causa prevista para a exclusão extrajudicial de sócio (artigo 1.085 do Código Civil) é o cometimento de atos de inegável gravidade que coloquem em risco a continuidade da empresa. A justa causa prevista para a exclusão judicial de sócio (artigo 1.030 do Código Civil) é o cometimento de falta grave pelos sócios.

Entrementes, mesmo diante da utilização de terminologia diferenciada por parte do legislador (falta grave *versus* atos de inegável gravidade que colocam em risco a continuidade da empresa), há parcela considerável da doutrina que considera tais termos sinônimos.[165]

Assim, diante das disposições da lei estabelecendo os elementos que conceituam a justa causa para a exclusão de sócio nos artigos 1.030 e 1.085 do Código Civil, ambos incidentes na sociedade empresária limitada, e diante da existência de posicionamento doutrinário que busca identificar as duas hipóteses de falta grave, cabe direcionar a análise específica deste capítulo para os elementos que compõem cada uma dessas hipóteses de falta grave, permitindo, assim, posteriormente, um posicionamento específico sobre a afirmada identificação entre "falta grave" e os "atos de inegável gravidade que colocam em risco a continuidade da empresa".

2.1. Diferenciação necessária: as disposições do art. 1.085 do Código Civil e o regime da exclusão judicial por falta grave prevista no art. 1.030 do mesmo diploma legal

Embora este estudo tenha por objeto a exclusão extrajudicial de sócio na sociedade empresária limitada, antes de adentrar na abordagem da justa causa atribuída a essa hipótese de rompimento do vínculo societário, deve ser analisada a da justa causa da exclusão *judicial* de sócio prevista para o mesmo tipo societário.

A justa causa da exclusão judicial do sócio prevista no artigo 1.030 do Código Civil configura-se pelo cometimento de falta grave imputável ao sócio. A análise do conceito de falta grave é essencial para o

---

[165] Neste sentido vide: ADAMEK, Marcelo Vieira von. Anotações sobre a exclusão de sócios por falta grave no regime do Código Civil. In: *Temas de direito societário e empresarial contemporâneos*: Liber Amicorum Prof. Dr. Erasmo Valladão Azevedo e Novaes França. São Paulo: Malheiros, 2011, p. 187-188. CARVALHOSA, Modesto. *Comentários ao Código Civil*: Parte Especial: do Direito de Empresa (artigos 1.052 a 1.195), vol. 13. (Coord. Antônio Junqueira de Azevedo). São Paulo: Saraiva, 2003, p. 323. TOKARS, Fábio. *Sociedades Limitadas*. São Paulo: LTr, 2007, p. 369. SPINELLI, Luis Felipe. *A exclusão de sócio por falta grave na sociedade limitada*. São Paulo: Quartier Latin, 2014, p. 88.

prosseguimento desta pesquisa, tendo em vista que muitos doutrinadores entendem não haver diferença efetiva entre as justas causas apresentadas nos artigos 1.030 e 1.085 do Código Civil, questão essa que será retomada adiante.

Diante de tal diretriz, parte-se para a análise anunciada. E sobre o tema, deve ser observado que, do ponto de vista do direito das obrigações, há que se ter em mente que o contrato de sociedade é um negócio jurídico que gera um substrato obrigacional que deve ser atendido por qualquer de suas partes, observadas as diferenças existentes e a necessidade de adaptações dos conceitos formulados pela teoria geral dos contratos quando incidentes nos contratos plurilaterais organizativos, conforme ressaltado anteriormente.

A abordagem da exclusão de sócio pelo Código Civil levou em consideração esse substrato obrigacional do contrato de sociedade tanto na fixação dos requisitos específicos lançados nos artigos 1.030 e 1.085 do Código Civil quanto no próprio tratamento dispensado a tais questões no título das seções do Código Civil onde os mesmos estão localizados, os quais trazem referência à "resolução" do contrato de sociedade.

Diante da utilização do termo *resolução* no título das seções que abordam a exclusão de sócio, é de ser lembrada manifestação de Orlando Gomes, que ressalta a necessidade de se utilizar a designação correta das palavras, pois sua confusão acarreta sempre a confusão de coisas.[166]

Especificamente quanto a essa diferenciação entre as nomenclaturas atreladas às formas de extinção dos contratos, deve ser destacado que a doutrina apresenta entendimento divergente sobre a definição dos termos utilizados, tendo tal divergência origem nas escolas jurídicas de influência nos autores. A saber, o posicionamento levantado por Orlando Gomes, principal nome de destaque de uma das correntes, tem uma influência francesa e o posicionamento de Ruy Rosado de Aguiar e Pontes de Miranda possui influência alemã.

Entretanto, mesmo diante de tal diferenciação, deve ser ressaltado o posicionamento de Ruy Rosado de Aguiar Júnior sobre a resolução de contratos plurilaterais, o qual atribui ao caso de exclusão de sócio, seja pelo art. 1.030 ou pelo art. 1.085 do Código Civil, a mesma qualificação de "resolução" apresentada por Orlando Gomes e pelo Legislador.[167] Consigna o referido autor:

---

[166] GOMES, Orlando. *Contratos*. 2. ed. Rio de Janeiro: Forense, 2000, p. 183.

[167] Sobre a classificação utilizada pelo legislador na indicação das hipóteses de extinção dos contratos, merece destaque a nota de rodapé n. 1, do artigo *Extinção dos Contratos*, de autoria de Ruy Rosado de Aguiar Júnior, que tem o seguinte conteúdo: "No livro Extinção dos contratos por incumprimento do devedor: resolução, o autor utilizou o termo resilição para os casos de desfazimen-

O Código Civil abriu uma Seção (Seção V, "Da resolução da sociedade em relação a um sócio", art. 1.028 e ss.) para tratar da dissolução parcial da sociedade simples, e tem a Seção VII para regular a "resolução da sociedade limitada em relação ao sócio minoritário". O termo "resolução" está aí em sentido atécnico, pois na verdade a maioria das hipóteses ali previstas é de extinção parcial do contrato, para os casos de morte, retirada voluntária, etc. A extinção da relação societária por resolução somente ocorre nos casos em que houver "falta grave no cumprimento de obrigação", cometida pelo sócio que se quer excluir (art. 1.030 do Código Civil), ou quando o sócio "praticou ato grave, pondo em risco a continuidade da empresa (art. 1.085 do Código Civil). São casos de resolução parcial do contrato, com exclusão de um dos sócios.[168]

Logo, havendo a referência à *resolução* do contrato de sociedade pelo Código Civil, a pressuposição lógica[169] é de que a extinção do vínculo contratual tenha como causa uma *inexecução*, o *inadimplemento* das obrigações oriundas do substrato obrigacional que exsurge do contrato de sociedade. E quanto ao inadimplemento, cumpre ressaltar manifestação de Judith Hofmeister Martins-Costa, a qual, fundada na doutrina de Menezes Cordeiro,[170] afirma que "em sentido estrito o inadimplemento é a não-realização, imputável (ao devedor ou credor), da prestação devida, enquanto devida".[171]

Especificamente no que concerne ao conceito de falta grave, verificam-se constantes discussões. No direito do trabalho, o termo é utilizado para justificar a extinção do contrato de trabalho, sendo ele constantemente criticado pelos doutrinadores daquela área por não estar exposto de uma forma técnica.[172] Na legislação societária, de igual forma, não há

---

to do contrato duradouro, com efeito *ex nunc*, para distinguir da resolução, que tem efeito *ex tunc* e se aplica aos contratos instantâneos, e para isso seguiu a classificação francesa e a classificação entre nós difundida por Orlando Gome: a 'resilição' é o termo empregado para designar a extinção do contrato pela vontade das partes, e nessa figura incluiu o distrato (embora não o diga expressamente) e as hipóteses de resilição unilateral. É a classificação que a partir do novo Código deve ser utilizada". AGUIAR JÚNIOR, Ruy Rosado. Extinção dos Contratos. In: FERNANDES, Wanderley (org.). *Contratos empresariais*: fundamentos e princípios dos contratos empresariais. 2. ed. São Paulo: Saraiva, 2012, p. 479.

[168] AGUIAR JÚNIOR, Ruy Rosado. *Extinção dos contratos por incumprimento do devedor*. Rio de Janeiro: Aide, 2003, p. 88.

[169] Utiliza-se a referência à "pressuposição lógica", pois, mesmo entendendo que a resolução do contrato exige um inadimplemento, observa-se, da leitura da seção na qual o artigo 1.030 do Código Civil está inserido, que algumas lá tratadas (da resolução da sociedade em relação a um sócio), tal qual a liquidação da quota por morte, não se configura efetivamente um inadimplemento.

[170] A referência a Menezes Cordeiro é direcionada à seguinte obra: CORDEIRO, António Manuel Menezes. *Direito das obrigações*. Lisboa: Associação Acadêmica da Faculdade de Direito de Lisboa, 1980. p. 436.

[171] MARTINS-COSTA, Judith Hofmeister. *Comentários ao novo Código Civil*, v. V, t. II: do inadimplemento das obrigações. Rio de Janeiro: Forense, 2009, p. 129.

[172] Neste sentido vide GIGLIO Wagner. *Justa causa*. São Paulo: Saraiva, 2000, p. 18, onde o referido autor, após criticar a utilização da expressão *justa causa* pela Consolidação das Leis do Trabalho (CLT), consignou: "Não menos infeliz é a expressão falta grave, onde o primeiro termo não significa ausência, carência ou escassez, e sim engano, falha, defeito ou infração. E grave, no sentido de importante, intensa ou grande, deve ser toda e qualquer infração, pois as veniais não caracterizam

uma definição do conceito de falta grave, sendo o termo objeto de construção doutrinária, que o assentou na relação necessária entre os atos (comissivos ou omissivos) do sócio e as obrigações positivas ou negativas que o mesmo tem perante a sociedade.[173]

Para que se possa avançar na investigação sobre o conceito de falta grave, cumpre dirigir o estudo para os elementos que o compõem – a *falta* e a qualificação *grave* –, os quais impõem exigências que devem ser consideradas pelo intérprete quando da aplicação do conceito jurídico a situações em concreto.

Do elemento *falta*, exsurge a necessidade de que haja uma violação a condições jurídicas específicas imputadas ao sócio por conta do contrato de sociedade. Da análise da doutrina societária que aborda a falta como justificativa à exclusão de sócio, as discussões sobre o tema desenvolvem-se em dois principais eixos: (i) em relação a quais os deveres imputáveis aos sócios; e (ii) a exigência, ou não, de culpa para que fique caracterizada a falta grave que justifica a exclusão de sócio.

Quanto à perquirição sobre quais os deveres inerentes ao contrato de sociedade, para evitar uma repetição desnecessária de fundamentos jurídicos, remete-se ao que acima já foi mencionado acerca os deveres de integralização do capital social, de lealdade e de colaboração. Qualquer violação ou desatendimento a tais deferes configurará uma conduta faltosa do sócio.

Quanto ao segundo eixo, relativamente à exigência de culpa para a caracterização da falta grave que justifica a exclusão de sócio, sua discussão exige se realize uma breve incursão no direito das obrigações, em especial, nas regras relativamente à imputação e ao inadimplemento contratual.

Dessa forma, o primeiro ponto que precisa ser delimitado diz respeito ao inadimplemento contratual. Conforme já enfatizado anteriormente, o inadimplemento, em sentido estrito, é a não realização, imputável, da prestação devida, enquanto devida.[174]

No caso de uma sociedade, as obrigações imputáveis aos sócios, ou são decorrentes especificamente do contrato que dá vida àquele ente jurídico, ou são oriundas do substrato obrigacional fático decorrente de tal negócio jurídico.

---

sequer justa causa, como se verá. Via de consequência, afirmar-se que alguém cometeu falta grave não terá, a rigor, o sentido técnico pretendido, ensejando dúvidas".

[173] VERÇOSA, Haroldo Malheiros Duclerc. *Curso de Direito Comercial.* Vol. 2. Teoria Geral das Sociedades. As Sociedades em Espécie do Código Civil. 2. ed. São Paulo: Malheiros, 2010, p. 165.

[174] MARTINS-COSTA, Judith Hofmeister. *Comentários ao novo Código Civil*, v. V, t. II: do inadimplemento das obrigações. Rio de Janeiro: Forense, 2009, p. 129.

Nesse sentido, ganham relevância, novamente, as manifestações de Judith Martins-Costa relativamente aos requisitos contratuais que se amoldam ao contrato de sociedade, conforme trecho a seguir transcrito:

> É que o contrato é uma forma qualificada de "contato social", caracterizando, em regra, uma aproximação social voluntária fundada na *fides* e na auto-vinculação, de modo que há responsabilidade pela confiança gerada no *alter* pela promessa implícita a cada contrato, no sentido de que a palavra dada será escrupulosamente observada. Por isto mesmo, na responsabilidade contratual "as situações subjetivas das partes são ainda muito importantes, o que não sucede na responsabilidade delitual".[175]

Nesse cenário de assunção de obrigações societárias, voltadas para a consecução de um fim comum, é o contrato de sociedade que imputa ao sócio o parâmetro de comportamento que deverá ser observado.[176] Ademais, diante do conjunto obrigacional imposto pelo contrato de sociedade, restará configurado o inadimplemento sempre que houver o não cumprimento da prestação específica prevista no instrumento ou do comportamento tipicamente esperado e assumido pelo sócio na relação societária.

Em acréscimo, destaca-se ainda a proposta de análise dada ao tema por Ferro-Luzzi, que fundamenta sua *teoria do contrato organização*, avançando pela abordagem de diversos outros elementos vinculados à teoria geral dos contratos. Para os fins do estudo dos elementos da exclusão de sócio, cumpre destacar a discussão travada em torno do conceito de imputação dos efeitos jurídicos previstos na norma pelo referido autor italiano, quando da constituição de uma sociedade, destacando a diferença entre a imputação ao indivíduo, que leva em conta a pessoa, e a imputação ao fenômeno, que toma por base a atividade.[177]

Tal análise ressalta um dos principais elementos do artigo 1.085 do Código Civil, ou seja, os efeitos do ato de inadimplemento do sócio à atividade desenvolvida pela sociedade, ou a empresa considerada em seu perfil funcional, elemento esse que é central na investigação da *correção* de uma exclusão de sócio.

Para avanço da investigação, deve-se adentrar na análise dos conceitos de imputação e inadimplemento, entretanto, observa-se existir grande discussão doutrinária no direito das obrigações sobre tais con-

---

[175] MARTINS-COSTA, Judith Hofmeister. *Comentários ao Novo Código Civil*, volume V, tomo II: do inadimplemento das obrigações. Rio de Janeiro: Forense, 2009, p. 375.

[176] ALMEIDA COSTA, Mario Julio. *Direito das Obrigações*. 10. ed. Coimbra: Almedina, 2006, pp. 1.037; MARTINS-COSTA, Judith Hofmeister. *Comentários ao Novo Código Civil*, volume V, tomo II: do inadimplemento das obrigações. Rio de Janeiro: Forense, 2009, p. 134.

[177] FERRO-LUZZI, Paolo. *I Contratti Associativi*. Milão: Giuffrè Editora. 1976, p. 300-305.

ceitos. Diante da divisão doutrinária[178] existente sobre tais conceitos, a continuidade desta pesquisa se dará considerando as seguintes premissas: (i) imputar não é inculpar; é atribuir um dever ou uma conduta devida a alguém;[179] (ii) inadimplemento, em sentido estrito, "é a não-realização, imputável (ao devedor ou credor), da prestação devida, enquanto devida".[180]

Com base nesse posicionamento, especificamente para fins de continuidade da análise dos efeitos decorrentes do inadimplemento de um dever imputável ao sócio, também deve-se investigar o papel desempenhado pela culpa para fins da exclusão de sócio por inadimplemento de suas obrigações societárias.

Nesse viés, a doutrina societária que aborda a exclusão de sócio apresenta, em sua maioria, posicionamento no sentido de que a culpa não é condição para que se concretize a exclusão de sócio quando do cometimento de falta grave.[181] Concorda-se com tal posicionamento, tendo em vista que a culpa é requisito para a regra geral de responsabilidade civil no Direito brasileiro, mas não para que ocorra o inadimplemento contratual por conta de um incumprimento imputável ao sócio. Este é o posicionamento da corrente doutrinária vinculada aos ensinamentos de Pontes de Miranda,[182] Araken de Assis,[183] Judith Hofmeister Martins-Costa,[184] Mario Julio de Almeida Costa,[185] entre outros.

---

[178] Conforme já destacado, há uma divisão na doutrina do direito das obrigações relativamente à participação, ou não, da culpa no conceito de imputação. Um grupo de renomados autores, dentre os quais destaca-se os brasileiros Clóvis do Couto e Silva, Ruy Rosado de Aguiar Jr., Agostinho Alvim, Sílvio Rodrigues, entende que a imputabilidade é sempre culposa. Outro grupo de juristas, formado por nomes como Pontes de Miranda, Fábio Konder Comparato, Araken de Assis e Mario Júlio de Almeida Costa, apresenta uma diferenciação entre imputação e culpa. Esse segundo grupo defende que, havendo a possibilidade de existir mora sem culpa, há, por consequência, imputação sem culpa. Nesse sentido, destaca-se manifestação de Judith Hofmeister Martins-Costa, no seguinte sentido: "constituem inadimplemento nos termos do Título IV não apenas o incumprimento derivado de conduta culposa (art. 392) – mas, igualmente as hipóteses em que há inadimplemento imputável, regido por fator de imputação objetivo, nos termos da chamada responsabilidade objetiva seja fundada no risco, na segurança ou na quebra do dever de garantia que, em algumas relações obrigacionais, constituem o dever principal (na forma prevista pelos arts. 927, parágrafo único, 931, 932, incisos I, II e III) e, ainda, casos especialmente previstos em certos tipos contratuais (*v.g.*, art. 734)". E mais, consigna, ainda, a referida doutrinadora que a distinção entre "imputação e inculpação é de grande utilidade prática, pois só assim se compreenderá que embora a regra geral resulta da imputação subjetiva (culposa), há outros critérios de imputação objetiva também admitidos e previstos no sistema". (MARTINS-COSTA, Judith Hofmeister. *Comentários ao novo Código Civil*, v. V, t. II: do inadimplemento das obrigações. Rio de Janeiro: Forense, 2009, p. 136-137)

[179] Idem, p. 135.

[180] Idem, p. 136.

[181] FRAMIÑÁN SANTAS, Francisco Javier. *La exclusión del socio en la sociedad de responsabilidad limitada*. Albolote: Comares, 2005, p. 157-158.

[182] PONTES DE MIRANDA, Francisco Cavalcanti. *Tratado de Direito Privado*. Tomo XXIII, Rio de Janeiro: Borsoi. 1970, p. 126.

[183] ASSIS, Araken de. *Resolução do contrato por inadimplemento*. 3. ed. São Paulo: RT, 1999, p. 106. Ibidem, 2013, p. 116-117.

Em vista desse panorama, também deve-se ter clara a distinção entre as exigências para a responsabilização de uma pessoa pelos danos decorrentes de seu inadimplemento e as exigências para que ocorra a resolução de um contrato por conta de tal inadimplemento. Na primeira hipótese, caso a responsabilidade não seja objetiva, a responsabilização do sujeito requer a ocorrência de culpa para a sua concretização, conforme os artigos 186 e 927 do Código Civil. Na hipótese da resolução contratual, a culpa não exerce qualquer função relevante para fins de extinção do vínculo contratual, estando a possibilidade de resolução do contrato vinculada ao inadimplemento das obrigações imputadas a uma das partes, culposo ou não.

A verificação de uma conduta culposa terá influência no que diz respeito à responsabilização do sócio pelos danos decorrentes do inadimplemento. Todavia, há que se considerar que o fato de não ter ocorrido a conduta culposa não tem por consequência afastar a ocorrência do inadimplemento.[186]

A possibilidade de ocorrência de um inadimplemento sem culpa demonstra, portanto, que essa última não é um requisito direto para que se configure a falta grave capaz de resultar na exclusão de sócio.

Observe-se, no entanto, que há grande controvérsia na doutrina civil vinculando a imputabilidade à culpabilidade. Como já salientado anteriormente, o posicionamento adotado neste estudo não considera sinônimos os termos inculpação e imputação. Este esclarecimento é novamente lançado tendo em vista, por exemplo, o posicionamento de Avelãs Nunes[187] sobre o tema. O referido autor português, em abordagem específica sobre a exclusão de sócios, considera não existir distinção entre imputação e inculpação, seguindo a linha do direito das obrigações defendida, no Brasil, por Clóvis do Couto e Silva,[188] a qual, no ponto específico, não foi adotada neste trabalho.

Para Avelãs Nunes, de uma forma geral, não haveria a necessidade da configuração de uma conduta culposa para o sócio ser excluído da sociedade, conforme verifica-se o seguinte excerto:

---

[184] MARTINS-COSTA, Judith Hofmeister. *Comentários ao novo Código Civil*, v. V, t. II: do inadimplemento das obrigações. Rio de Janeiro: Forense, 2009, p. 375.

[185] ALMEIDA COSTA, Mario Julio. *Direito das obrigações*. 10. ed. Coimbra: Almedina, 2006, p. 1.037 a 1941.

[186] ASSIS, Araken de. *Resolução do contrato por inadimplemento*. 5. ed. São Paulo: RT, 2013, p. 116.

[187] NUNES, António José Avelãs. *O direito de exclusão de sócios nas sociedades comerciais*. Reimpressão da 1ª edição. Coimbra: Almedina, 2002, p. 79.

[188] SILVA, Clóvis Veríssimo do Couto e. *A obrigação como processo*. Rio de Janeiro: Editora FGV, 2006, p. 99-100.

O critério que pensamos adequado para aferir se as condições pessoais ou a conduta de um sócio podem justamente aconselhar a sua exclusão é o de analisar o reflexo de tais condições ou tal conduta na contribuição que ao sócio incumbe para a realização do escopo comum. Se o sócio não presta esta contribuição (por não querer ou não poder, com culpa sua ou sem culpa), é legítimo que a sociedade possa excluí-lo: desapareceram os pressupostos em que assenta a sua qualidade de sócio, já que a sua presença na sociedade é inútil ou mesmo prejudicial para a realização do escopo comum.[189]

Contudo, quando do aprofundamento da abordagem do papel da culpa na exclusão de sócio, consignou o autor português que "a imputabilidade do não-cumprimento ao sócio que não cumpre só importa para o efeito da responsabilidade patrimonial que pode resultar do não-cumprimento".[190] De tal manifestação fica evidente seu posicionamento de que a imputação e a culpabilidade teriam uma ligação direta, por meio da responsabilidade civil.

A confirmação do posicionamento do autor português fica nítida quando de sua manifestação sobre a exclusão de sócio por violação grave das obrigações societárias no Direito português. Conforme disposição do artigo 1.003, "a", do Código Civil português[191] a exclusão de sócio é cabível na ocorrência da imputabilidade da falta grave ao sócio. Quando da abordagem de tal questão, Avelãs Nunes foi expresso ao defender que, relativamente à *imputação de violação grave*, a hipótese legal específica do Direito português só pode incluir os casos em que há culpa do sócio, de forma a ser-lhe imputável o inadimplemento das obrigações para com a sociedade,[192] posição essa que não foi acolhida neste estudo, diante da já referida e adotada diferenciação entre inculpação e imputação.

No Direito italiano também há uma divisão no entendimento dos doutrinadores quanto à necessidade de culpa para a caracterização da falta grave que justifica a exclusão de sócio. Tal entendimento também decorre da mesma discussão suprarreferida, relativamente à confusão entre inculpação e imputação. Naquele ordenamento jurídico, o critério utilizado para realizar a exclusão de sócio na sociedade simples foi a "grave inadimplência da obrigação derivada da lei ou do contrato

---

[189] NUNES, António José Avelãs. *O direito de exclusão de sócios nas sociedades comerciais*. Reimpressão da 1ª edição. Coimbra: Almedina, 2002, p. 80.

[190] Idem, p. 79-80.

[191] ARTIGO 1003º (Exclusão) – A exclusão de um sócio pode dar-se nos casos previstos no contrato, e ainda nos seguintes: a) Quando lhe seja imputável violação grave das obrigações para com a sociedade; b) Em caso de interdição ou inabilitação; c) Quando, sendo sócio de indústria, se impossibilite de prestar à sociedade os serviços a que ficou obrigado; d) Quando, por causa não imputável aos administradores, se verifique o perecimento da coisa ou direito que constituía a entrada do sócio, nos termos do Artigo seguinte.

[192] "Do texto desta al. a) parece resultar que nele se podem incluir apenas os casos em que há culpa do sócio, por forma a ser-lhe *imputável* o inadimplemento das suas obrigações para com a sociedade". NUNES, op. cit., p. 170.

social". Assim, é possível constatar que alguns doutrinadores[193] exigem a ocorrência de culpa para a configuração da hipótese de exclusão de sócio, e outros,[194] dispensando tal exigência, diante da possibilidade de ocorrer o inadimplemento das obrigações decorrentes do contrato de sociedade sem que haja a configuração de culpa em tal inadimplemento.

Tal divisão também ocorre no Direito brasileiro, como já destacado, havendo firme posicionamento relativamente à dispensabilidade da culpa na verificação da falta ou inadimplemento contratual.[195]

Quanto ao elemento *grave*, qualificador da falta, cumpre inaugurar as manifestações sobre o ponto, enfatizando o entendimento quase pacífico na doutrina no sentido de que não é qualquer falta que justifica a exclusão de um sócio, mas sim aquela que influencia diretamente na consecução do fim social.[196]

Para ser legítima, a violação das obrigações sociais que pode resultar na exclusão do sócio da sociedade precisa ser grave. A falta grave deverá ser revelada a partir da análise das circunstâncias fáticas específicas de cada relação societária, conforme já destacado quando da investigação do *fim* a cada uma delas atinente.

Ademais, cumpre observar que o entendimento doutrinário predominante é o de que a determinação da gravidade não pode se ligar a qualquer juízo de reprovação moral ou jurídica, mas sim ser vinculado com o fim social e a posição do sócio na sociedade, de forma a levar em consideração o arcabouço obrigacional decorrente do contrato de sociedade e a atuação do sócio para a concretização do escopo comum.[197]

Nesse contexto, o grau de gravidade deve ser apurado levando em consideração critérios como a natureza da conduta esperada do sócio, o fundamento da exclusão de sócios, a finalidade que se pretende com ela atingir, a conveniência de tal ato para a sociedade e o potencial danoso

---

[193] ACQUAS, Brunello; LECIS, Corrado. *L'Esclusione del Socio nele Società di Persone*. Milano: Giuffrè, 2005, p. 48, 69. FICO, Daniele. *Lo scioglimento del rapporto societário: recesso, esclusione e morte del socio*. Milano, Giuffrè, 2012, p. 24.

[194] DALMARTELO, Arturo. *L'Esclusione dei soci dalle società commerciali*. Padova: CEDAM. 1939, p. 114; PERRINO, Michele. *Le tecniche di esclusione del socio dalla società*. Milano, Giuffrè, 1997.

[195] Nesse sentido, destaca-se decisão do Tribunal de Justiça do Estado do Rio Grande do Sul, proferida no processo n. 70037387735, no qual foi afastada discussão sobre a culpa pelo inadimplemento das obrigações decorrentes do contrato de sociedade. (BRASIL. Tribunal de Justiça do Estado do Rio Grande do Sul. Apelação Cível 70037387735. 6ª Câmara Cível. Relator: Des. Ney Wiedemann. Julgado em: 26 de agosto de 2010)

[196] Dentre vários, vide: RIBEIRO, Renato Ventura. *Exclusão de sócios nas sociedades anônimas*. São Paulo: Quartier Latin, 2005, p. 180-181; INNOCENTI, Osmida. *La exclusión del socio*. Trad. Juan Majem Morgades. Barcelona: Editorial AHR, 1958, p. 110.

[197] NUNES, António José Avelãs. *O direito de exclusão de sócios nas sociedades comerciais*. Reimpressão da 1ª edição. Coimbra: Almedina, 2002, p. 80 e 170.

às atividades da sociedade.[198] Ademais, a gravidade deve sempre estar relacionada ao objeto da sociedade ou a atos ou situações ensejadoras da perda de confiança em relação a determinado sócio.[199]

Quanto ao critério do potencial danoso às atividades da sociedade, destaca-se, como a própria expressão já denota, não ser necessária a consumação de um dano para que haja a configuração de uma hipótese exclusão do sócio.

Para tanto, basta a potencialidade do dano ou o risco de ele vir a se concretizar diante da conduta ilícita do sócio.[200] Tal qual destacado quando da abordagem sobre a necessidade de conduta culposa para a configuração do inadimplemento contratual, segue-se o mesmo entendimento, de que a ocorrência de um dano é requisito para a reparação civil, não para a configuração de falta grave passível de levar à exclusão de sócio. Conforme enfatizado por Luis Felipe Spinelli,[201] "o ato ilícito pode gerar a exclusão de sócio independentemente da responsabilização deste: trata-se de institutos diferentes e com objetivos diferentes".[202]

Em que pese a dispensa da concretização do dano para a configuração da falta grave aqui estudada, a dificuldade de se estabelecer objetivamente a gravidade de certa violação das obrigações societárias derivadas da lei ou do contrato social é questão que já foi destacada na doutrina italiana.[203]

Segundo Innocenti,[204] a fonte jurídica violada pelo comportamento do sócio, se a lei ou o contrato social, é irrelevante, devendo o cerne da questão ser a "gravidade" de tal inadimplemento, que é o princípio

---

[198] NUNES, António José Avelãs. *O direito de exclusão de sócios nas sociedades comerciais*. Reimpressão da 1ª edição. Coimbra: Almedina, 2002, p. 170.

[199] RIBEIRO, Renato Ventura. *Exclusão de sócios nas sociedades anônimas*. São Paulo: Quartier Latin, 2005, p. 181, nota 229.

[200] CUNHA, Carolina. Exclusão de sócios. In: *Problemas do direito das sociedades*. Coimbra: Almedina, 2003. p. 212.

[201] SPINELLI, Luis Felipe. *A exclusão de sócio por falta grave na sociedade limitada*. São Paulo: Quartier Latin, 2014, p. 101.

[202] No mesmo sentido, vide Edmar Oliveira Andrade Filho, que traz a seguinte manifestação sobre a questão: "Para que seja legítima a exclusão, não é necessário que os sócios ou a sociedade aguardem a ocorrência concreta do dano, basta que existam provas indiciárias do dano que se avizinha, o que é comum quando o sócio infiel que 'à sorrelfa', pratica atos denunciativos do plano de deixar a sociedade para formar sociedade concorrente, traindo, enquanto não os conclui, a confiança dos demais". ANDRADE FILHO, Edmar Oliveira. *Sociedade de responsabilidade limitada de acordo com o novo Código Civil*. São Paulo: Quartier Latin, 2004, p. 219.

[203] INNOCENTI, Osmida. *La exclusión del socio*. Trad. Juan Majem Morgades. Barcelona: Editorial AHR, 1958.

[204] Idem, p. 107-108.

orgânico capaz de reduzir a um conceito unitário um sem número de hipóteses de inadimplemento graves das obrigações societárias.

O referido doutrinador italiano prossegue a análise da questão referindo que, diante da amplitude do conceito de gravidade, é necessário atribuir um elemento "objetivo" para que se possa permitir ao intérprete buscar a verificação de tal caracterização. O dado objetivo que pode, e deve, proporcionar ao intérprete *la guía y los limites del propio obrar*[205] é o fim social (entende-se deva ser compreendido em sentido amplo – escopo-meio e escopo-fim), devendo a gravidade do inadimplemento das obrigações sociais – derivadas da lei ou do contrato – ser sempre valorada à luz dos particulares elementos que configuram determinado tipo societário,[206] o que equivale dizer que tal qualificação deverá responder aos critérios da relatividade e da objetividade.

No âmbito de cada espécie societária, consigna Innocenti – somente referindo-se ao objeto da sociedade – o inadimplemento que se imputa ao sócio deve ser adequadamente valorado em função dos relativos reflexos – negativos – sobre a consecução do próprio objeto, havendo espaço para a exclusão somente se o objeto for seriamente comprometido pelo inadimplemento do sócio.[207]

Da análise das manifestações de Innocenti, verifica-se que ao doutrinador surge indubitável que, enquanto a *falta de cumprimento* está relacionada com a ideia de infração da norma contratual ou legal, o *atributo de la gravedad* se refere à natureza da conduta, devendo essa estar vinculada às consequências da infração na consecução do fim social. Segundo o referido autor italiano, para que se configure uma hipótese de exclusão de sócio, mostra-se seriamente apreciável o concurso efetivo da falta e do qualificativo grave.[208]

Sendo esses os principais elementos relativamente à falta grave e à aplicabilidade dessa para a exclusão de sócio, passa-se a um dos pontos centrais desta pesquisa, que é a investigação do conteúdo da justa causa para a exclusão *extrajudicial* de sócio, prevista no artigo 1.085 do mesmo diploma legal.

---

[205] INNOCENTI, Osmida. *La Exclusión del Socio*. Trad. MORGADES, Juan Majem. Barcelona: Editorial AHR, 1958, p. 109.

[206] Sobre o elemento gravidade, vide ainda, embora mais resumidamente: PONTES DE MIRANDA, Francisco Cavalcanti. Parecer. In: Pinheiro Neto & Cia. – Advogados. *Sociedade de advogados – exclusão de sócios – prevalência do contrato*. São Paulo: RT, 1975. p. 183-185.

[207] INNOCENTI, op. cit., p. 110.

[208] IIbidem.

2.2. Da justa causa para a exclusão extrajudicial de sócio – da caracterização dos atos de inegável gravidade que colocam em risco a continuidade da empresa

A apresentação do substrato obrigacional decorrente da celebração do contrato de sociedade, a abordagem dos parâmetros para verificação do cumprimento dos deveres imputáveis aos sócios e a caracterização da falta grave, prevista na primeira parte do *caput* do artigo 1.030 do Código Civil, tiveram por objetivo permitir chegar a este ponto da pesquisa dispondo dos principais conceitos jurídicos que servirão de substrato para análise da justa causa para exclusão extrajudicial de sócios no âmbito da sociedade empresária limitada.

Neste tópico, analisar-se-á a definição do elemento jurídico previsto no artigo 1.085 do Código Civil que autoriza a sociedade a excluir *extrajudicialmente* seus sócios minoritários, bem como a comparação de tal elemento jurídico (justa causa) com aquele previsto no artigo 1.030, do mesmo diploma legal, que configura a hipótese de exclusão *judicial* de sócio.

Nesse sentido, a primeira observação a ser levantada a partir da análise literal do artigo 1.085 do Código Civil é que a justa causa para a exclusão extrajudicial de sócio está diretamente vinculada ao fato de o sócio minoritário estar colocando a empresa em risco de continuidade, em virtude de atos de inegável gravidade.

Entretanto, mesmo diante da disposição expressa de tais elementos na redação do artigo 1.085 do Código Civil, é possível observar que parcela considerável da doutrina[209] entende não existir qualquer distinção entre as justas causas da exclusão *judicial* do sócio, assentada nas disposições do artigo 1.030 do Código Civil, e da exclusão *extrajudicial* do sócio, conforme elementos acima colacionados.

A parcela da doutrina que comunga desse entendimento estatui que as duas hipóteses não divergem entre si, pois abarcam a mesma realidade, ou seja, o inadimplemento de deveres por parte do sócio. Assim, entendem que o conceito de "atos de inegável gravidade que colocam em risco a continuidade da empresa", previsto no artigo 1.085 do Código Civil, deve ser considerado no mesmo sentido do conceito de "falta grave", previsto no artigo 1.030 do mesmo diploma legal.

---

[209] Nesse sentido vide ADAMEK, Marcelo Vieira von. Anotações sobre a exclusão de sócios por falta grave no regime do Código Civil. In: *Temas de direito societário e empresarial contemporâneos: Liber Amicorum Prof. Dr. Erasmo Valladão Azevedo e Novaes França*. São Paulo: Malheiros, 2011, p. 187-188. CARVALHOSA, Modesto. *Comentários ao Código Civil:* Parte Especial: do Direito de Empresa (artigos 1.052 a 1.195), vol. 13. Antônio Junqueira de Azevedo (coord.). São Paulo: Saraiva, 2003, p. 323. TOKARS, Fábio. *Sociedades Limitadas.* São Paulo: LTr, 2007, p. 369. SPINELLI, Luis Felipe. *A exclusão de sócio por falta grave na sociedade limitada.* São Paulo: Quartier Latin, 2014, p. 88.

Para justificar o tratamento igualitário de disposições literais com conteúdo diverso, os autores filiados a esse entendimento apresentam como justificativa, ora a referência a uma técnica legislativa deficiente ao tratar diferentemente a mesma hipótese,[210] ora o argumento de que se trata de adaptação à circunstância de a sociedade simples não possuir uma empresa,[211] e ainda, em outras oportunidades, sequer apresentam justificativa para tanto, apenas lançando a afirmação.[212]

Nesse sentido, cabe transcrever manifestação de Marcelo Adamek, que sintetiza o posicionamento doutrinário suprarreferido:

> Deve ainda ser mencionado que, conquanto o art. 1.030 do Código Civil trate da exclusão judicial de sócio e o art. 1.085 daquele mesmo diploma regule a exclusão extrajudicial nas sociedades limitadas, ambos os preceitos legais enfocam a mesma realidade: exclusão de sócio por falta grave no cumprimento dos deveres sociais – sem que entre as respectivas hipóteses de incidência dos artigos exista diferença de gradação ou de intensidade da conduta a justificar a drástica medida; não há hipótese de falta grave que possa ser censurada por uma regra e não pela outra. Dito o mesmo de outra forma, não existe diferença semântica ou valorativa entre "falta grave no cumprimento de suas obrigações" (CC, art. 1.030) e "atos de inegável gravidade que possam colocar em risco a continuidade da empresa" (CC, art. 1.085); em ambos os preceitos o legislador mirou uma mesma realidade, em que pese à distinta forma de expressão vernacular empregada na redação dos artigos. Escusando lembrar que o art. 1.030 não se refere a 'continuidade da empresa' pela óbvia circunstância de regrar a exclusão nas sociedades simples, que, por definição, não são empresárias (CC, art. 982).[213]

No mesmo sentido é o posicionamento de Modesto Carvalhosa,[214] que considera sinônimos os termos *falta grave* e *atos de inegável gravidade que colocam em risco a continuidade da empresa.*

Entretanto, em que pese o gabarito da doutrina indicada, tem-se resistência em aceitar posicionamento apresentado, pois o mesmo não prestigia a finalidade da norma protetiva da empresa, e a sistematização

---

[210] SPINELLI, Luis Felipe. *A exclusão de sócio por falta grave na sociedade limitada*. São Paulo: Quartier Latin, 2014, p. 90.

[211] ADAMEK, Marcelo Vieira von. Anotações sobre a exclusão de sócios por falta grave no regime do Código Civil. In: *Temas de direito societário e empresarial contemporâneos: Liber Amicorum Prof. Dr. Erasmo Valladão Azevedo e Novaes França*. São Paulo: Malheiros, 2011, p. 187-188.

[212] TOKARS, Fábio. *Sociedades Limitadas*. São Paulo: LTr, 2007, p. 369.

[213] ADAMEK, op. cit., p. 187-188.

[214] "A 'falta grave' no cumprimento das obrigações do sócio a que se refere o art. 1.030 e o 'ato de inegável gravidade' referido no art. 1.085 podem ser tomados como sinônimos, querendo ambas as expressões significar a violação da lei ou do contrato social pelo sócio, ou sua ação ou omissão, que provoque a quebra da *affectio societatis*. Com efeito, representa falta do sócio no cumprimento de suas obrigações não apenas o ato de violação das disposições do contrato social, mas o ato de infração da lei ou a conduta que provoque a desavença irremediável no corpo social. E a gravidade de tais faltas está no dano que representam à harmonia necessária entre os sócios para que a sociedade continue a cumprir seu fim". CARVALHOSA, Modesto. *Comentários ao Código Civil:* Parte Especial: do Direito de Empresa (artigos 1.052 a 1.195), vol. 13. Antônio Junqueira de Azevedo (coord.). São Paulo: Saraiva, 2003, p. 323.

do tratamento do direito empresarial que influenciou a redação do artigo 1.085 do Código Civil.[215]

O operador do direito não pode deixar de considerar que a justa causa prevista no artigo 1.030 do Código Civil tem por foco a carga obrigacional decorrente do contrato de sociedade, de conhecimento dos sócios antes da violação específica de tal conteúdo obrigacional. Pode-se afirmar que se trata de regra que tem por foco o sócio e seu comportamento frente às obrigações a ele atinentes. A justa causa, nessa hipótese, estará configurada com o inadimplemento grave por parte do sócio de seus deveres societários.

Em relação ao artigo 1.085 do Código Civil, essa mesma análise apresenta uma situação jurídica um pouco diversa. A justa causa prevista na lei tem seu foco dirigido para dois elementos essenciais para sua configuração: o comportamento dos sócios, caracterizado como *ato de inegável gravidade;* e a proteção de um elemento econômico, a empresa. A justa causa em tal dispositivo legal se concretiza quando o comportamento dos sócios (atos – inadimplemento – de inegável gravidade) coloca *em risco a continuidade da empresa*.[216]

---

[215] Sobre a sistematização do tratamento protetivo da atividade econômica organizada, cabe transcrever a seguinte manifestação da Fábio Ulhoa Coelho: "A teoria da empresa é, sem dúvida, um novo modelo de disciplina privada da economia, mais adequado à realidade do capitalismo superior. Mas por meio dela não se supera, totalmente, um certo tratamento diferenciado das atividades econômicas. O acento da diferenciação deixa de ser posto no gênero da atividade e passa para a medida de sua importância econômica. Por isso é mais apropriado entender a elaboração da teoria da empresa como o núcleo de um sistema novo de disciplina privada da atividade econômica e não como expressão da unificação dos direitos comercial e civil". COELHO, Fábio Ulhoa. O novo Código Civil e o Direito de Empresa – Registro das Sociedades Simples. In: *Revista de direito imobiliário*. São Paulo: RT. vol. 55, jul, 2003, p. 175.

[216] O princípio da preservação da empresa tem sua decorrência direta da importância da empresa e da função social por ela desempenhada. A adoção da Teoria da Empresa por parte do Código Civil é a consolidação da valorização da atividade econômica produtiva, passando o conceito de preservação da empresa, preservação da atividade, a desempenhar papel de cânone interpretativo nas diversas áreas do Direito que com ela se relacionam. A Lei 11.101/05, e toda sua sistemática voltada para a continuidade das atividades de produção de riquezas, espelha a mesma preocupação que existe por trás do artigo 1.085 do Código Civil: não permitir que situações externas à própria atividade econômica organizada, considerada em si mesma, venham a prejudicar sua eficiência na geração de riquezas, sua organização, o desempenho de seu papel de promover a dignidade de todos aqueles que com ela se relacionam, seja exercendo nela suas atividades laborais, relacionando-se comercialmente ou consumindo seus produtos. O interesse na preservação da empresa não é apenas dos sócios que de tal atividade recebem sua participação financeira, mas de toda coletividade, conforme já ressaltou Waldírio Bulgarelli, ao abordar o cumprimento da função social da empresa concretizada por meio de sua atividade. Nesse sentido, destacou o referido autor "É natural que, como centro polarizador da atividade econômica moderna já chamada célula-mater da economia em nossos tempos, convergisse para a empresa uma variada gama de interesses, dizendo respeito aos trabalhadores, aos credores, ao Estado (quer na função mais mesquinha de arrecadador de impostos, quer como incentivador das atividades produtoras, quer ainda como intérprete das aspirações populares ou do bem público), aos sócios ou acionistas em relação ao empresário coletivo; aos consumidores, à comunidade (...)". BULGARELLI, Waldirio. *Tratado de direito empresarial*. 4. ed. São Paulo: Atlas, 2000. p. 165-166.

Em uma análise concêntrica das justas causas aqui abordadas, poderia ser afirmado que o inadimplemento – grave – das obrigações sociais é exigência comum a ambas hipóteses. Contudo, a hipótese do artigo 1.085 do Código Civil requer a identificação de uma segunda situação jurídica: a colocação da empresa em risco de continuidade. Esse segundo elemento jurídico, ou seja, essa regra de proteção da empresa, não está expressa diretamente no artigo 1.030 do mesmo diploma legal. Esse é o fundamento pelo qual se considera diversa a delimitação conceitual da justa causa da exclusão extrajudicial de sócio quando comparada com a hipótese prevista no artigo 1.030 do Código Civil.

Da análise teleológica dos dois dispositivos, verifica-se, ainda, que a regra do artigo 1.030 está voltada para a proteção direta da sociedade, através da recomposição de um tecido societário homogêneo mediante a retirada do sócio que descumpre seus deveres sociais. No artigo 1.085 do Código Civil a finalidade direta é de proteção da empresa, em seu perfil funcional, e, indiretamente, da sociedade. Nessa última hipótese a recomposição de um tecido societário homogêneo se dá, pois o sócio minoritário, inadimplente com suas obrigações, está colocando em risco a continuidade da empresa.

A diferenciação defendida também encontra guarida em uma análise sistemática do Código Civil, especialmente quando considera-se a sociedade limitada de natureza *empresária*.

Desde a formação da comissão de juristas responsável pela elaboração do Anteprojeto de Código Civil, as manifestações de seus integrantes[217] sempre destacaram a importância atribuída à empresa pela nova ordem legal que estava sendo proposta. O Código Civil brasileiro, fortemente influenciado pelo Direito italiano,[218] adotou a Teoria da Empresa,

---

[217] Neste sentido, vide MARCONDES, Sylvio. *Problemas de direito mercantil*. 2. tir. São Paulo: Max Limonad. 1970, p. 39; MARCONDES, Sylvio. *Questões de direito mercantil*. São Paulo: Saraiva. 1977, p. 6-8; REALE, Miguel. *História do Código Civil*. Biblioteca de Direito Civil. Estudos em homenagem ao Professor Miguel Reale, vol. I. São Paulo: RT, 2005, p. 168.

[218] No que se refere à influência do Direito italiano sobre o Direito brasileiro, em especial em relação à adoção da Teoria da Empresa, uma observação que frequentemente é realizada na doutrina é de que tal teoria se consolidou na Itália durante a vigência do Regime Fascista, tendo a influência política permeado o tratamento dirigido à empresa pelo legislador e pela doutrina. Exemplo dessa influência normalmente é dirigido à identificação do *perfil corporativo* da empresa por parte de Alberto Asquini. O discurso jurídico-político do fascismo caracterizou-se pela adoção de uma concepção funcionalista, com uma subordinação da liberdade contratual à regulamentação corporativa própria da economia organizada, bem como dos princípios da solidariedade corporativa. Em que pese essas manifestações o texto do código civil, na área contratual e na abordagem geral dada à empresa, não corresponde a tal realidade, com exceção de algumas poucas fórmulas específicas, que são exteriores ao real conteúdo das disposições. As referências aos princípios da solidariedade corporativa desaparecem com o fim do regime político, resultando em um código civil plenamente compatível com o regime democrático. A adoção da Teoria da Empresa no Direito brasileiro ocorreu mais de meio século após o término do regime fascista, não subsistindo eventuais críticas à Teoria da Empresa pelo fato de ela ter sido legislada naquele período. A adoção da Teoria da Empresa no Brasil não ignorou o desenvolvimento histórico do Direito Comercial,

realocando o conceito de empresa no núcleo do sistema jurídico incidente sobre a realidade fática a ela inerente. O Direito Comercial passou a ser denominado de Direito Empresarial, e os cânones hermenêuticos receberam um novo direcionamento para que o Direito passasse a dar à empresa todo incentivo e proteção asseguradores do cumprimento da função social por ela exercida.

A regra do artigo 1.085 do Código Civil é um bom exemplo de situação que pode ser enquadrada nesse novo paradigma. A comissão responsável pela elaboração do Anteprojeto do Código Civil tinha pleno conhecimento da amplitude do termo empresa, de seus diversos *perfis*, e da importância de tal fenômeno econômico para a sociedade (e para a Sociedade no sentido de coletividade), e, consequentemente, para o Direito.[219] Da interpretação literal e sistemática do artigo 1.085 do Código Civil é possível extrair a conclusão de que se trata de uma regra específica com o objetivo de dar efetividade ao Princípio da Preservação da Empresa.[220] Ela não está atrelada unicamente às diretrizes da atuação pessoal dos sócios em decorrência do contexto obrigacional relacionado ao contrato de sociedade, mas também aos reflexos que o agir de tais sócios tem sobre a empresa.[221]

---

assentado "no sulco deixado pela tradição liberal burguesa". Para maior aprofundamento sobre o tema vide: BRANCO, Gerson Luiz Carlos. *Função social dos contratos. Interpretação à luz do Código Civil*. São Paulo: Saraiva, 2009.

[219] Cumpre aqui registrar a discordância com a manifestação realizada por Marcelo Adamek ao justificar a igualdade entre as justas causas dos artigos 1.030 e 1.085 do Código Civil sob o pretexto de que em ambas as hipóteses *"o legislador mirou uma mesma realidade"*. A discordância está assentada no fato de lançar mão de *argumento genético* para justificar sua posição, argumento esse que é uma das mais fracas ferramentas da hermenêutica. A utilização da *vontade do legislador,* ou no caso a pretensão do legislador, que está obscura no texto da lei, deve ser desconsiderada sempre que um *argumento linguístico* ou *sistemático* apresentar uma solução mais adequada. No caso em concreto, a interpretação literal não permite que se chegue à conclusão alcançada por Marcelo Adamek, hipótese que se repete quando se busca interpretar o artigo 1.085 e o artigo 1.030 do Código Civil de forma sistemática. Sobre a prevalência de *pressupostos interpretativos* imanentes ao sistema jurídico (*argumento linguístico* e *sistemático*) sobre os *critérios interpretativos* que transcendem o sistema jurídico (*argumento genético* e *histórico*), deve ser considerado que aquilo que foi finalmente estabelecido pelo Poder Legislativo deve prevalecer sobre o que deixou de ser estabelecido. Nesse sentido, vide: ÁVILA, Humberto. Argumentação jurídica e a imunidade do livro eletrônico. *Revista da Faculdade de Direito da UFRGS*. Porto Alegre: Nova Prova Gráfica e Editora, 2001. n. 19. p. 157-180; e ÁVILA, Humberto. Argumentação jurídica e a imunidade do livro eletrônico. *Revista Diálogo Jurídico*, Salvador, CAJ – Centro de Atualização Jurídica, v. I, no. 5, agosto, 2001, p. 27. Disponível em: <http://www.direitopublico.com.br>. Acesso em: 26 de outubro de 2012.

[220] REALE, Miguel. *História do Código Civil*. Biblioteca de Direito Civil. Estudos em homenagem ao Professor Miguel Reale, vol. I. São Paulo: Editora RT, 2005, p. 168.

[221] Não se pode esquecer também, conforme já relatado neste estudo, que o Princípio da Preservação da Empresa é elemento central tanto na teoria da disciplina taxativa legal, quanto na teoria contratualista, assentando os doutrinadores defensores de tais teorias a justificativa da exclusão do sócio, entre outros elementos, na importância da empresa para os demais sócios e para a economia como um todo.

A diferenciação aqui apontada entre os artigos 1.085 e 1.030 do Código Civil também é realizada por Daniel Vio, que analisa o tema, lançando a seguinte manifestação:

> A justa causa estipulada pelo artigo 1.085 parece afastar-se do conceito previsto no artigo 1.030 (*caput*) em dois aspectos. O primeiro está no emprego da expressão "atos", que exprime a idéia de conduta ativa, ou seja, prática comissiva e não simples omissão ou negligência.
>
> Mais importante, contudo, é o segundo aspecto, ou seja, a qualificação aduzida pelo artigo 1.085 ao requisito da gravidade. Enquanto o artigo 1.030 refere-se simplesmente a "falta grave" no cumprimento das obrigações do sócio, o artigo 1.085 especifica que a exclusão extrajudicial apenas é possível nos casos em que a conduta do excluendo esteja dotada de "inegável gravidade" *e represente ameaça para a própria continuidade da atividade empresarial*.
>
> O primeiro critério ("falta grave") transmite apenas a idéia de "não insignificância", enquanto o segundo expressamente indica que a justa causa em questão deve comportar um risco à sobrevivência da empresa. Parece haver uma inequívoca diferença de grau entre ambos os critérios, que aconselha maior rigor e prudência na admissão da exclusão extrajudicial. (sem grifos no original).[222]

Sobre o trecho acima colacionado, impõe-se as seguintes observações: Quanto ao primeiro aspecto indicado por Daniel Vio, entende-se trata-se de interpretação meramente literal que não se coaduna com a sistemática do Código, já que os atos de inegável gravidade podem vir a ser configurados através de omissões ou negligências que venham a trazer efeitos negativos para a empresa. Quanto ao segundo aspecto, concorda-se parcialmente com a conclusão alcançada, devendo ser destacado que ela indica o caminho para a diferenciação fática e jurídica entre as justas causas previstas nos artigos 1.030 e 1.085 do Código Civil.

A concordância parcial com o segundo aspecto se dá, pois não se verifica naqueles dispositivos legais elementos que autorizem considerar que a gravidade do inadimplemento, em si, é diferente nas duas hipóteses.[223] Entende-se que o tratamento atribuído nos dispositivos legais à gravidade do inadimplemento tem uma relação maior com o destinatário da norma e com o procedimento, do que propriamente com o inadimplemento.

Há de se observar que, enquanto a exclusão de sócio pela imputação do cometimento de *falta grave* ocorrerá perante o Poder Judiciário, com todas as garantias inerentes ao devido processo legal, o que permi-

---

[222] VIO, Daniel de Avila. *A exclusão de sócios na sociedade limitada de acordo com o Código Civil de 2002*, 2008. 230 f. Dissertação (Mestrado) – Faculdade de Direito, Universidade de São Paulo, São Paulo, 2008, p. 126.

[223] No mesmo sentido, SPINELLI, Luis Felipe. *A exclusão de sócio por falta grave na sociedade limitada*. São Paulo: Quartier Latin, 2014, p. 88.

tirá uma profunda investigação sobre a gravidade da falta imputada ao sócio. A exclusão extrajudicial do sócio ocorrerá no seio da sociedade, com a participação apenas daqueles diretamente envolvidos na celeuma, os quais irão decidir, autonomamente, o futuro da relação societária, decisão essa que gerará reflexos na esfera privada do sócio excluído, independentemente da vontade desse. Nessa segunda hipótese de exclusão de sócio, o exercício de tal prerrogativa só poderá ser concretizado pelos particulares se os atos praticados pelo sócio excluído forem de inegável gravidade. Ou seja, havendo dúvidas sobre a gravidade do ato, havendo necessidade de demonstrações outras que comprovem a gravidade do ato, deve o procedimento de exclusão se dar através de ação judicial.

Em suma, entende-se que, em ambas hipóteses, o inadimplemento deve ser grave, o qualificativo inegável exerce as vezes de um requisito procedimental, para evitar que uma ferramenta jurídica de tamanho impacto, como a exclusão extrajudicial de sócio, venha a ser utilizada de forma indiscriminada, temerária ou equivocada.

Contudo, em que pese a discordância quanto ao posicionamento sobre a intensidade da gravidade do inadimplemento, concorda-se com Daniel Vio quando expressa seu entendimento de que, na exclusão extrajudicial, o inadimplemento que caracteriza a justa causa deve representar um risco à continuidade da continuidade da atividade empresarial.

Enquanto que, na hipótese do artigo 1.030 do Código Civil, o sócio pode ser excluído pelo inadimplemento de dever (importante e relevante) que atinja a relação contratual societária, mas que, por conta da distribuição política da sociedade, possa não representar um risco imediato à continuidade da empresa.[224] Na hipótese do artigo 1.085 do Código Civil, o inadimplemento igualmente grave do sócio *deve* ter por consequência colocar em risco a continuidade da empresa. Não basta que o inadimplemento atinja a relação contratual, deve ter por consequência os efeitos relacionados à continuidade da empresa, à continuidade do exercício da atividade econômica, organizada, efetiva e capaz de continuar a gerar as riquezas para se autofinanciar e promover a distribuição de riquezas para todos os agentes que com ela se relacionam.

Diante dessa conclusão, urge ressaltar que, se pelo prisma da justa causa foi acima mencionado que o conceito previsto no artigo 1.085 do Código Civil é mais amplo que o previsto no artigo 1.030 do mesmo

---

[224] Conforme destacado por Renato Ventura Ribeiro, no Direito alemão, a exclusão de um sócio de uma sociedade limitada está centrada no conceito de "motivo grave". A lei alemã define tal motivo como "qualquer comportamento ou circunstancia pessoal do sócio excluído que, valorando todas as circunstâncias do caso, traga impossibilidade ou ponha em perigo a consecução do fim social ou que de qualquer outra forma torne inadmissível aos demais a permanência do sócio na sociedade". RIBEIRO, Renato Ventura. *Exclusão de sócios nas sociedades anônimas*. São Paulo: Quartier Latin, 2005, p. 159.

diploma legal; sob o prisma do procedimento, essa amplitude maior da justa causa do artigo 1.085 do Código Civil terá por consequência tornar mais exigente o atendimento dos requisitos formais para que se lance mão da exclusão extrajudicial de sócio.

Essa rigidez procedimental da exclusão extrajudicial é decorrente da prerrogativa atribuída aos particulares: o poder de determinar autonomamente a exclusão de um sócio.[225]

Ao filiar-se ao entendimento que identifica uma diferenciação entre as justas causas nas hipóteses de exclusão aqui abordadas não se ignorou os argumentos lançados por aqueles que possuem entendimento contrário.

E mais, a defesa do posicionamento aqui apresentado, por vezes, não significa negar as conclusões parciais alcançadas por essa corrente doutrinária, mas sim analisar tais premissas sob uma ótica diversa.

Na linha do que foi dito, destaca-se a abordagem trazida por Luis Felipe Spinelli sobre o tema.[226] O referido autor consigna não vislumbrar distinção de ordem material entre as duas hipóteses de exclusão de sócio aqui abordadas, pois ambos preceitos abarcam a exclusão de sócio em decorrência do descumprimento de seus deveres sociais, podendo eventual falta ser censurada por quaisquer dos dois artigos. Entende, ainda, o referido autor que a única diferença entre as duas hipóteses seria o procedimento de como a exclusão se opera, justificando a diferença entre as justas causas previstas nos artigos 1.030 e 1.085 do Código Civil por má técnica legislativa.

Conforme já externado, concorda-se *parcialmente* com tal posicionamento quando refere que o rompimento do vínculo contratual societário exige o inadimplemento por parte do sócio. Entretanto discorda-se quando é referido que o inadimplemento dos deveres sociais pode ser censurado por qualquer dos dois artigos. O inadimplemento dos deveres sociais que poderá ser censurado pelo artigo 1.085 do Código Civil é somente aquele inadimplemento que, de forma direta, coloca a empresa em risco de continuidade.

Ao firmar tal posicionamento, é levada em consideração a possibilidade de uma crítica fundada na circunstância que, para justificar a exclusão, a falta grave prevista no artigo 1.030 do Código Civil deve influenciar negativamente o fim social, o que também atingiria de forma

---

[225] VIO, Daniel de Avila. *A exclusão de sócios na sociedade limitada de acordo com o Código Civil de 2002*, 2008. 230 f. Dissertação (Mestrado) – Faculdade de Direito, Universidade de São Paulo, São Paulo, 2008, p. 125.

[226] SPINELLI, Luis Felipe. *A exclusão de sócio por falta grave na sociedade limitada*. São Paulo: Quartier Latin, 2014, p. 88.

indireta a empresa detida pela sociedade limitada, resultando, na prática, uma igualdade entre as disposições.

Contudo, na hipótese dessa crítica, reitera-se o entendimento de que a proteção imediata conferida pelo artigo 1.030 do Código Civil é destinada à sociedade. A proteção da empresa se dá de forma indireta, como consequência daquela. Outrossim, há formas de divisão do capital social nas quais o exercício do controle societário impede que os efeitos do inadimplemento do sócio atinjam a empresa, mas, mesmo assim, sua exclusão poderá vir a ocorrer judicialmente, tendo em vista que os sócios não possuem mais as condições mínimas para explorar conjuntamente uma sociedade, afetando diretamente a perseguição de seu fim.

Entende-se, ainda, que o procedimento no qual se dará a exclusão do sócio exerce influência direta na delimitação da justa causa autorizativa de tal ato.[227] Afinal, é em decorrência da circunstância de que a exclusão se dará em procedimento extrajudicial que a justa causa do artigo 1.085 do Código Civil estabelece um requisito mais severo, ou seja, deverá ser configurado tanto o inadimplemento grave do sócio, quanto a configuração de tal inadimplemento como um risco imediato à continuidade da empresa.[228]

Não se discute neste momento, genericamente, o elemento mínimo comum às hipóteses de exclusão de um sócio (o inadimplemento), mas sim, especificamente, o elemento autorizativo que diferencia a exclusão judicial e a exclusão extrajudicial de sócio (a justa causa). Esse elemento autorizativo leva em conta o ambiente no qual a decisão de exclusão será tomada e os valores que justificam a concretização de efeitos tão importantes no contrato de sociedade, decorrentes diretamente da vontade dos particulares que compõem a sociedade.

---

[227] Observe-se que a investigação é centrada na justa causa para a exclusão extrajudicial de sócio. E, assim sendo, os elementos que delimitam essa hipótese irão influenciar na fixação da justa causa da hipótese.

[228] No mesmo sentido é o entendimento de Arnaldo Rizzardo, conforme é possível verificar do trecho ora transcrito: "A falta grave restringe-se ao cumprimento das obrigações incumbidas ao sócio. Falha ele na execução de seus deveres, como se é desleixado na condução de um veículo da sociedade, ou se provoca a deterioração dos bens que se encontram sob sua guarda, ou simplesmente não executa um serviço que se lhe cominou. (...) Já no que pertine ao afastamento do sócio com base no art. 1.085, restritamente à sociedade de responsabilidade limitada, requer-se uma justa causa, que nem sempre envolve o mau desempenho de obrigações, ou falhas na execução de serviços. A ausência de participação, de associativismo, de esforço, de entendimento, de compatibilidade de interesses pode constituir-se em justa causa, embora não se vislumbre uma falta grave. Além de ostentar-se justa a causa, necessário que coloque em risco a continuidade da empresa. Realmente, a ausência de cooperação, de tino empresarial, de dedicação, de seriedade no cumprimento das obrigações conduz à debilitação da sociedade, à desmotivação, à estagnação, estados que, com o tempo, a inviabilizam". RIZZARDO, Arnaldo. *Direito de empresa*. 4. ed. Rio de Janeiro: Forense, 2012, p. 269.

A diferenciação aqui defendida é decorrente da diferenciação teleológica de ambas hipóteses aqui abordadas: a proteção da empresa.[229]

Essa necessidade delimita a finalidade imediata do artigo 1.085 do Código Civil e deve ser considerada como parâmetro hermenêutico por todos os operadores do Direito. Afinal, não se pode esquecer que, não sendo possível a tomada da deliberação de exclusão de sócio de forma extrajudicial,[230] o Poder Judiciário deverá assegurar o prestígio da proteção da empresa estabelecido pelo artigo 1.085 do Código Civil.

Isso significa que, configurada a hipótese de o inadimplemento do sócio representar risco à continuidade da empresa, deve ser garantido à sociedade um posicionamento célere do órgão jurisdicional, alcançando a ela efeitos semelhantes àqueles que se concretizariam através da exclusão extrajudicial: o afastando imediato daquele que representa um risco à continuidade da empresa, a fim de que a discussão judicial ocorra sem concretização dos danos potencialmente representados pela presença de tal sócio.[231]

Dessa forma, a diferenciação das faltas graves nas hipóteses de exclusão judicial e extrajudicial na sociedade limitada tem por objetivo assegurar a riqueza sistemática do direito da empresa e a finalidade estatal de assegurar a proteção dessa.

Por fim, é necessária ainda uma última ressalva quanto ao ponto em discussão. Embora defenda-se um conceito aberto para a justa causa do artigo 1.085 do Código Civil, considera-se que a quebra da *affectio societatis*, por si só, não constitui ato de inegável gravidade capaz de resultar na hipótese da exclusão de sócio. Comunga-se do mesmo entendimento

---

[229] Nesse sentido, cumpre transcrever o seguinte trecho da obra de Ciro Espósito: "Una prospettiva di rinnovata autonomia nella quale, come già si è detto, l'impresa ed i suoi problemi rappresentano l'a priori sulla cui base ricostruire la disciplina delle società si da impostare i temi societari come problemi dell'organizzazione e dell'attività di impresa e non soltanto della società tra i soci con l'ulteriore precisazione che il contenuto delle prerogative, che competono al socio nell'ambito della organizzazione sociale, è variabile e può essere determinato in un non definito numero di combinazioni". ESPOSITO, Ciro. *L'esclusione del socio nelle società di capitali*. Milano: Giuffrè, 2012, p. 21-22.

[230] Ou não possuindo a sociedade a certeza necessária sobre a configuração de uma justa causa a partir de determinados fatos em concreto.

[231] No âmbito judicial, dada a abertura de discussão que é trazida pelo conceito de falta grave, pode ocorrer a exclusão de sócio por conta de elementos materiais colacionados no artigo 1.085 do Código Civil, pois um ato de inegável gravidade que coloca em risco a continuidade da empresa, necessariamente, configura-se como falta grave. Contudo, não é toda falta grave que configura risco à continuidade da empresa, razão pela qual não é toda falta grave que autoriza a exclusão extrajudicial de sócio, ou seja, a exclusão sem o crivo do Poder Judiciário.

afirmado pela jurisprudência do Superior Tribunal de Justiça.[232] Deve-se investigar quais os fatos que estão por trás da quebra da *affectio societatis* para que se investigue se tais fatos são causa de exclusão de sócio, ou até mesmo de dissolução total da sociedade – nos termos do artigo 1.034, II, do Código Civil –, caso constatada a impossibilidade de convivência dos sócios por conta de litígio por eles mantido e nenhum manifeste seu interesse em retirar-se da sociedade.

Tendo em vista que a exclusão extrajudicial de sócios apresenta uma série de exigências para sua consumação, conforme acima mencionado, passa-se para a segunda parte desta dissertação para que possam ser analisados os requisitos formais daquele procedimento, os quais são igualmente essenciais para que se possa lançar mão da ferramenta de proteção da empresa, nos termos previstos pelo legislador.

---

[232] STJ. REsp. 1129222/PR. Terceira Turma. Rel. Min. Nancy Andrighi. Julgado em 28.06.2011: CIVIL E COMERCIAL. RECURSO ESPECIAL. DISSOLUÇÃO PARCIAL DE SOCIEDADE. EXCLUSÃO DE SÓCIO. QUEBRA DA *AFFECTIO SOCIETATIS*. INSUFICIÊNCIA. 1. A ausência de decisão sobre o dispositivo legal supostamente violado, não obstante a interposição de embargos de declaração, impede o conhecimento do recurso especial. Incidência da Súmula 211/STJ. 2. O reexame de fatos e provas em recurso especial é inadmissível. 3. Deficiência de fundamentação do recurso. Incidência da Súmula 284/STF. 4. Inexiste ofensa ao art. 535 do CPC, quando o tribunal de origem pronuncia-se de forma clara e precisa sobre a questão posta nos autos. 5. Para exclusão judicial de sócio, não basta a alegação de quebra da *affectio societatis*, mas a demonstração de justa causa, ou seja, dos motivos que ocasionaram essa quebra. 6. Recurso especial a que se nega provimento.

Segunda parte

Requisitos procedimentais para a tomada da deliberação de exclusão do sócio

3. Requisitos prévios ao conclave que deliberará a exclusão do sócio

Nos tópicos que seguem serão abordados os requisitos previstos no parágrafo único do artigo 1.085 do Código Civil, que estabelece o procedimento societário no qual será efetivada a exclusão extrajudicial de sócio. Conforme será observado da análise dos diferentes pontos de vista da doutrina, o procedimento societário de tomada da deliberação não é menos controverso do que as discussões travadas anteriormente sobre a justa causa da exclusão extrajudicial de sócio.

O parágrafo único do artigo 1.085 do Código Civil determina que a "exclusão somente poderá ser determinada em reunião ou assembleia especialmente convocada para esse fim, ciente o acusado em tempo hábil para permitir seu comparecimento e o exercício do direito de defesa".

Como forma de buscar uma abordagem sistemática das exigências contidas no referido dispositivo, analisar-se-á a matéria tendo como eixo a reunião/assembleia de sócios, clareando inicialmente, os requisitos formais anteriores à realização de tais atos. Posteriormente serão abordados os temas relacionados à realização do conclave social propriamente dito, verificando-se as exigências legais e práticas que devem ser observadas ao longo do ato societário.

Conforme destacado por Fábio Tokars,[233] a redação do parágrafo único do artigo 1.085 do Código Civil é um marco divisório nos procedimentos de exclusão de sócio, tendo por consequência afastar o que esse doutrinador entende ser a mais comum antijuridicidade observada nos procedimentos de exclusão de sócio ocorridos no regime legal anterior vigente no Brasil: a exclusão de sócio pela simples alteração de contrato social, sem qualquer deliberação societária formal, com assinatura de tantos sócios quantos bastasse para superar o mínimo de 50% do capi-

---

[233] TOKARS, Fábio. *Sociedades limitadas*. São Paulo: LTr, 2007, p. 372.

tal social. Tal procedimento, muitas vezes, resultava no fato de o sócio somente tomar conhecimento de sua exclusão após o arquivamento da alteração contratual na Junta Comercial.

Nessas diretrizes, o parágrafo único do artigo 1.085 do Código Civil tem por objetivo superar a possibilidade de tomada de decisão tão drástica sem que, ao sócio cuja exclusão será deliberada, seja assegurada, no mínimo, a possibilidade de defender-se das imputações que lhe são feitas. Outrossim, também é objetivo desse dispositivo legal permitir que o sócio saiba, especificamente, quais as razões que resultaram na pretensão de sua exclusão, buscando assegurar, com isso, o preceito mínimo constitucional do direito de defesa, objetivos esses expressos por Miguel Reale,[234] responsável ideológico pela introdução do artigo 1.085 no Código Civil.[235]

3.1. Da necessidade de previsão no contrato social da regra autorizativa da exclusão extrajudicial de sócio

O primeiro dos requisitos para que seja possível deliberar a exclusão extrajudicial de sócio é a necessidade de que conste no contrato social previsão autorizativa da tomada de tal decisão.

A parte final do *caput* do artigo 1.085 do Código Civil é expressa ao determinar que a exclusão extrajudicial de sócio somente tem espaço nas sociedades limitadas que possuam, em seus contratos sociais, cláusula autorizando a prática de tal ato extremo.

Diferentemente do que ocorria no regime anterior, o artigo 1.085 do Código Civil veda a deliberação de exclusão extrajudicial de sócio sem que haja regra autorizando tal medida no contrato social. A ausência dessa cláusula no contrato social tem por consequência remeter a pacificação do conflito societário para o Poder Judiciário.[236]

---

[234]. REALE, Miguel. *História do Código Civil*. Biblioteca de Direito Civil. Estudos em homenagem ao Professor Miguel Reale, vol. I. São Paulo: RT, 2005, p. 168.

[235] Neste sentido, vide WALD, Arnoldo. *Comentários ao novo Código Civil*, vol. XIV: Livro II, Do Direito de Empresa. Sálvio de Figueiredo Teixeira (coord.). Rio de Janeiro: Forense, 2005, p. 560.

[236] Neste sentido, ADAMEK, Marcelo Vieira von. Anotações sobre a exclusão de sócios por falta grave no regime do Código Civil. In: *Temas de direito societário e empresarial contemporâneos*: Liber Amicorum Prof. Dr. Erasmo Valladão Azevedo e Novaes França. São Paulo: Malheiros, 2011, p. 195; ANDRADE FILHO, Edmar Oliveira. *Sociedade de responsabilidade limitada*: de acordo com o novo Código Civil. São Paulo: Quartier Latin, 2004, p. 210; CRISTIANO, Romano. *Sociedades limitadas de acordo com o Código Civil*. São Paulo: Malheiros, 2008, p. 376; GONÇALVES NETO, Alfredo de Assis. *Direito de empresa*: comentários aos artigos 966 a 1.195 do Código Civil. 2. ed. rev., atual. e ampl. São Paulo: RT, 2008, p. 440, 445; LOPES, Idevan César Rauen. *Empresa & exclusão de sócio*: de acordo com o Código Civil de 2002. 3. ed. rev. e atual. Curitiba: Juruá, 2013, p. 135-136, 166; LUCENA, José Waldecy. *Das sociedades limitadas*. 6. ed. atualizada em face do novo Código Civil, com formulário. Rio de Janeiro: Renovar, 2005, p. 736; SPINELLI, Luis Felipe. *A exclusão de sócio por falta grave na so-*

No que diz respeito aos fundamentos de tal exigência, cabe destacar as manifestações de Luis Felipe Spinelli,[237] que aponta para a circunstância de o Direito Societário seguir a mesma lógica do Direito Contratual relativamente à cláusula resolutiva.[238] Ou seja, a previsão da cláusula contratual exigida pelo artigo 1.085 do Código Civil que autoriza a exclusão extrajudicial de sócio exercerá a mesma função de uma cláusula resolutiva expressa, permitindo que o contrato de sociedade seja resolvido pela sua cláusula própria.[239]

A previsão da possibilidade de exclusão extrajudicial de sócio no contrato social, segundo parcela da doutrina, tem por objetivo permitir que os sócios tenham pleno conhecimento sobre tal possibilidade,[240] em nítida medida de proteção dos minoritários,[241] aos quais são dirigidos os efeitos das disposições do artigo 1.085 do Código Civil.

Há que se destacar a existência de discussão doutrinária e jurisprudencial sobre os termos em que lançada a previsão autorizativa da exclusão extrajudicial de sócio no contrato social. Da redação do artigo 1.085 do Código Civil, verifica-se que a exigência legal formulada é no sentido de que a cláusula do contrato social regule a possibilidade de *"exclusão por justa causa"* no contrato social. Entretanto, em que pese o texto legal traga referência direta à expressão destacada na sentença

---

ciedade limitada. São Paulo: Quartier Latin, 2014, p. 319-320; VIO, Daniel de Avila. *A exclusão de sócios na sociedade limitada de acordo com o Código Civil de 2002*, 2008. 230 f. Dissertação (mestrado) – Universidade de São Paulo. Faculdade de Direito. Programa de Pós-Graduação em Direito. São Paulo, BR-SP, 2008, p. 167; WALD, Arnoldo. *Comentários ao Novo Código Civil*, vol. XIV: Livro II, Do Direito de Empresa. Sálvio de Figueiredo Teixeira (coord.). Rio de Janeiro: Forense, 2005, p. 572. Dando a entender que não é necessário: FONSECA, Priscila M. P. Corrêa da. *Dissolução parcial, retirada e exclusão de sócio*. 5. ed. São Paulo: Atlas, 2012, p. 47 (ver 41).

[237] SPINELLI, Luis Felipe. *A exclusão de sócio por falta grave na sociedade limitada*. São Paulo: Quartier Latin, 2014, p. 320, nota 731.

[238] A abordagem da cláusula resolutiva pelo Direito Contratual tem por base os artigos 474 e 475 do Código Civil, que têm a seguinte redação: Art. 474. A cláusula resolutiva expressa opera de pleno direito; a tácita depende de interpelação judicial. Art. 475. A parte lesada pelo inadimplemento pode pedir a resolução do contrato, se não preferir exigir-lhe o cumprimento, cabendo, em qualquer dos casos, indenização por perdas e danos.

[239] Nesse ponto deve ser destacado que não se verifica no ordenamento jurídico qualquer impedimento para o sócio ser excluído da sociedade, com base na justa causa prevista no artigo 1.085 do Código Civil, mas através de ação judicial. E mais, mesmo estando preenchidos todos os requisitos para que haja a exclusão extrajudicial de sócio, entende-se que ainda assim haveria a possibilidade de ajuizamento de ação judicial para a concretização de tais atos. Nesse sentido, ver VIO, op. cit., p. 168. Em sentido contrário, FONSECA, op. cit., p. 41-44.

[240] VIO, op. cit., p. 138, 168; WALD, op. cit., p. 572.

[241] MATIAS, João Luis Nogueira. Aspectos da proteção aos sócios minoritários na sociedade limitada. In: PEREIRA, Guilherme Teixeira. *Direito societário e empresarial: reflexões jurídicas*. São Paulo: Quartier Latin, 2009. p. 120-141; GUIMARÃES, Leonardo. Exclusão de sócio em sociedade limitada no novo Código Civil. In: RODRIGUES, Frederico Viana (coord.). *Direito de empresa no novo Código Civil*. Rio de Janeiro: Forense, 2004. p. 291-309; ARDUIN, Ana Lúcia Alves da Costa; LEITE, Leonardo Barém. A tutela jurídica do sócio minoritário das sociedades limitadas. In: CASTRO, Rodrigo R. Monteiro de (coord.). *Direito societário: desafios atuais*. São Paulo: Quartier Latin, 2009, p. 365-388.

anterior, tanto a doutrina[242] quanto a jurisprudência[243] entendem existir uma possibilidade de flexibilização dos termos como a regra é disposta, desde que, sobre seu conteúdo, não paire qualquer dúvida sobre a possibilidade de exclusão extrajudicial do sócio.

Nesse sentido, mesmo havendo essa certa flexibilização sobre o conteúdo da disposição do contrato social, a doutrina[244] vê com bons olhos a previsão do procedimento de exclusão extrajudicial de sócio no contrato social da sociedade limitada, pois dá maior concreção à norma e facilita posterior defesa da deliberação tomada em juízo.

Nesse sentido, também não há qualquer objeção de que os sócios estabeleçam no contrato social rol exemplificativo dos atos que entendem caracterizadores da justa causa autorizativa da exclusão extrajudicial de sócio. Entretanto, sendo inserido no contrato social circunstâncias que não se amoldam à justa causa prevista no artigo 1.085 do Código Civil, as mesmas não poderão ser utilizadas para a concretização da exclusão do sócio, configurando-se cláusula nula do contrato social.[245]

Ainda no que diz respeito ao conteúdo da cláusula contratual autorizadora da exclusão extrajudicial do sócio, observa-se da doutrina o enfrentamento da situação hipotética de uma sociedade prever em seu contrato social um rol taxativo que limita as hipóteses de utilização da ferramenta aqui em estudo. Diante dessa possibilidade, o posicionamento doutrinário[246] é no sentido de que, ocorrendo outros fatos que justi-

---

[242] ADAMEK, Marcelo Vieira von. Anotações sobre a exclusão de sócios por falta grave no regime do Código Civil. In: *Temas de direito societário e empresarial contemporâneos*: Liber Amicorum Prof. Dr. Erasmo Valladão Azevedo e Novaes França. São Paulo: Malheiros, 2011, p. 195, CARVALHOSA, Modesto. *Comentários ao Código Civil*: Parte Especial: do Direito de Empresa (artigos 1.052 a 1.195), vol. 13. Antônio Junqueira de Azevedo (coord.). São Paulo: Saraiva, 2003, p. 315, CRISTIANO, Romano. *Sociedades limitadas de acordo com o Código Civil*. São Paulo: Malheiros, 2008, p. 376, JORGE, Tarsis Nametala Sarlo. *Manual das sociedades limitadas*. Rio de Janeiro: Lumen Juris, 2007, p. 272; LOPES, Idevan César Rauen. *Empresa & exclusão de sócio*: de acordo com o Código Civil de 2002. 3. ed. rev. e atual. Curitiba: Juruá, 2013, p. 137; LUCENA, José Waldecy. *Das sociedades limitadas*. 6. ed. rev. e atual. em face do novo Código Civil, com formulário. Rio de Janeiro: Renovar, 2005, p. 963; VIO, Daniel de Avila. *A exclusão de sócios na sociedade limitada de acordo com o Código Civil de 2002*, 2008. 230 f. Dissertação (mestrado) – Universidade de São Paulo. Faculdade de Direito. Programa de Pós-Graduação em Direito. São Paulo, BR-SP, 2008, p. 168-169.

[243] Tutela Antecipada. Ação declaratória de inexistência de cláusula permissiva de exclusão extrajudicial de sócio minoritário. Deferimento reformado. Interpretação de cláusula. Art. 1.085 CC. Exclusão extrajudicial, a princípio, permitida e consentida pelos sócios. Ausência da expressão por justa causa. Aparente desnecessidade. Ausência, portanto, de prova inequívoca a justificar a antecipação da tutela. Art. 273 CPC. Demais sócios que podem deliberar sobre a exclusão do sócio minoritário. Recurso provido. (BRASIL. Tribunal de Justiça de São Paulo. Agravo de Instrumento 0104599-73.2012.8.26.0000. 1ª Câmara reservada de Direito Empresarial. Relator: Des. Teixeira Leite. Julgado em: 18 de setembro de 2012)

[244] ADAMEK, op. cit., p. 195

[245] GONÇALVES NETO, Alfredo de Assis. *Direito de empresa*: comentários aos artigos 966 a 1.195 do Código Civil. 2. ed. rev., atual. e ampl. São Paulo: RT, 2008, p. 441; ADAMEK, op. cit., p. 195-196.

[246] ADAMEK, op. cit., p., 195-196; LOPES, op. cit., p. 137; VIO, op. cit., p. 169-170.

ficariam a exclusão extrajudicial de sócio, mas que não estejam listados no contrato social como autorizadores da utilização do procedimento extrajudicial, a expulsão do sócio deverá se dar mediante ação judicial própria. Esse entendimento tem por fundamento a liberdade das partes em permitir ou limitar a exclusão extrajudicial em cada sociedade. Se podem as partes evitar a aplicabilidade da ferramenta em determinada sociedade, deixando de inserir no contrato social regra própria, nenhum óbice existe para que os sócios estabeleçam que a utilização da exclusão extrajudicial ocorra apenas em situações específicas.[247]

As discussões até então apresentadas neste tópico disseram respeito, principalmente, ao conteúdo da cláusula do contrato social autorizadora da hipótese de exclusão de sócio. Entretanto, há outra questão bastante controvertida sobre o tema: a forma como se dá a inserção de tal regra no contrato social e os efeitos decorrentes de tal deliberação.

Quanto à norma autorizativa da exclusão extrajudicial de sócio prevista no contrato social desde a constituição da sociedade, não são levantadas maiores controvérsias pela doutrina, tendo em vista que tal cláusula foi aprovada pela totalidade dos sócios, no ato de constituição da sociedade.

Entretanto, as discussões sobre a inserção e os efeitos decorrentes da norma que autoriza a exclusão extrajudicial de sócio ganham relevo quando considerada uma sociedade já constituída, com suas atividades postas em marcha.

Nesse cenário, a primeira hipótese analisada pela doutrina diz respeito ao ingresso de um sócio na sociedade que já dispõe de tal cláusula no seu contrato social. Ocorrendo essa hipótese, o entendimento majoritário – e lógico – é de que há uma adesão do novo sócio ao conteúdo jurídico da mesma.[248]

Outra hipótese que desperta grandes discussões doutrinárias diz respeito à inserção da cláusula objeto desta análise em uma sociedade que até então não dispunha de tal previsão.

As controvérsias estabelecidas sobre essa possibilidade iniciam-se pelo quórum necessário para a alteração do contrato social. Da análise da doutrina, verifica-se que há posicionamento indicando que a alteração do contrato social para a inserção de norma permitindo a exclusão extrajudicial de sócio exigiria a aprovação unânime dos sócios, tendo em vista que, quando da constituição da sociedade, tal hipótese não era

---

[247] SPINELLI, Luis Felipe. *A exclusão de sócio por falta grave na sociedade limitada*. São Paulo: Quartier Latin, 2014, p. 324.

[248] CRISTIANO, Romano. *Sociedades limitadas de acordo com o Código Civil*. São Paulo: Malheiros, 2008, p. 377.

prevista.[249] Entende-se que tal posicionamento não deva prevalecer, pois ignora a regra prevista nos artigos 1.071, V, e 1.076, I, ambos do Código Civil, que estabelecem que a regra geral relativamente ao quórum para alteração do contrato social é de, no mínimo, 75% (setenta e cinco por cento) do capital social. Outrossim, não havendo concordância do sócio minoritário com a inserção de tal cláusula no contrato social, a lei faculta a ele retirar-se da sociedade mediante o exercício do direito de recesso, nos termos do artigo 1.077 do Código Civil. Por fim, a inserção de tal cláusula contratual não significa que o sócio minoritário será imediatamente retirado da sociedade, afinal, o Código Civil vigente veda a possibilidade de exclusão de sócio sem uma justa causa que autorize tal ato. Por conta de tais fundamentos, entende-se deva prevalecer o entendimento que exige quórum de 75% (setenta e cinco por cento) do capital social para a inserção no contrato social da regra exigida pelo artigo 1.085 do Código Civil.[250]

Outra questão controvertida diz respeito ao entendimento apresentado por Alfredo de Assis Gonçalves Neto,[251] que entende ser possível, diante do cometimento de atos de inegável gravidade por parte do sócio minoritário, que a sociedade limitada altere seu contrato social para passar a prever a cláusula autorizativa da exclusão extrajudicial de sócio (considerando que a maioria tenha quórum para essa alteração), e, no mesmo ato societário de alteração do contrato social, delibera a exclusão do sócio minoritário por conta dos atos cometidos antes das inserção da cláusula.

---

[249] Neste sentido, cabe destacar manifestação lançada por Pedro Sérgio Fialdini Filho, que entende ser, a inserção da regra autorizativa da exclusão extrajudicial de sócio, sem a anuência de todos os sócios, uma " violação ao espírito da norma, verdadeira burla ao seu comando, na medida em que perderia ela eficácia e utilidade, sujeitando a exclusão do minoritário, mediante mera alteração contratual, ao arbítrio da maioria – exatamente o que se quis evitar". FIALDINI FILHO, Pedro Sérgio. Inovações do Código Civil de 2002 em relação à dissolução parcial da sociedade limitada por justa causa. In: WALD, Arnoldo; FONSECA, Rodrigo Garcia da (coords.). *A empresa no terceiro milênio*: aspectos jurídicos. São Paulo: Juarez de Oliveira, 2005, p. 108-109. Em sentido semelhante, CRISTIANO, Romano. *Sociedades limitadas de acordo com o Código Civil*. São Paulo: Malheiros, 2008, p. 377.

[250] SPINELLI, Luis Felipe. *A exclusão de sócio por falta grave na sociedade limitada*. São Paulo: Quartier Latin, 2014, p. 325-326; ADAMEK, Marcelo Vieira von. Anotações sobre a exclusão de sócios por falta grave no regime do Código Civil. In: *Temas de direito societário e empresarial contemporâneos*: Liber Amicorum Prof. Dr. Erasmo Valladão Azevedo e Novaes França. São Paulo: Malheiros, 2011, p. 196-197; VIO, Daniel de Avila. *A exclusão de sócios na sociedade limitada de acordo com o Código Civil de 2002*, 2008. 230 f. Dissertação (mestrado) – Universidade de São Paulo. Faculdade de Direito. Programa de Pós-Graduação em Direito. São Paulo, BR-SP, 2008, p. 170; VERÇOSA, Haroldo Malheiros Duclerc. *Curso de direito comercial*. Vol. 2. Teoria Geral das Sociedades. As Sociedades em Espécie do Código Civil. 2. ed. São Paulo: Malheiros, 2010, p. 531; RIBEIRO, Renato Ventura. *Exclusão de sócios nas sociedades anônimas*. São Paulo: Quartier Latin, 2005, p. 190. LOPES, Idevan César Rauen. *Empresa & exclusão de sócio de acordo com o código Civil de 2002*. 3. ed. rev. e atual. Curitiba: Juruá, 2013, p. 136.

[251] GONÇALVES NETO, Alfredo de Assis. *Direito de empresa*: comentários aos artigos 966 a 1.195 do Código Civil. 2. ed. rev. e atual. São Paulo: Revista dos Tribunais, 2008, p. 404-409.

Entende-se que esse posicionamento não deve prosperar.

A primeira razão para tanto está assentada no entendimento de que a regra de exclusão extrajudicial de sócio não pode ter seus efeitos retroagindo no tempo. Os fatos que ocorreram antes da inserção da cláusula contratual e que autorizariam a exclusão extrajudicial de sócio, na hipótese, necessariamente terão de ser discutidos perante o Poder Judiciário, pois na época de sua ocorrência não havia o preenchimento dos requisitos exigidos pelo artigo 1.085 do Código Civil.[252]

Nesse sentido, deve-se destacar que Marcelo von Adamek aborda semelhante questão em seus estudos, lançando posicionamento importante sobre o ponto discutido. Consigna o referido autor:

> De nossa parte, porém, se não concordamos com a engenhosa solução das deliberações sucessivas, também não nos animamos a ir mais longa e negar, terminantemente, que fatos anteriores à inserção da cláusula no contrato social jamais possam ser utilizadas como fundamento para ulterior exclusão extrajudicial. Na realidade, se o sócio continuar a incorrer em condutas caracterizadoras de falta grave após a inserção da cláusula contratual e, com isso, restar evidenciada, pelo histórico de seu comportamento, a necessidade de seu afastamento da sociedade, é certo que tal poderá ser (sic) dar extrajudicialmente, ainda que, para embasar a medida extrema, se tenha, então, que também recorrer a fatos pretéritos.[253]

Entende-se que o posicionamento no sentido de não ser possível a utilização de um fato anterior à inserção da regra autorizativa da exclusão extrajudicial de sócio no contrato social para preenchimento de seu substrato jurídico não colide com o trecho da obra de Marcelo von Adamek. Isso, pois, no trecho transcrito, os fatos que justificariam a exclusão extrajudicial de sócio continuaram a ocorrer após a previsão contratual. Os fatos ocorridos anteriormente auxiliaram na formação do histórico que envolve tal situação, não serviram de elemento exclusivo da deliberação.

Outrossim, entende-se que o argumento de Alfredo de Assis Gonçalves Neto também não deve prosperar, pois ao realizar a alteração de contrato social e a exclusão extrajudicial de sócio em um único ato, não será possível à sociedade realizar o preenchimento dos requisitos dispostos no parágrafo único do artigo 1.085 do Código Civil, especialmente no que diz respeito ao Direito de Defesa, que voltará a ser tratado, adiante.

---

[252] ADAMEK, Marcelo Vieira von. Anotações sobre a exclusão de sócios por falta grave no regime do Código Civil. In: *Temas de direito societário e empresarial contemporâneos*: Liber Amicorum Prof. Dr. Erasmo Valladão Azevedo e Novaes França. São Paulo: Malheiros, 2011, p. 198-199; SPINELLI, Luis Felipe. *A exclusão de sócio por falta grave na sociedade limitada*. São Paulo: Quartier Latin, 2014, p. 329; JORGE, Tarsis Nametala Sarlo. *Manual das sociedades limitadas*. Rio de Janeiro: Lumen Juris, 2007, p. 276-278; VIO, Daniel de Avila. *A exclusão de sócios na sociedade limitada de acordo com o Código Civil de 2002*, 2008. 230 f. Dissertação (mestrado) – Universidade de São Paulo. Faculdade de Direito. Programa de Pós-Graduação em Direito. São Paulo, BR-SP, 2008, p. 171.

[253] ADAMEK, op. cit., p. 198-199.

Também é colacionado pela doutrina, para afastar o entendimento aqui analisado, que eventual permissão à realização de um único conclave societário com o objetivo de inserir no contrato social cláusula possibilitando a exclusão extrajudicial por justa causa e de concretizar os efeitos de tal cláusula retiraria do sócio minoritário a possibilidade de exercício do direito de recesso, o que lhe causaria prejuízos, tendo em vista a possibilidade de disposição de critérios mais desfavoráveis de recebimento dos haveres.[254]

3.2. Questões preliminares à realização do conclave que deliberará sobre a exclusão de sócio

Nos tópicos que seguem serão abordados os requisitos procedimentais que devem ser atendidos anteriormente à realização propriamente dita da assembleia ou reunião de quotistas com vistas à exclusão extrajudicial de um sócio.

Conforme já destacado anteriormente, a assembleia ou a reunião de sócios é um ato privado da sociedade, no qual apenas os sócios e seus procuradores/assessores participam do processo de formação da vontade social. Quando tal conclave societário tem por objetivo a análise da exclusão extrajudicial de determinado sócio, a carga emocional dos sócios normalmente se modifica, principalmente diante do fato de que, geralmente, em tais situações, os sócios e a sociedade estão em litígio contra aquele a que se busca a exclusão. Nesse contexto, os requisitos legais para que essa deliberação seja tomada servem de guia para o comportamento dos participantes do conclave, sendo essencial sua análise a fim de que essa deliberação não viole os direitos, tampouco os legítimos interesses daqueles envolvidos no ato.

Por conta disso, passa-se a realizar uma abordagem dos requisitos procedimentais prévios à realização do conclave que tem por objetivo a deliberação de exclusão extrajudicial de sócio.

3.2.1. Do tipo de conclave a ser realizado para a deliberação de exclusão de sócio – a reunião ou assembleia de sócios

A assembleia ou a reunião de sócios é o órgão máximo de uma sociedade limitada, responsável pela manifestação da vontade da sociedade, que é obtida através de um procedimento de discussão e votação das

---

[254] ADAMEK, Marcelo Vieira von. Anotações sobre a exclusão de sócios por falta grave no regime do Código Civil. In: *Temas de direito societário e empresarial contemporâneos: Liber Amicorum Prof. Dr. Erasmo Valladão Azevedo e Novaes França*. São Paulo: Malheiros, 2011, p. 170-171.

matérias constantes na ordem do dia entre os sócios presentes no ato. A deliberação tomada em conclave legalmente convocado para a abordagem de determinada matéria, observado o princípio majoritário e os quóruns previstos na lei, vincula a sociedade e todos os sócios – mesmo os vencidos –, conforme previsão expressa do § 5º do artigo 1.072 do Código Civil.[255]

O Código Civil prevê as matérias cuja deliberação é de competência da assembleia ou reunião de sócios em seu artigo 1.071.[256] Nesse ponto, observa-se que, dentre as matérias previstas no referido dispositivo, não está arrolada a exclusão de sócio, contudo, a obrigatoriedade da deliberação de tal matéria em um conclave societário se dá por conta de seus efeitos, que necessariamente implicará a alteração de contrato social relativamente à composição societária (se aprovado) e da própria exigência expressa do parágrafo único do artigo 1.085 do mesmo diploma legal.

A referência legal de que as deliberações sociais serão tomadas em assembleia ou reunião de sócios é acompanhada da determinação de qual tipo de conclave deva ser realizado em cada sociedade.[257] Essa segunda especificação é lançada no § 1º do artigo 1.072 do Código Civil,[258] que estabelece a necessidade de realização da assembleia sempre que uma sociedade possuir mais de 10 (dez) sócios. Por uma interpretação em sentido contrário do mesmo dispositivo, conclui-se que a reunião de sócios pode ocorrer em todas as demais sociedades limitadas que possuam dez ou menos sócios.

Conforme ressaltado pela doutrina,[259] em tese, as reuniões de sócios estão sujeitas a um menor grau de formalidades, por conta do número menor de sócios na sociedade que podem se utilizar dela, e da presunção de que seus sócios possuam um convívio maior no acompanhamento das atividades sociais.

Entretanto, para que esse grau menor de formalidades se concretize, é necessário que os sócios estabeleçam no contrato social o proce-

---

[255] Art. 1.072 (...). § 5º As deliberações tomadas de conformidade com a lei e o contrato vinculam todos os sócios, ainda que ausentes ou dissidentes.

[256] Art. 1.071. Dependem da deliberação dos sócios, além de outras matérias indicadas na lei ou no contrato: I – a aprovação das contas da administração; II – a designação dos administradores, quando feita em ato separado; III – a destituição dos administradores; IV – o modo de sua remuneração, quando não estabelecido no contrato; V – a modificação do contrato social; VI – a incorporação, a fusão e a dissolução da sociedade, ou a cessação do estado de liquidação; VII – a nomeação e destituição dos liquidantes e o julgamento das suas contas; VIII – o pedido de concordata.

[257] Sobre o tema, vide VERÇOSA, Haroldo Malheiros Duclerc. *Curso de direito comercial*. Vol. 2. Teoria Geral das Sociedades. As Sociedades em Espécie do Código Civil. 2. ed. São Paulo: Malheiros, 2010, p. 188.

[258] Art. 1.072. (...) § 1º A deliberação em assembléia será obrigatória se o número dos sócios for superior a dez.

[259] VERÇOSA, op. cit., p. 548.

dimento para a realização da reunião de sócios, especificando regras de convocação, instalação e demais pontos de interesse relativos ao ato societário em questão. Na falta dessa regulamentação, serão aplicadas às reuniões de sócios as regras atinentes às assembleias, conforme previsão do § 6º do artigo 1.072 do Código Civil,[260] as quais são fixadas pela lei.

Em vista disso, é importante ainda destacar que as disposições do § 3º do artigo 1.072 do Código Civil[261] estabelecem que a reunião ou assembleia tornam-se dispensáveis quando a totalidade dos sócios decidir, por escrito, sobre as matérias que seriam pautadas no conclave. Essa possibilidade está presente em todos os casos em que a lei não traz requisitos complementares que impliquem a necessidade de realização do conclave para que a deliberação possa ser tomada, havendo controvérsia quanto à aplicabilidade de tal regra em relação a deliberações que são de interesses da coletividade externa à sociedade, como no caso dos credores.[262]

Contudo, especificamente à exclusão extrajudicial de sócio, conforme adiante será abordado, o entendimento lógico é no sentido da inaplicabilidade da dispensa de realização da assembleia/reunião,[263] tendo em vista que os requisitos previstos no artigo 1.085 do Código Civil exigem a realização do conclave societário para que o sócio possa exercer, no mínimo, seu direito de defesa.[264]

---

[260] Art. 1.072. (...) § 6º. Aplica-se às reuniões dos sócios, nos casos omissos no contrato, o disposto na presente Seção sobre a assembléia.

[261] Art. 1.072. (...) § 3º. A reunião ou a assembléia tornam-se dispensáveis quando todos os sócios decidirem, por escrito, sobre a matéria que seria objeto delas.

[262] Modesto Carvalhosa traz o entendimento de que a regra do § 3º do artigo 1.072 do Código Civil não pode ser aplicada no que diz respeito às deliberações que serão tomadas em assembleias que transcendem o interesse dos sócios, sendo relevante suas deliberações para a coletividade e credores, por exemplo, sendo o que ocorre com as matérias previstas no artigo 1.078 do Código Civil, que trata da análise das contas da administração, remuneração dos administradores e destinação dos resultados da sociedade. Tal entendimento encontra discordância em Haroldo Verçosa, para quem, o mais importante no caso não é a forma da deliberação, mas sim o conteúdo da deliberação tomada, se realizado de acordo com os preceitos legais atinentes a tal tipo de deliberação. Sobre tais posições, vide: CARVALHOSA, Modesto. *Comentários ao Código Civil*: Parte Especial: do Direito de Empresa (artigos 1.052 a 1.195), vol. 13. Antônio Junqueira de Azevedo (coord.). São Paulo: Saraiva, 2003, p. 194. e VERÇOSA, Haroldo Malheiros Duclerc. *Curso de direito comercial*. Vol. 2. Teoria Geral das Sociedades. As Sociedades em Espécie do Código Civil. 2. ed. São Paulo: Malheiros, 2010, p. 516-517.

[263] O conclave é necessário e não pode ser substituído: ADAMEK, Marcelo Vieira von. Anotações sobre a exclusão de sócios por falta grave no regime do Código Civil. In: *Temas de direito societário e empresarial contemporâneos*: Liber Amicorum Prof. Dr. Erasmo Valladão Azevedo e Novaes França. São Paulo: Malheiros, 2011, p, 200. GONÇALVES NETO, Alfredo de Assis. *Lições de direito societário à luz do Código Civil de 2002*. 2. ed. rev. e atual. São Paulo: Juarez de Oliveira, 2004, p. 300. E ainda, GONÇALVES NETO, Alfredo de Assis. *Direito de empresa*: comentários aos artigos 966 a 1.195 do Código Civil. 2. ed. rev., atual. e ampl. São Paulo: RT, 2008, p. 416; ANDRADE FILHO, Edmar Oliveira. *Sociedade de responsabilidade limitada*: de acordo com o novo Código Civil. São Paulo: Quartier Latin, 2004, p. 221.

[264] Neste sentido: ADAMEK, op. cit., p. 200, entre outros.

Outrossim, no que tange a essas regras, é importante lembrar que a exclusão extrajudicial de sócio pressupõe uma retirada forçada, contra a vontade daquele que é afastado. Eventual deliberação consensual sobre a retirada de um sócio perde a característica de uma exclusão, passando a ser tratada como uma retirada consensual, o que não é objeto deste estudo.

Conforme depreende-se das questões apresentadas, embora as regras específicas sobre o tipo de conclave societário no qual será deliberada a exclusão extrajudicial de sócio não constem no dispositivo legal que regulamenta o tema, fica nítida a necessidade de observância daquelas para que se possa preencher os requisitos para tal deliberação. Feita essa primeira observação sobre os requisitos prévios à realização do conclave societário, passa-se à análise do requisito relacionado à convocação do ato.

3.2.2. Da competência para a convocação do conclave societário

A convocação de uma assembleia ou reunião de sócios é ponto central para a realização de tais atos, tendo em vista que qualquer vício formal relacionado ao ato convocatório terá por consequência estender a invalidade às deliberações tomadas no conclave.[265]

Quanto a esse aspecto, o primeiro ponto a ser abordado diz respeito à competência para a convocação da assembleia ou reunião de sócios. Conforme previsão do *caput* do artigo 1.072 do Código Civil,[266] a competência originária para a convocação de tais atos é dos administradores da sociedade.

Na análise da questão, deve ser considerado que o artigo 1.073 do Código Civil[267] versa sobre a hipótese de atribuição de uma competência

---

[265] Cumpre destacar que o tema da nulidade ou anulabilidade das deliberações societárias traz uma ampla discussão doutrinária no âmbito do Direito Empresarial sobre os efeitos decorrentes do reconhecimento de uma ou outra espécie jurídica e sua relação com a teoria da nulidade dos atos jurídicos existente no Direito Civil. Sobre o tema, entre outros, vide: NOVAES FRANÇA. Erasmo Valladão Azevedo. *Invalidade das deliberações de assembléia das S.A.* São Paulo: Malheiros. 1999. PEREIRA, Luiz Fernando Casagrande. *Medidas urgentes no direito societário.* São Paulo: RT, 2002. BULGARELLI, Waldírio. Anulação de assembleia geral de sociedade anônima. In: *Revista dos Tribunais.* São Paulo, v. 514, 1978, p. 63.

[266] Art. 1.072. As deliberações dos sócios, obedecido o disposto no art. 1.010, serão tomadas em reunião ou em assembléia, conforme previsto no contrato social, devendo ser convocadas pelos administradores nos casos previstos em lei ou no contrato.

[267] Art. 1.073. A reunião ou a assembléia podem também ser convocadas: I – por sócio, quando os administradores retardarem a convocação, por mais de sessenta dias, nos casos previstos em lei ou no contrato, ou por titulares de mais de um quinto do capital, quando não atendido, no prazo de oito dias, pedido de convocação fundamentado, com indicação das matérias a serem tratadas; II – pelo conselho fiscal, se houver, nos casos a que se refere o inciso V do art. 1.069.

derivada para a convocação dos conclaves, atribuída ao conselho fiscal e aos sócios, quando os administradores não atenderem à necessidade de realização dos conclaves específicos previstos na lei ou no contrato social, e ainda quando o sócio detentor de mais de um quinto do capital social não tiver atendido, no prazo de oito dias, pedido de convocação fundamentado, com a indicação das matérias a serem tratadas.

Especificamente quanto à exclusão de sócios, a competência para a convocação da assembleia segue a mesma regra apresentada, podendo ser configurada a tese da competência subsidiária, por exemplo, na hipótese de o sócio a ser excluído ser o administrador responsável pela convocação do ato. Nesse caso, caberá aos demais administradores, e, na falta desses, aos sócios, a convocação do ato, tendo em vista uma série de requisitos que devem ser preenchidos para a deliberação válida de tal ato, conforme adiante será abordado.

3.2.3. Da exigência de que os conclaves que deliberarão sobre a exclusão extrajudicial de sócio sejam "especialmente convocados para tal fim"

A exigência lançada no artigo 1.085 do Código Civil de que o conclave societário que deliberará sobre a exclusão extrajudicial de sócio seja *"convocada especialmente para tal fim"* resultou em posicionamento antagônico na doutrina que estuda a matéria.

Alguns doutrinadores entendem que essa exigência tem significado equivalente à obrigatoriedade de realização de um conclave societário no qual somente a exclusão do sócio possa ser discutida e deliberada.[268] Outros, por sua vez, trazem um entendimento mais flexível quanto a esse ponto, defendendo a possibilidade de que o conclave social possa ter em sua pauta outras matérias a serem apreciadas no ato, possuindo a referência à *"convocação específica"*, constante do parágrafo único do

---

[268] Neste sentido, vide a seguinte manifestação de Edmar Oliveira Andrade Filho: "Portanto, a formação da vontade do grupo de sócios só será válida se houver a convocação do conclave por alguém dotado de poderes para tanto e que da 'ordem do dia' conste apenas e tão-somente a matéria relativa à exclusão do sócio determinado e devidamente identificado". ANDRADE FILHO, Edmar Oliveira. *Sociedade de responsabilidade limitada*: de acordo com o novo Código Civil. São Paulo: Quartier Latin, 2004, p. 221. No mesmo sentido: "Ao se referir a conclave especialmente convocado para o fim da exclusão, o parágrafo único do artigo 1.085 também determina que a ordem do dia da respectiva assembléia ou reunião não pode conter matérias estranhas à própria questão da expulsão do sócio. Devido à relevância de tal questão, o legislador optou por não permitir que outros argumentos e problemas disputassem a atenção dos sócios. A ordem do dia do conclave de exclusão deve tratar exclusivamente da expulsão do excluendo e de questões a ela diretamente relacionadas, tais como a destituição do cargo de administração do sócio, em caso de efetiva exclusão". VIO, Daniel de Avila. *A exclusão de sócios na sociedade limitada de acordo com o Código Civil de 2002*, 2008. 230 f. Dissertação (mestrado) – Universidade de São Paulo. Faculdade de Direito. Programa de Pós-Graduação em Direito. São Paulo, BR-SP, 2008, p. 173.

artigo 1.085 do Código Civil, o significado de que a matéria necessariamente deve constar na ordem do dia do conclave.[269]

Das duas posições anteriormente indicadas, entende-se ser a mais adequada a segunda, que não retira da interpretação do parágrafo único do artigo 1.085 do Código Civil o entendimento de que o conclave societário que tratar sobre a exclusão de sócio deva ser "monotemático".

Esse entendimento tem por fundamento inicial o fato de que, em uma interpretação sistemática do Código Civil, não há qualquer exigência que resulte na necessidade de se realizar um conclave no qual não possam ser discutidas outras matérias de interesse ou exigência da sociedade. Destaca-se que as matérias constantes na ordem do dia são objeto de deliberação independentes entre si, e não se verifica qualquer impedimento para que o conclave aborde mais de um tema, se assim os responsáveis pela convocação, ou a sociedade, entenderem necessário.

Aceitar a posição de que o artigo 1.085 do Código Civil exige a realização de um conclave monotemático para a exclusão de sócio corresponde a impor à sociedade um ônus que não lhe é imputado pela Lei. Nesse sentido, imagine-se que uma sociedade hipotética possua necessidade de deliberar sobre a exclusão de determinado sócio e sobre outros assuntos essenciais a suas atividades. Acolhendo-se o entendimento de que o conclave de exclusão de sócio deva ser monotemático, passa-se a exigir da sociedade a realização de duas assembleias para que todos os pontos necessários possam ser deliberados, incorrendo injustificadamente nos ônus e custos decorrentes de tais atos.

Há que se ter em vista que a assembleia ou reunião de sócios é um órgão integrante do regime de organização interna da sociedade, com função deliberativa e de verificação da legalidade e legitimidade dos atos da administração.[270] Uma vez convocado, o conclave social tem competência para discutir e deliberar sobre qualquer das matérias que a lei a ele atribua ou que seja de interesse da sociedade e constante da ordem do dia. Não há na lei nenhum dispositivo que exija a convocação de tal órgão a fim de que seja formada a vontade da sociedade sobre um único assunto de interesse dessa.

Não se pode subjugar um dos principais órgãos da sociedade a uma interpretação do parágrafo único do artigo 1.085 do Código Civil que não considera a dinâmica da vida empresarial, com a necessidade

---

[269] VERÇOSA, Haroldo Malheiros Duclerc. *Curso de direito comercial*. Vol. 2. Teoria Geral das Sociedades. As Sociedades em Espécie do Código Civil. 2. ed. São Paulo: Malheiros, 2010, p. 558. SPINELLI, Luis Felipe. *A exclusão de sócio por falta grave na sociedade limitada*. São Paulo: Quartier Latin, 2014, p. 342.

[270] CARVALHOSA, Modesto. *Comentários ao Código Civil*: Parte Especial: do Direito de Empresa (artigos 1.052 a 1.195), vol. 13. (Coord. Antônio Junqueira de Azevedo). São Paulo: Saraiva, 2003, p. 195.

de manifestações céleres da vontade social mediante a observância de um método menos gravoso para a tomada de uma decisão. Não se pode esquecer ainda que, mesmo sendo a exclusão de um sócio uma deliberação importante e delicada, não perde ela a natureza de deliberação, devendo ser apreciada – observadas as exigências para tanto – da mesma forma como ocorre em relação às demais matérias previstas no artigo 1.071 do Código Civil.

Assim, entende-se que a melhor interpretação ao trecho do artigo 1.085 do Código Civil que exige que o conclave seja *"convocado especialmente para tal fim"* é aquela que não retira de tal expressão a obrigatoriedade de um conclave monotemático, mas sim um conclave que tenha a convocação específica dos sócios para deliberar sobre a exclusão de um de seus pares. Em outras palavras, entende-se que o parágrafo único do artigo 1.085 do Código Civil tem por objetivo reforçar o comando disposto no inciso III do artigo 1.078 do mesmo diploma legal,[271] a fim de que a exclusão de sócio seja tema constante na ordem do dia, de forma clara e expressa, para que os sócios não sejam surpreendidos no conclave[272] com a abordagem de uma deliberação tão importante mediante, por exemplo, a chamada dos mesmos para discutir questões genéricas e imprecisas sob a rubrica de *"temas de interesse da sociedade"*.[273]

---

[271] Art. 1.078. A assembleia dos sócios deve realizar-se ao menos uma vez por ano, nos quatro meses seguintes ao término do exercício social, com o objetivo de: (...) III – tratar de qualquer outro assunto constante da ordem do dia.

[272] SOCIEDADE DE RESPONSABILIDADE LIMITADA. CONVOCAÇÃO DE ASSEMBLÉIA GERAL EXTRAORDINÁRIA. CONDUTA DO SÓCIO. CLÁUSULA CONTRATUAL PREVENDO A POSSIBILIDADE DE EXCLUSÃO DE SÓCIO POR CONDUTA GRAVE. ART. 1.085 DO CC. RECURSO DESPROVIDO. A convocação de Assembléia Geral Extraordinária para deliberar a respeito de procedimento a ser adotado em relação ao sócio não precisa ser exclusiva. No caso concreto a AGE convocada não indica que será, nesta oportunidade, excluído do quadro societário, sem imputação de falta grave ou em detrimento do exercício do direito de defesa. (BRASIL. Tribunal de Justiça do Paraná. Agravo de Instrumento 477685-0. 17ª Câmara Cível. Relator: Des. Lauri Caetano da Silva. Julgado em: 30 de abril de 2008). A doutrina frequentemente indica esta decisão como referência ao afastamento do entendimento de que o conclave não precisa ser monotemático. Entretanto, da análise do inteiro teor da decisão é possível constatar que a manifestação consta apenas na ementa, tendo a discussão sido superada por conta da abordagem de outros pontos na corpo do acórdão. Fazendo referência a essa decisão, entre outros, vide: ADAMEK, Marcelo Vieira von. Anotações sobre a exclusão de sócios por falta grave no regime do Código Civil. In: *Temas de direito societário e empresarial contemporâneos*: Liber Amicorum Prof. Dr. Erasmo Valladão Azevedo e Novaes França. São Paulo: Malheiros, 2011, p. 199, nota de rodapé n. 33; e ainda SPINELLI, Luis Felipe. *A exclusão de sócio por falta grave na sociedade limitada*. São Paulo: Quartier Latin, 2014, p. 342.

[273] Ao tratar dos requisitos para a realização de um conclave societário para fins de análise de abuso por parte da maioria e da minoria, Marcela Adamek traz a seguinte manifestação sobre o objeto específico desta nota: "Em terceiro lugar, o legislador determinou que a assembleia geral, de regra, apenas pode deliberar sobre os temas constantes da ordem do dia. A regra vale inclusive para assembleias e reuniões totalitárias – isto é, conclaves que, mesmo na ausência de convocação regular, vêm a se instalar diante da presença de todos os sócios, com e sem direito de voto, na reunião (LSA, art. 124, § 4º; e CC, art. 1.072, § 2º, 1ª parte) – hipóteses em que, ainda assim, os sócios só podem deliberar acerca de temas constantes da ordem do dia, até porque absurdo seria que, espontaneamente comparecendo ao conclave, estivesse o sócio sujeito a qualquer deliberação que nele viesse a ser tomada, pouco importando a sua gravidade. Na realidade, a exigência de prefixação dos temas

Destaca-se, nesse aspecto, que a filiação à posição supradescrita não ignora que um conclave convocado para deliberar sobre a exclusão de sócio é, na maioria das vezes, uma situação conturbada, na qual os ânimos dos sócios podem estar exaltados diante de um possível clima de animosidade. Esse é um dos pontos utilizados para a justificação de posicionamento por aqueles que entendem que o conclave deva ser monotemático. Entretanto, entende-se que nem mesmo tais argumentos são suficientes para criar uma exigência que não está expressa na lei. Cabe ao presidente e secretário dos conclaves promover a condução dos trabalhos a fim de manter a urbanidade e a ordem no ato societário. O fato de uma decisão ser delicada não impede que outras questões sejam discutidas, antes ou depois, daquela mais turbulenta, se assim for o entendimento ou a necessidade dos envolvidos.[274]

3.2.4. Da exigência de ser dada "ciência do acusado em tempo hábil para permitir seu comparecimento e o exercício do direito de defesa"

Apresentada a discussão existente sobre a necessidade de a exclusão de sócio estar expressamente disposta na ordem do dia do conclave convocado, passa-se à análise da exigência de que seja dada ciência ao acusado da realização daquele ato, em tempo hábil para permitir seu comparecimento e o exercício do direito de defesa.

---

na ordem do dia é imperativo lógico-necessário do princípio majoritário (CC, art. 1.072, § 5º), eis que seria sumamente injusto e incompreensível que, deixando de comparecer ao conclave, pudesse o ausente ficar sujeito aos efeitos de deliberação sobre temas estranhos àqueles para os quais se o convocou. Da regra, pois, como já dizia J.X. Carvalho de Mendonça, 'sobre matéria não contemplada na ordem do dia, pode-se discutir, nunca, porém, deliberar'. O princípio em comento sujeita-se a algumas exceções, mas ainda elas têm os seus limites. Com efeito, a assembleia geral pode, por exemplo, deliberar destituir o seu administrador e nomear o substituto, ou aprovar a propositura de ação de responsabilidade civil contra titular de órgão, ainda quando tais matérias não integrem autonomamente a ordem do dia. Mas, para que tal possa validamente ocorrer, exige-se que tais temas tenham relação temática de pertinência direta com algum outro tema constante da ordem do dia ou, então, que a lei expressamente disponha a propósito de sua admissibilidade. Denota-se, assim, que, mesmo aqui, não descurou o legislador em tutelar a posição dos sócios, tanto da maioria como da minoria. De nada vale, por isso mesmo, incluir na ordem do dia o item geral sobre 'outros assuntos de interesse da sociedade'. Semelhante item mais não autoriza do que a discussão sobre outros pontos de interesse da sociedade, algo que, independentemente daquele item geral, a rigor, sempre pode existir, mas sem que daí possa resultar deliberação válida". (ADAMEK, Marcelo Vieira von. *Abuso de minoria em direito societário*. São Paulo: Malheiros, 2014, p. 187-188).

[274] E sobre a composição dos elementos da ordem do dia em um conclave que contenha temas delicados, uma questão prática que deverá ser observada pelos responsáveis pela convocação é a ordem dos assuntos na própria convocação, devendo essa ser construída a partir dos interesses sociais sobre as matérias que serão deliberadas, a fim de assegurar a efetividade daqueles que possuem uma deliberação mais simples. Não se pode esquecer que todos os temas do conclave farão parte da mesma ata, o objetivo aqui é assegurar a deliberação de temas cujo processo de deliberação é mais simples para que posteriormente os sócios possam utilizar o tempo necessário para a deliberação dos assuntos mais delicados.

Conforme já manifestado no tópico anterior, a função da convocação e da ordem do dia de um conclave social é permitir a ciência de todos os sócios e demais pessoas eventualmente envolvidas da realização do conclave societário[275] acerca da data, horário, local e das matérias que serão postas à análise, discussão e deliberação no referido ato.

Tendo em vista a importância da deliberação sobre a exclusão de sócio, o artigo 1.085 do Código Civil estabeleceu, na parte final do seu parágrafo único, uma exigência complementar que não se apresenta em nenhuma outra matéria que se possa inserir na ordem do dia de um conclave em uma sociedade limitada: a ciência do sócio cuja exclusão será deliberada, devendo tal cientificação se dar em tempo hábil para permitir seu comparecimento no ato e o exercício do direito de defesa.[276]

Diante de tal exigência, o legislador passou a imputar à sociedade a obrigação de promover, além da convocação dos demais sócios (na forma prevista no contrato social para as reuniões de sócios ou através do procedimento previsto no artigo 1.152, § 3º, do Código Civil, no caso de silêncio do contrato social ou de assembleia), a ciência do sócio sobre a proposta de deliberação de sua exclusão, em tempo hábil para que possa exercer seu direito de defesa.

No que diz respeito à exigência de ser dada "ciência do acusado", conforme previsão do parágrafo único do artigo 1.085 do Código Civil, destaca-se o entendimento da doutrina de que essa deve ocorrer através de intimação pessoal do referido sócio, não se prestando para o atendimento desse requisito a publicação de editais na forma do § 3º do artigo 1.152[277] do mesmo diploma legal.[278]

---

[275] Hipótese aplicável a Conselheiros Fiscais e de Administração e, eventualmente, a integrantes de empresa de auditoria independente.

[276] ADAMEK, Marcelo Vieira von. Anotações sobre a exclusão de sócios por falta grave no regime do Código Civil. In: *Temas de direito societário e empresarial contemporâneos*: Liber Amicorum Prof. Dr. Erasmo Valladão Azevedo e Novaes França. São Paulo: Malheiros, 2011, p. 200-201; e ainda SPINELLI, Luis Felipe. *A exclusão de sócio por falta grave na sociedade limitada*. São Paulo: Quartier Latin, 2014, p. 335-336. LUCENA, José Waldecy. *Das sociedades limitadas*. 6. ed. atualizada em face do novo Código Civil, com formulário. Rio de Janeiro: Renovar, 2005, p. 748.

[277] Art. 1.152. Cabe ao órgão incumbido do registro verificar a regularidade das publicações determinadas em lei, de acordo com o disposto nos parágrafos deste artigo. § 1º. Salvo exceção expressa, as publicações ordenadas neste Livro serão feitas no órgão oficial da União ou do Estado, conforme o local da sede do empresário ou da sociedade, e em jornal de grande circulação. § 2º. As publicações das sociedades estrangeiras serão feitas nos órgãos oficiais da União e do Estado onde tiverem sucursais, filiais ou agências. § 3º. O anúncio de convocação da assembléia de sócios será publicado por três vezes, ao menos, devendo mediar, entre a data da primeira inserção e a da realização da assembléia, o prazo mínimo de oito dias, para a primeira convocação, e de cinco dias, para as posteriores.

[278] Neste sentido vide: ZANETTI, Robson. *Manual da sociedade limitada*. 3. ed. (1ª reimpressão). Curitiba: Juruá, 2012, p. 264; TOKARS, Fábio. *Sociedades limitadas*. São Paulo: LTr, 2007, p. 373; VERÇOSA, Haroldo Malheiros Duclerc. *Curso de direito comercial*. Vol. 2. Teoria Geral das Sociedades. As Sociedades em Espécie do Código Civil. 2. ed. São Paulo: Malheiros, 2010, p. 558.

A notificação pessoal do sócio cuja exclusão será deliberada em conclave social pode vir a se tornar um problema para a sociedade caso o referido sócio não seja encontrado, ou ainda venha a utilizar-se de subterfúgios para evitar tal notificação, hipótese essa que, com frequência, ocorre em situações de litígio societário.

Prevendo tal dificuldade, Marcelo Adamek assevera que a notificação de forma pessoal deve ser a regra, contudo, cabe excepcioná-la quando o fundamento da exclusão estiver vinculado ao desaparecimento do sócio, como ocorre, por exemplo, no caso de violação do dever de colaboração por conta do desaparecimento daquele. Nessas hipóteses enfatiza o referido autor: *"deve-se adaptar às exigências formais às particularidades do caso em concreto e àquilo que razoavelmente se pode exigir dos demais sócios"*.[279]

Entende-se que tal posicionamento não deva ser aplicado somente nos casos em que a deliberação de exclusão de sócio esteja vinculada ao desaparecimento do sócio, mas em todos os casos em que sua localização apresente-se dificultada, comprovadamente.

Contudo, o contraponto a esse posicionamento está assentado na doutrina de Modesto Carvalhosa,[280] o qual entende existir a necessidade de notificação pessoal do sócio cuja exclusão será analisada em conclave societário, consignando o referido autor que a cientificação deve ser feita por escrito, mediante comprovação de recebimento, devendo a mesma, ainda, ser apresentada ao presidente da reunião ou da assembleia de quotistas para que a deliberação possa ser tomada de forma válida. Observa o referido doutrinador que a análise do ponto de pauta somente pode ser permitida pelo presidente do conclave se houver a comprovação do cumprimento dos requisitos apresentados.

Em que pese a divergência apontada, a qual será retomada adiante, o avanço deste estudo requer sejam abordadas questões específicas quanto à forma de convocação e cientificação dos sócios relativamente à realização do conclave que deliberará sobre a exclusão de um deles. A primeira dessas questões diz respeito ao prazo para a realização da notificação pessoal do sócio. A segunda, ao conteúdo da convocação e cientificação dos sócios para que seja garantido o exercício do direito de defesa.

Como forma de organização da análise que se pretende realizar, passa-se a abordar tais questões nos subitens que seguem.

---

[279] ADAMEK, Marcelo Vieira von. Anotações sobre a exclusão de sócios por falta grave no regime do Código Civil. In: *Temas de direito societário e empresarial contemporâneos*: Liber Amicorum Prof. Dr. Erasmo Valladão Azevedo e Novaes França. São Paulo: Malheiros, 2011, p. 201, nota 37.

[280] CARVALHOSA, Modesto. *Comentários ao Código Civil*: Parte Especial: do Direito de Empresa (artigos 1.052 a 1.195), vol. 13. (Coord. Antônio Junqueira de Azevedo). São Paulo: Saraiva, 2003, p. 316.

3.2.4.1. Do prazo mínimo para que ocorra a ciência do sócio cuja exclusão será deliberada em conclave societário – da garantia de comparecimento e do exercício do direito de defesa

Da análise do artigo 1.085 do Código Civil, verifica-se que não houve a fixação de uma regra estabelecendo o prazo mínimo para que haja a intimação do sócio cuja exclusão será tema de apreciação no conclave social.

Diante de tal circunstância, o entendimento da doutrina[281] é no sentido de que deve ser aplicável ao caso as disposições gerais previstas no próprio ordenamento sobre o tema. Ou seja, a intimação em questão deve ocorrer com, no mínimo, 08 (oito) dias de antecedência do ato societário, em primeira convocação, e em 05 (cinco) dias, em segunda convocação, levando em consideração as especificações previstas no § 3º do artigo 1.152 do Código Civil[282] sobre a contagem de tal prazo.

Há que se ter em mente que, em relação à reunião de sócios, tal regra somente será aplicável no caso de silêncio do contrato social quanto ao prazo de convocação daquele conclave. Havendo prazo diferente estabelecido para a convocação da reunião de sócios, a notificação pessoal do sócio cuja exclusão será deliberada deverá obedecer o prazo mínimo previsto para a primeira e segunda convocação do conclave.

Dessa forma, havendo a convocação de um conclave, e esse não podendo ser instalado por conta de falta de quórum para tanto,[283] na segunda convocação, deverá ser renovada a notificação do sócio a ser excluído.

No entanto, acerca desse fato, o parágrafo único do artigo 1.085 do Código Civil traz uma segunda especificação quanto ao prazo de notificação que não pode ser ignorada pelo operador do direito. Trata-se do complemento relacionado ao direito de defesa. Exige o referido dispositivo legal que o sócio cuja exclusão será deliberada no conclave seja cientificado em tempo hábil para permitir seu comparecimento "e o exercício do direito de defesa". Para que o sócio possa exercer o direito

---

[281] ADAMEK, Marcelo Vieira von. Anotações sobre a exclusão de sócios por falta grave no regime do Código Civil. In: *Temas de direito societário e empresarial contemporâneos*: Liber Amicorum Prof. Dr. Erasmo Valladão Azevedo e Novaes França. São Paulo: Malheiros, 2011, p. 200.

[282] Art. 1.152. (...) § 3º. O anúncio de convocação da assembléia de sócios será publicado por três vezes, ao menos, devendo mediar, entre a data da primeira inserção e a da realização da assembléia, o prazo mínimo de oito dias, para a primeira convocação, e de cinco dias, para as posteriores.

[283] Destaca-se que os sócios podem estabelecer quórum superior àquele previsto no artigo 1.074 do Código Civil para instalação de um conclave em primeira convocação, sendo possível no ato a existência de quórum para a exclusão de sócio, mas não para a instalação do conclave. Essa hipótese gerará discussão que será retomada mais adiante, tendo em vista que alguns doutrinadores defendem que em tal hipótese seria possível realizar a exclusão do sócio mesmo diante da ausência do quórum de instalação da assembleia, hipótese com a qual se discorda.

de defesa, deve ser dado a ele prazo para que possa elaborar sua defesa, bem como ter acesso a documentos sociais necessários para tanto, se assim entender conveniente.[284]

O questionamento sobre qual seria o prazo para que fosse assegurado ao sócio em procedimento de exclusão a preparação adequada dos elementos que serão utilizados no exercício do direito de defesa não encontra um tratamento definitivo na doutrina,[285] sendo verificado que muitos autores deixam de analisar a questão quando da abordagem da matéria.

Entretanto, mesmo diante de tal dificuldade, entende-se que a solução ao questionamento sobre qual o prazo necessário para que o sócio prepare sua defesa deve seguir a mesma resposta apresentada pela lei quanto ao tempo necessário para a preparação do sócio para qualquer deliberação geral que venha a ser tomada em um conclave.[286]

A regra geral relativa ao tempo necessário à preparação do sócio para a discussão e deliberação dos temas que serão analisados em um conclave societário está prevista no artigo 1.152 do Código Civil ao estabelecer o prazo previsto para a convocação do conclave. Ou seja, ao fixar em 08 (oito) dias o prazo mínimo para a convocação de uma assembleia de quotistas, em verdade, fixou o § 3º do referido dispositivo que tal prazo é adequado à preparação do sócio para a participação do ato.

Observe-se, ainda, que tal prazo pode ser modificado, caso o contrato social estabeleça um prazo maior para convocação dos sócios a reunirem-se em um conclave social ou se houver expressa previsão quanto ao prazo para cientificação do sócio no caso de exclusão de sócios. Caso tais previsões não estejam expressas no contrato social, deve ser concedido ao sócio cuja exclusão será analisada o mesmo prazo que é concedido para que os demais sócios se preparem para apreciar a matéria.

Essa conclusão encontra respaldo, também, em uma interpretação sistemática da lei.[287] No caso, não se pode ignorar que o legislador, quan-

---

[284] SPINELLI, Luis Felipe. *A exclusão de sócio por falta grave na sociedade limitada*. São Paulo: Quartier Latin, 2014, p. 342.

[285] Haroldo Verçosa apresenta manifestação imprecisa e inconclusiva sobre qual é o prazo mínimo da intimação para que o sócio possa apresentar sua defesa, consignando que "a lei não estipula qual seja o *tempo hábil* da comunicação vertente, entendendo-se que seja suficiente para permitir ao sócio acusado a manifestação eficaz de sua defesa, sob pena de quebra do devido processo legal". VERÇOSA, Haroldo Malheiros Duclerc. *Curso de Direito Comercial*. Vol. 2. Teoria Geral das Sociedades. As Sociedades em Espécie do Código Civil. 2. ed. São Paulo: Malheiros, 2010, p. 558.

[286] Neste mesmo sentido, vide PENTEADO, Mauro Rodrigues. Dissolução Parcial da Sociedade Limitada (Da Resolução da Sociedade em Relação a um Sócio e do Sócio em Relação à Sociedade). In: RODRIGUES, Frederico Viana (Coord.). *Direito de empresa no novo Código Civil*. Rio de Janeiro: Forense, 2004, p. 280.

[287] A interpretação sistemática é um argumento hermenêutico no qual o interprete busca a atribuição de significado a uma disposição por conta de sua relação com o sistema jurídico, seja ele

do entendeu conveniente excetuar a regra geral e estabelecer um prazo diferenciado para a preparação dos sócios antes da tomada de uma deliberação, assim o fez expressamente. Essa hipótese de fixação de um prazo diverso de preparação do quotista para a tomada de uma deliberação, em sentido contrário à regra geral, é verificada no § 1º do artigo 1.078 do Código Civil,[288] que estatui que as demonstrações financeiras e demais documentos da administração deverão ser colocados à disposição dos sócios com 30 (trinta) dias de antecedência da realização do conclave que apreciará tais questões.

Como não houve a fixação de nenhum prazo excepcional quanto à convocação do conclave no parágrafo único do artigo 1.085 do Código Civil, entende-se que o prazo de "preparação da defesa" do sócio em processo de exclusão deve ser o mesmo previsto para a preparação dos demais sócios para a participação do conclave, o qual estará expresso no contrato social ou lei.

Com a fixação de tal elemento, busca-se afastar o entendimento expresso por Haroldo Verçosa[289] e Marcelo Adamek,[290] que anuem com a possibilidade de se estender o prazo de "preparação da defesa" diante das peculiaridades do caso em concreto e da complexidade das imputações feitas ao sócio. Entende-se que tal dilação de prazo pode ocorrer por liberalidade da sociedade no momento da convocação do conclave; contudo, não há uma obrigatoriedade dessa dilação de prazo. Se a lei

---

considerado como um todo, seja em relação aos subsistemas desse todo. Nesse sentido, destaca-se a manifestação de Guastini no sentido de que qualquer ordenamento jurídico, para ser tal e não uma mera soma de regras, decisões e provimentos esparsos e ocasionais, deve exprimir uma intrínseca coerência, ou seja, deve ser reconduzível a princípios e valores substancialmente unitários, e ter consistência lógica (*consistency*), o que estaria expresso na ausência de antinomias, conflitos e incompatibilidades entre normas. Destaca, ainda, Guastini que a coesão axiológica (*coherence*) exige que toda norma, pertencente ao ordenamento seja reconduzida, do ponto de vista axiológico, a um único princípio e a uma única constelação harmoniosa de princípios (ou valores) entre eles coerentes. Sobre o tema vide GUASTINI, Riccardo. Trad. Miguel Carbonell, Marina Gascón. *Estudios sobre la interpretación jurídica*. Cidade do México: Universidad Nacional Autônoma de México. 1999. p. 47 e seguintes; e ainda GUASTINI, Riccardo. *Interpretare e argomentare*. Milano: Giuffrè, 2011. p. 292.

[288] Art. 1.078. (...) § 1º. Até trinta dias antes da data marcada para a assembléia, os documentos referidos no inciso I deste artigo devem ser postos, por escrito, e com a prova do respectivo recebimento, à disposição dos sócios que não exerçam a administração.

[289] VERÇOSA, Haroldo Malheiros Duclerc. *Curso de Direito Comercial*. Vol. 2. Teoria Geral das Sociedades. As Sociedades em Espécie do Código Civil. 2. ed. São Paulo: Malheiros, 2010, p. 558-559.

[290] Marcelo von Adamek, ao abordar o tema, consigna que: "De maneira geral, portanto, os prazos a serem observados na convocação da assembleia ou reunião são aqueles previstos no art. 1.152, § 3º, do Código Civil, mas admitimos que *excepcionalmente*, diante das particularidades do caso concreto e da complexidade das imputações feitas, possa haver a necessidade de assegurar, ao menos ao excluendo, prazo mais dilatado, de modo a possibilitar tenha ele condições não só de comparecer ao ato, mas também de escorreitamente (preparar-se para, no ato, poder) exercer plenamente seu direito de defesa, opondo-se às imputações". (ADAMEK, Marcelo Vieira von. Anotações sobre a exclusão de sócios por falta grave no regime do Código Civil. In: *Temas de direito societário e empresarial contemporâneos*: Liber Amicorum Prof. Dr. Erasmo Valladão Azevedo e Novaes França. São Paulo: Malheiros, 2011, p. 200).

não estabeleceu essa possibilidade – imprecisa e insegura –, não cabe ao intérprete buscar abstrair do texto legal normas que violam a sistematicidade do tratamento da questão.

Não se ignora, todavia, que toda decisão de exclusão de um sócio é um ato complexo e extremamente relevante, atingindo o âmago do contrato de sociedade, afastando da relação contratual o sócio que der justa causa para tanto. Contudo, admitir que o prazo de preparação do sócio para o conclave que abordará sua exclusão possa ser modificado de acordo com a complexidade da situação retira do procedimento a segurança que dele precisa ser colhida, tanto pela sociedade, quanto pelo sócio que está em processo de exclusão, afinal, não sendo possível verificar previamente à realização do conclave societário qual o prazo mínimo para o cumprimento de um de seus requisitos, nenhum dos envolvidos terá condições de depositar confiança no cumprimento dos mesmos, retirando a efetividade da ferramenta jurídica.

Nesse sentido, cabe destacar que a falta de adoção de um critério expresso pela lei tem por consequência permitir a ocorrência de decisões contraditórias na jurisprudência. Especificamente sobre o prazo mínimo para que se realize a cientificação do sócio em processo de exclusão, elencam-se aqui duas decisões, uma proferida pelo Tribunal de Justiça de São Paulo, cujo processo foi registrado sob n. 994.08.119794-8; e outra proferida pelo Tribunal de Justiça do Estado do Rio Grande do Sul, cujo processo foi registrado sob n. 70022332159.

A contradição entre essas decisões está representada no fato de que a primeira delas[291] entendeu que a lei não estabeleceu um prazo mínimo para a cientificação do sócio para fins de apresentação de defesa, deci-

---

[291] A decisão em tela possui a seguinte ementa: "AÇÃO ANULATÓRIA DE ALTERAÇÃO SOCIETÁRIA – Pleito ajuizado por sócio excluído sob o fundamento de irregularidade de convocação para a assembléia em que ocorreu a exclusão – Sentença de improcedência – Inconformismo do autor – Ato de convocação para a assembléia, entretanto, que se deu de forma plenamente regular – Manutenção da r. sentença por seus próprios fundamentos, à luz do artigo 252 do Regimento Interno deste Egrégio Tribunal de Justiça – Apelo improvido". Observe-se, ainda, que na fundamentação de tal decisão, o posicionamento do Tribunal de Justiça de São Paulo foi de que a lei não estipula um prazo mínimo para a cientificação da parte cuja deliberação será apreciada. Nesse sentido, cumpre transcrever o seguinte trecho do acórdão: "Os documentos juntados aos autos permitem concluir que houve regular notificação do autor para comparecimento à assembléia de quotistas, especialmente convocada para a deliberação acerca de sua exclusão do quadro societário. A reunião realizou-se em 12/09/2005 e o demandante dela foi notificado em 06/09/2005 (fl. 15). Em reforço, foi o autor também cientificado por edital (fl. 108) em 02/09/2005, e, ainda, por carta, que foi recebida em 09/09/2005 (fl. 107). Não há, pois, de se cogitar o descumprimento da determinação contida no artigo 1.085, parágrafo único, do Código Civil...". (fls. 203). Demais disso: "(...) considerando que o Código Civil não fixou prazo determinado de antecedência para a cientificação do sócio a ser excluído, nem estipulou prazo mínimo para tanto, bem como ou conferido ao autor para o preparo de sua defesa, até porque teve condições de constituir e consultar advogado, encaminhando, em resposta à convocação, notificação ao requerido já no dia 09/09/2005, nela apontando as razões jurídicas pelas quais entendia haver nulidade no procedimento (fls. 46/48)... (fls. 204)". (BRASIL. Tribunal de Justiça de São Paulo. Apelação 994.08.119794-8. 6ª Câmara Cível de Direito Privado. Relator: Des. Sebastião Carlos Garcia. Julgado em: 24 de fevereiro de 2011.)

dindo que a cientificação do sócio que está em processo de exclusão com antecedência de 06 (seis) dias do conclave não violava o direito de defesa, sendo tal prazo suficiente para a preparação dessa.

Em sentido diametralmente oposto está a outra decisão indicada. A segunda decisão analisou uma série de requisitos relacionados ao exercício do direito de defesa, entendendo que o lapso de apenas 06 (seis) dias não se mostra adequado para a apresentação do direito de defesa. Cabe destacar que essa decisão[292] levou em consideração outras situações específicas relacionadas ao exercício do direito de defesa, tal como a gravidade das acusações realizadas, a negativa de acesso a documentos para elaboração de defesa, e o pleito dos sócios na notificação de que seria "desejável" que a defesa fosse entregue, de forma escrita, com trinta horas de antecedência da assembleia.

Diante de tais circunstâncias, reitera-se o posicionamento já adiantado, no sentido de ser devida a cientificação do sócio com a observância, no mínimo, do prazo estabelecido no § 3º do artigo 1.152 do Código Civil, caso outro não tenha sido estipulado pelas partes contratualmente.

Assim, entende-se que essa deveria ter sido a regra incidente em ambos os casos, o que atribuiria uma maior segurança jurídica do procedimento societário em questão, por conta de sua previsibilidade pelas partes.

---

[292] A decisão referida tem em sua ementa o seguinte conteúdo: "AGRAVO INTERNO EM AGRAVO DE INSTRUMENTO. DISSOLUÇÃO E LIQUIDAÇÃO DE SOCIEDADE. EXCLUSÃO DE SÓCIO. ANTECIPAÇÃO DE TUTELA. Presentes os pressupostos do fundado receio de dano irreparável ou de difícil reparação e da verossimilhança da alegação, cabível a antecipação de tutela para suspender os efeitos de notificação que sustou os poderes de administração confiados ao agravado, assim como os efeitos da assembléia de cotistas que o excluiu dos quadros sociais. Situação em que, prima facie, não restou assegurado prazo razoável para preparação da defesa, em ofensa ao princípio estabelecido nos art. 5º, LV, da Constituição Federal e 1.085, parágrafo único, do CC/2002, havendo elementos a apontar para a nulidade da reunião dos sócios ora agravantes. RECURSO DESPROVIDO". Quanto aos fundamentos apresentados pelo Tribunal de Justiça do Estado do Rio Grande do Sul, cabe transcrever o seguinte trecho, que aborda especificamente os pontos destacados no texto da dissertação: "Com efeito, levando em conta as datas da "convocação e notificação", de 24.10.2007, e da reunião de cotistas, ocorrida em 31.10.2007, constato que o lapso de apenas 6 dias em princípio não se mostra adequado para que o requerente preparasse sua defesa. Mormente quando lhe é imputada a prática de atos pretensamente graves, capazes de romper a *affectio societatis*, como "tentativa de obter documento e anuência do sócio (...)com a finalidade de excluir o sócio (...) da sociedade, sem que existisse (...) fundamento para tanto" e "desídia na administração da sociedade consistente na falta de contratação de seguro para automóvel sinistrado" e "outros fatos graves que estão sendo apurados, como a autorização do pagamento de despesas sem vinculação com o interesse da sociedade" (fl. 52). Não se pode perder de vista, outrossim, a advertência, constante desse mesmo documento, no sentido de que seria "desejável", "se a defesa for escrita, que seja entregue aos demais sócios com antecedência mínima de 30 (trinta) horas da reunião para apreciação" (fl. 52), implicando redução do referido lapso para menos de 5 dias. Convém recordar, ademais, a alegação, confortada pelo documento de fl. 54, no sentido de que restou obstaculizado ao requerente o acesso aos documentos contábeis da pessoa jurídica.". (BRASIL. Tribunal de Justiça do Estado do Rio Grande do Sul. Agravo Interno 70022332159. Sexta Câmara Cível. Relator: Des. Ubirajara Mach de Oliveira. Julgado em: 14 de novembro de 2007.)

3.2.4.2. Do conteúdo da convocação e da cientificação de sócios a fim de assegurar o exercício do direito de defesa

A efetividade do direito de defesa, que deve ser assegurado ao sócio cuja exclusão extrajudicial será analisada em conclave societário, passa pela análise do conteúdo da convocação e da intimação que será encaminhada àquele.

Conforme referido anteriormente, o objetivo do procedimento previsto no parágrafo único do artigo 1.085 do Código Civil é assegurar ao sócio, em relação ao qual será deliberada a exclusão da sociedade, o exercício do direito de defesa.

Em vista disso, será abordada mais adiante neste estudo a conceituação do direito de defesa no âmbito do conclave societário e o seu exercício propriamente dito no decorrer dos trabalhos. No entanto, antes, é importante discutir a observância de tal direito no que diz respeito à convocação do conclave, pois a possibilidade do exercício da defesa somente estará assegurada caso o sócio cuja exclusão será deliberada possa ter conhecimento prévio e preciso de todos os fatos e fundamentos que resultaram na inserção da matéria na ordem do dia do conclave.

Somente com a observância de tais preceitos informativos, decorrentes da incidência do princípio da boa-fé na relação societária, é que estará o sócio em condições de apresentar suas manifestações em defesa de sua permanência na sociedade. A maior parte da doutrina societária apresenta esse mesmo entendimento, sendo ressaltado que não basta apenas dar ciência ao acusado acerca dos elementos formais da assembleia/reunião, como data, horário, pauta e ordem do dia. É necessário fornecer ao sócio cuja exclusão será deliberada os elementos para que ele possa compreender as razões e os fundamentos da deliberação que será posta a votação.[293]

Diante de tais requisitos, entende-se que não se alcançará o objetivo da lei caso a convocação e cientificação do sócio sejam genéricas, convocando-o para deliberar, por exemplo, sobre a exclusão de sócio por justa causa ou qualquer outra indicação genérica que lhe valha.[294] O

---

[293] ADAMEK, Marcelo Vieira von. Anotações sobre a exclusão de sócios por falta grave no regime do Código Civil. In: *Temas de direito societário e empresarial contemporâneos*: Liber Amicorum Prof. Dr. Erasmo Valladão Azevedo e Novaes França. São Paulo: Malheiros, 2011, p. 201. SPINELLI, Luis Felipe. *A exclusão de sócio por falta grave na sociedade limitada*. São Paulo: Quartier Latin, 2014, p. 342. NOVAES FRANÇA. Erasmo Valladão Azevedo. *Affectio Societatis*: um conceito jurídico superado no moderno direito societário pelo conceito de "fim social". In: *Temas de direito societário, falimentar e teoria da empresa*. São Paulo: Malheiros, 2009, p. 53-54, nota de rodapé n. 53.

[294] A convocação constitui mecanismo de possibilitação do direito de defesa do acusado, devendo ser especificados os fatos caracterizadores da justa causa, suficiente para o "pleno exercício do direito de defesa". TOKARS, Fábio. *Sociedades limitadas*. São Paulo: LTr, 2007, p. 372. Nesse sentido, cabe indicar a decisão proferida pelo TJMG em processo que tramitou sob n. 1.0145.05.219477-9/001, o

entendimento da doutrina é uníssono ao destacar que a convocação e a intimação devem fornecer ao sócio cuja exclusão será deliberada os elementos para o exercício do direito de defesa, os fatos que caracterizam a justa causa que fundamenta a medida pretendida.[295]

Contudo, o cumprimento de tal preceito precisa ser aplicado levando-se em consideração toda a relação jurídica que envolve a sociedade e os próprios sócios. Ou seja, não é lícito que, para fins de cumprimento da regra de especificação dos fatos que estão a embasar o pleito de exclusão extrajudicial de sócio, sejam causados danos ou violações de direitos aos envolvidos no procedimento.

Neste sentido, merece destaque a observação de Marcelo Adamek[296] sobre o risco e as consequências de se causar danos extrapatrimoniais ao sócio em procedimento de exclusão por conta da exposição indevida de sua imagem para terceiros, por exemplo, através de convocação destinada aos demais sócios da sociedade, publicada na imprensa, detalhando o conteúdo que justificaria a exclusão daquele. Tal fato poderia, inclusive, levar a sociedade a responder por injúria ou difamação, dependendo do caso.

Segundo o referido autor, essa seria uma das razões para justificar a disposição legal que, no entendimento do mesmo, exigiria uma convocação geral destinada a todos os sócios e uma específica destinada ao

---

qual traz a seguinte referência em sua ementa: "(...) Se a convocação da assembléia geral na sociedade empresarial para exclusão de sócios não especifica a finalidade, não tendo eles ciência em tempo hábil para nela se fazerem presentes, e exercitarem o direito de defesa, o ato torna-se irrito, procedendo a ação declaratória. Inteligência do parágrafo único do artigo 1.085 do Código Civil de 2002". Nos fundamentos da decisão proferida é possível observar a indicação dos seguintes fatos, os quais demonstram que não houve uma convocação específica para a deliberação de exclusão de sócio: "A convocação editalícia da Assembléia Geral foi vaga e imprecisa, limitando-se a convocar os sócios para 'apreciação e deliberação do Parecer n 002/03 do Conselho Fiscal', não especificando o assunto por ele tratado, como se vê a fl. 53. A leitura do parecer, na verdade um relatório, evidencia não ter sido cogitada a deliberação quanto à exclusão dos sócios, torna-se necessária a ciência dos acusados por meio idôneo, qual sejam, notificação extrajudicial ou carta com aviso de recebimento, comprovando terem tido eles oportunidade de apresentarem defesa ou produzirem as provas que entenderem cabíveis". (BRASIL. Tribunal de Justiça de Minas Gerais. Apelação 1.0145.05.219477-9/001. 16ª Câmara Cível. Relator: Des. Otávio Portes. Julgado em: 16 de janeiro de 2008).

[295] O ato deve ser fundamentado e claro para permitir a defesa. ANDRADE FILHO, Edmar Oliveira. *Sociedade de Responsabilidade Limitada*: de acordo com o novo Código Civil. São Paulo: Quartier Latin, 2004, p. 220. TOKARS, Fábio. *Sociedades limitadas*. São Paulo: LTr, 2007, p. 372-373. No mesmo sentido, cumpre destacar trecho do acórdão proferido pelo TJSP, no processo n. 0007182-44.2011.8.26.0554: "(...) O Tribunal considera que o parágrafo único do art. 1.085 do CC mereça leitura com fidelidade aos princípios rígidos do *due process of law* (art. 5º, LV, da CF), o que obriga o remetente da notificação detalhar ao destinatário as denúncias que lhe pesam e que serão sopesadas na reunião, porque sem dar prévia ciência ao interessado dos termos da acusação não será possível pleno exercício de defesa e do contraditório regular". (BRASIL. Tribunal de Justiça de São Paulo. Apelação 0007182-44.2011.8.26.0554. Câmara Reservada de Direito Empresarial. Relator: Des. Enio Zuliani. Julgado em: 16 de agosto de 2011).

[296] ADAMEK, Marcelo Vieira von. Anotações sobre a exclusão de sócios por falta grave no regime do Código Civil. In: *Temas de direito societário e empresarial contemporâneos*: Liber Amicorum Prof. Dr. Erasmo Valladão Azevedo e Novaes França. São Paulo: Malheiros, 2011, p. 202.

sócio em processo de exclusão, assegurando a esse o direito de defesa nesse ato específico.[297]

Do exposto observa-se que, caso a convocação de todos os sócios não se dê através de publicação de avisos no Diário Oficial e em jornal de grande circulação na sede da sociedade – o que pode ocorrer caso existam regras específicas sobre a convocação de uma reunião de sócios –, entende-se não existir qualquer entrave para que, tanto a convocação, quanto a cientificação do sócio para o exercício do direito de defesa possuam o mesmo conteúdo, relatando todos as acusações imputadas ao sócio.

Todavia, no que diz respeito aos conclaves que serão convocados através dos anúncios previstos no artigo 1.152 do Código Civil, concorda-se com a preocupação de Marcelo Adamek. É necessário tomar medidas acautelatórias para que, ao mesmo tempo, sejam preservados o direito de defesa do sócio, cuja exclusão será deliberada, e a imagem de tal pessoa.

É necessário adicionar a tal preocupação, ainda, a necessidade de informar aos demais sócios que participarão do conclave sobre os fatos que levaram à propositura da referida exclusão, tendo em vista que esses últimos, sob os olhos da lei, também devem se preparar para tomar suas decisões.

Assim, uma possível solução para a convocação da assembleia que tem em sua pauta a exclusão de sócio poderia ter os mesmos moldes da previsão do Código Civil relativamente à análise das contas da administração e demonstrações financeiras. Conforme previsão do § 1º do artigo 1.078 do Código Civil, os documentos que dão sustentação às contas da administração e às demonstrações financeiras devem ser postos à disposição dos sócios que deliberarão sobre tal matéria. No caso da exclusão do sócio mediante publicação de editais, entende-se seja possível realizar a chamada dos sócios através de convocação que informe àqueles que votarão a matéria que haverá a deliberação de exclusão por justa causa de determinado sócio ou sócios, indicando no mesmo anúncio que os documentos e informações relativas a fatos e fundamentos relacionados a tal deliberação estão à disposição dos sócios na sociedade, tendo em vista a necessidade de preservação da imagem dos envolvidos.

Outra alternativa para tal situação é a sociedade entregar a cada um dos sócios, pessoalmente e com comprovação de recebimento, documento paralelo à publicação dos editais de convocação contendo todos os fundamentos e justificativas para a apresentação da proposta de

---

[297] ADAMEK, Marcelo Vieira von. Anotações sobre a exclusão de sócios por falta grave no regime do Código Civil. In: *Temas de direito societário e empresarial contemporâneos*: Liber Amicorum Prof. Dr. Erasmo Valladão Azevedo e Novaes França. São Paulo: Malheiros, 2011. p. 202.

exclusão de sócio. Esse documento pode ter o mesmo conteúdo do documento apresentado como cientificação do sócio cuja exclusão será deliberada.

As hipóteses indicadas acima, embora não previstas na lei, resultam de uma interpretação sistemática do procedimento de exclusão de sócio, em especial da necessidade de assegurar àquele cuja exclusão será deliberada o exercício do direito constitucional da ampla defesa. Outras alternativas podem ser alcançadas para o cumprimento desta fase do procedimento, contudo, devem preservar os valores e requisitos protegidos pelo capítulo único do artigo 1.085 do Código Civil.

4. Requisitos formais do conclave para exclusão societária

4.1. Da formação da vontade societária para exclusão de sócio

Conforme referido ao início da segunda parte da dissertação, em um primeiro momento (capítulo 3º) seriam enfrentados os requisitos formais a serem observados pela convocação do conclave.

Neste trecho complementar da segunda parte (capítulo 4º), o foco da análise que se busca realizar estará voltado para as discussões relativas ao desenrolar do conclave societário propriamente dito, as questões legais que devem ser observadas para sua instalação, verificação de observância dos requisitos legais, o exercício do direito de defesa do sócio no conclave, a deliberação sobre a exclusão de sócio, a elaboração da ata do conclave e consequente alteração de contrato social no caso de uma decisão favorável à exclusão de sócio.

Cada um dos itens referidos anteriormente serão objeto de análise individual nos tópicos que seguem.

4.1.1. Quórum de instalação do conclave e assinatura no livro de presenças

Na análise dos requisitos gerais para a realização de um conclave, o primeiro elemento que deve ser observado após aqueles relacionados com a convocação do ato é o quórum de instalação, tendo em vista que a instalação do conclave sem a observância de tal requisito, tal como ocorre com os vícios de convocação, também leva à invalidade das deliberações tomadas no ato.

No que diz respeito ao quórum de instalação de qualquer conclave societário, a primeira observação necessária diz respeito à diferenciação entre a assembleia e a reunião de sócios. Na última, as regras atinentes à sua realização podem ser estabelecidas pelos sócios no contrato social, podendo tal regramento possuir conteúdo diverso daquele previsto na lei para a assembleia de sócios. Conforme já ressaltado, no caso de silêncio do contrato social aplicar-se-ão às reuniões de sócios as regras atinentes às assembleias de sócios, conforme disposição do artigo 1.079 do Código Civil.[298]

Tendo em vista que o quórum de instalação de uma reunião de sócios prevista no contrato social pode variar de acordo com o entendimento das partes, cumpre explorar neste estudo o quórum de instalação de uma assembleia de sócios, cujos elementos já estão fixados na lei.

No caso da assembleia de sócios, o artigo 1.074 do Código Civil[299] é expresso ao consignar que o órgão societário somente pode ser instalado frente à presença de, no mínimo, três quartos do capital social em primeira convocação, e com qualquer número quando se tratar de segunda convocação.

Nesse contexto, a verificação do preenchimento do quórum de instalação se dá através do lançamento da assinatura dos sócios presentes no ato em lista de presença, no livro de presença de quotistas em assembleia, ou através da assinatura dos mesmos na ata do conclave.[300]

---

[298] Art. 1.079. Aplica-se às reuniões dos sócios, nos casos omissos no contrato, o estabelecido nesta Seção sobre a assembléia, obedecido o disposto no § 1º do art. 1.072.

[299] Art. 1.074. A assembléia dos sócios instala-se com a presença, em primeira convocação, de titulares de no mínimo três quartos do capital social, e, em segunda, com qualquer número.

[300] No que diz respeito ao livro de presenças, destaca-se que o Código Civil não exige sua existência nas sociedades limitadas. Diferentemente do que ocorre nas sociedades por ações, o livro de presença na sociedade limitada é facultativo, mas uma vez criado deve passar pelos requisitos formais dos demais livros, tal como autenticação no Registro do Comércio. Na inexistência de livro de presenças para os conclaves sociais, o *quórum de instalação* do conclave poderá ser feito através de lista de presença ou mesmo através da assinatura na própria ata do conclave, devendo, nessas hipóteses, o demonstrativo do quórum acompanhar a ata no processo de arquivamento perante o Registro do Comércio. CARVALHOSA, Modesto. *Comentários ao Código Civil*: Parte Especial: do Direito de Empresa (artigos 1.052 a 1.195), vol. 13. Antônio Junqueira de Azevedo (coord.). São Paulo: Saraiva, 2003, p. 213-214. Sobre o tema, vide ainda: RIBEIRO, Renato Ventura. *Exclusão de sócios nas sociedades anônimas*. São Paulo: Quartier Latin, 2005, p. 289; ANDRADE FILHO, Edmar Oliveira. *Sociedade de responsabilidade limitada*: de acordo com o novo Código Civil. São Paulo: Quartier Latin, 2004, p. 176; ADAMEK, Marcelo Vieira von. Anotações sobre a exclusão de sócios por falta grave no regime do Código Civil. In: *Temas de direito societário e empresarial contemporâneos*: Liber Amicorum Prof. Dr. Erasmo Valladão Azevedo e Novaes França. São Paulo: Malheiros, 2011, p. 199; SPINELLI, Luis Felipe. *A exclusão de sócio por falta grave na sociedade limitada*. São Paulo: Quartier Latin, 2014, p. 354-356. GONÇALVES NETO, Alfredo de Assis. *Direito de empresa*: comentários aos artigos 966 a 1.195 do Código Civil. 2. ed. rev., atual. e ampl. São Paulo: RT, 2008, p. 407-408. LUCENA, José Waldecy. *Das sociedades limitadas*. 6. ed. atualizada em face do novo Código Civil, com formulário. Rio de Janeiro: Renovar, 2005, p. 745. CRISTIANO, Romano. *Sociedades limitadas de acordo com o Código Civil*. São Paulo: Malheiros, 2008, p. 285-286.

Tal previsão de quórum elevado para a tomada de deliberação em primeira convocação – em especial se comparado com as sociedades por ações[301] – é decorrente da natureza contratual das sociedades limitadas, fazendo-se presumir, assim, conforme destacado por Modesto Carvalhosa, "a presença de um colégio qualificado de quotistas para revestir de legitimidade as deliberações que deverão ser tomadas no conclave".[302]

A legitimidade para a tomada das decisões é questão importante para a imposição da vontade majoritária, tendo o Código Civil fixado o quórum para a vinculação da sociedade limitada e dos demais sócios, em primeira convocação, à presença de três quartos do capital social.[303]

Na segunda convocação, a assembleia pode ser instalada com qualquer quórum,[304] pois ante a ausência dos sócios na primeira assembleia, não pode o curso normal da vida societária ser barrado por conta da falta de interesse dos demais sócios em participar da tomada das decisões que se mostram de interesse da sociedade.[305]

Nesse sentido, deve-se observar que a participação do sócio em processo de exclusão deverá ser levada em consideração no cômputo do quórum de instalação do conclave. O impedimento que é imposto em relação a esse sócio é relacionado à participação na votação que lhe diga interesse, conforme disposição do § 2º do artigo 1.074 do Código Civil, que será retomada adiante.[306]

---

[301] No caso das sociedades por ações, o artigo 125 da Lei 6.404/76 estabelece que as assembleias de acionistas serão instaladas com quórum de ¼ do capital social com direito a voto. Contudo, no caso de assembleia de acionistas que tenha por objetivo a alteração do estatuto social, o artigo 135 da Lei 6.404/76 exige a presença de 2/3 do capital social com direito a voto na primeira convocação.

[302] CARVALHOSA, Modesto. *Comentários ao Código Civil*: Parte Especial: do Direito de Empresa (artigos 1.052 a 1.195), vol. 13. Antônio Junqueira de Azevedo (coord.). São Paulo: Saraiva, 2003, p. 212.

[303] Em relação aos diversos quóruns previstos no Código Civil para a sociedade limitada, vide: VERÇOSA, Haroldo Malheiros Duclerc. *Curso de Direito Comercial*. Vol. 2. Teoria Geral das Sociedades. As Sociedades em Espécie do Código Civil. 2. ed. São Paulo: Malheiros, 2010, p. 530. LUCENA, José Waldecy. *Das sociedades limitadas*. 6. ed. atualizada em face do novo Código Civil, com formulário. Rio de Janeiro: Renovar, 2005, p. 539

[304] Observa Idevan Rauen Lopes que, diante da previsão de um quórum qualificado no artigo 1.085 do Código Civil, a instalação do conclave em segunda convocação somente pode ocorrer diante da presença de quotistas que representem mais de 50% do capital social. LOPES, Idevan César Rauen. *Empresa & exclusão de sócio*: de acordo com o Código Civil de 2002. 3. ed. rev. e atual. Curitiba: Juruá, 2013, p. 151.

[305] CARVALHOSA, Modesto. *Comentários ao Código Civil*: Parte Especial: do Direito de Empresa (artigos 1.052 a 1.195), vol. 13. Antônio Junqueira de Azevedo (coord.). São Paulo: Saraiva, 2003, p. 213.

[306] Nesse sentido, vide: SPINELLI, Luis Felipe. *A exclusão de sócio por falta grave na sociedade limitada*. São Paulo: Quartier Latin, 2014, p. 354. ANDRADE FILHO, Edmar Oliveira. *Sociedade de responsabilidade limitada*: de acordo com o novo Código Civil. São Paulo: Quartier Latin, 2004, p. 176. ADAMEK, Marcelo Vieira von. Anotações sobre a exclusão de sócios por falta grave no regime do Código Civil. In: *Temas de direito societário e empresarial contemporâneos*: Liber Amicorum Prof. Dr. Erasmo Valladão Azevedo e Novaes França. São Paulo: Malheiros, 2011, p., 199. RIBEIRO, Renato Ventura. *Exclusão de sócios nas sociedades anônimas*. São Paulo: Quartier Latin, 2005, p. 289.

Da análise da doutrina que aborda a matéria, surge uma discussão importante para a evolução dos trabalhos da assembleia e da própria reunião de sócios. Trata-se do posicionamento de doutrinadores no sentido de que o quórum previsto para a instalação do conclave deve perdurar durante todo o ato para que as decisões tomadas sejam consideradas válidas. Modesto Carvalhosa[307] e Haroldo Verçosa[308] apresentam tal entendimento, incumbindo eles a obrigação de tal verificação à mesa diretora do conclave, assim como a verificação do cumprimento de todas as demais exigências formuladas pela lei, em especial a cientificação do sócio em procedimento de exclusão, como já destacado anteriormente.

Caso algum sócio que tenha firmado eventual lista ou livro de presenças da assembleia venha a se retirar do conclave ao longo de sua realização, resultando na insuficiência do quórum mínimo de instalação prevista no artigo 1.074 do Código Civil, entendem os referidos doutrinadores que o ato societário deve ser suspenso e encerrado, caso se torne impossível a reconstituição do quórum mínimo legal exigido. Na concretização dessa situação, deverão ser tomadas as medidas cabíveis para uma segunda convocação do ato societário.

A exigência de um quórum de instalação tão elevado para a primeira convocação de uma assembleia de sócios é criticada por Fábio Tokars, principalmente quando o quórum de deliberação de determinadas matérias leva em consideração percentual específico do capital social, como ocorre no caso da exclusão extrajudicial de sócio (mais da metade capital social). Entende esse doutrinador que, uma vez presente o quórum de deliberação que leve em consideração parcela do capital social, não haveria vício na assembleia que se instalasse sem a observância do quórum de instalação. Tal entendimento está assentado na premissa apresentada pelo referido autor de que a "regra constante do art. 1.074 somente se mostra adequada para a instalação de assembleias sociais que tenham sua pauta composta de temas deliberáveis pela maioria entre os presentes (art. 1.076, III, do Código Civil)".[309]

Em que pese tal manifestação, a concordância com a mesma exige a realização de uma interpretação cujas conclusões não se encontram previstas no comando normativo do artigo 1.074 do Código Civil. Esse dispositivo legal não traz qualquer diferenciação entre as matérias que serão levadas a deliberação nos conclaves societários, constando em seu

---

[307] CARVALHOSA, Modesto. *Comentários ao Código Civil*: Parte Especial: do Direito de Empresa (artigos 1.052 a 1.195), vol. 13. Antônio Junqueira de Azevedo (coord.). São Paulo: Saraiva, 2003, p. 213-214.

[308] VERÇOSA, Haroldo Malheiros Duclerc. *Curso de Direito Comercial*. Vol. 2. Teoria Geral das Sociedades. As Sociedades em Espécie do Código Civil. 2. ed. São Paulo: Malheiros, 2010, p. 522.

[309] TOKARS, Fábio. *Sociedades Limitadas*. São Paulo: LTr, 2007, p. 311.

texto apenas o quórum necessário para a instalação de qualquer conclave societário.

Nessas circunstâncias, a crítica à adoção de critério tão elevado de participação de sócios nas assembleias em primeira convocação é questão que pode ser debatida na doutrina, especialmente diante das dificuldades que impõe a tomada de decisões que, muitas vezes, precisam ser ágeis, tal como a destituição de administradores ou a própria exclusão de sócios. Contudo, entende-se que tais discussões ficam no campo das melhorias que deveriam ser feitas na lei.

Há que se ter firme que, mesmo em o intérprete não concordando com as disposições da lei sobre determinada matéria, não pode ele ignorar a regra estabelecida no ordenamento jurídico ou violar as expressas e claras disposições de um dispositivo por conta de sua discordância com o conteúdo.[310]

A previsão do artigo 1.074 do Código Civil de exigir a presença de quotistas que detenham, no mínimo, três quartos do capital social na assembleia em primeira convocação é criticável por conta das circunstâncias que podem decorrer de sua aplicação. Uma situação que pode ser utilizada como exemplo é quando o sócio retira-se da assembleia por conta de sua discordância com determinadas deliberações, fazendo que, com isso, não esteja preenchido o quórum de instalação. Tal ato pode resultar na necessidade de suspensão e encerramento prematuro dos trabalhos e convocação de outro conclave.

Em que pese possa ser criticável tal "poder" concedido a parcela dos sócios frente ao curso dos trabalhos, a finalidade da lei não pode ser deixada de lado, diante da possibilidade de má-utilização da regra por conta de sócios despidos da boa-fé que deve pautar sua atuação na sociedade.

Para os casos de utilização abusiva das posições subjetivas, o Direito concede à sociedade ferramentas para se ressarcir dos danos sofridos ou se defender dos efeitos decorrentes de tais atos. Deve-se utilizar tais ferramentas e preservar as situações que tem por objetivo primordial o bem da coletividade dos sócios.

Quanto à fixação de quórum tão elevado para deliberação em assembleia de quotistas em primeira convocação, como já referido, sua pretensão é asseguração da participação do maior número de sócios naquele ato, dada a natureza contratual da sociedade limitada.

Além do mais, não se pode ignorar que a regra em questão é aplicável, obrigatoriamente, somente às sociedades limitadas com mais de dez

---

[310] Sobre o tema vide GUASTINI, Riccardo. *Das fontes às normas*. Trad. Edson Bini. Apresentação Heleno Taveira Tôrres. São Paulo: Quartier Latin, 2005, p. 132-138.

sócios (art. 1.072, § 1º, do CC). Se a lei passou a exigir quórum tão elevado para a instalação de uma assembleia de sócios, também foi facultado pela mesma lei a possibilidade de as sociedades com dez ou menos sócios realizarem a tomada de decisões societárias através de reuniões de sócios, nas quais os procedimentos e o quórum de instalação das mesmas pode ser adequado ao interesse dos integrantes, sendo facultado a eles diminuir o quórum de instalação de tais reuniões se assim entenderem necessário. A aplicação do quórum previsto no artigo 1.074 do Código Civil às reuniões de sócios somente ocorrerá se assim pretenderem os sócios, o que é representado pela falta de qualquer regra a respeito na regulamentação da reunião de sócios no contrato social.

Assim, não sendo observada a exigência formal quanto ao quórum de instalação de um conclave social, estarão os atos posteriores a tal violação maculados pelo vício decorrente daquela ilegalidade.

4.1.2. Do direito de defesa no conclave societário que deliberará sobre a exclusão de sócio

A necessidade de observância do direito de defesa para a exclusão extrajudicial de sócio é estipulada pelo parágrafo único do artigo 1.085 do Código Civil, devendo tal garantia ser observada no procedimento sob pena de viciar a deliberação tomada.

A fundamentação jurídica para a previsão de tal garantia no texto legal tem influência constitucional, conforme admitido nas manifestações apresentadas por Miguel Reale,[311] relativamente à tramitação do Projeto do Código Civil pelo Congresso Nacional.

Muito embora se discuta a forma de aplicação dos preceitos constitucionais nas relações privadas,[312] ou ainda, que seja lançado mão de todo o arcabouço constitucional para justificar a necessidade de observância

---

[311] REALE, Miguel. *História do Código Civil*. Biblioteca de Direito Civil. Estudos em homenagem ao Professor Miguel Reale, vol. I. São Paulo: RT, 2005, p. 168.

[312] Nesse sentido, destaca-se a lição de Joaquim de Souza Ribeiro, que, ao analisar a efetividade dos preceitos constitucionais para resolução – ou influência – dos problemas das relações contratuais privadas, traz a seguinte manifestação: "os precisos termos em que os direitos, liberdades e garantias constitucionalmente consagrados devem valer nas relações interprivadas é matéria das mais controvertidas, sobretudo na doutrina alemã, alimentando um longo e ainda inconcluso debate. A questão, baptizada como a da Drittwirkung (à letra, eficácia em relação a terceiros) dos direitos fundamentais, polarizou-se inicialmente em torno de duas posições. Uma sustenta uma eficácia directa e imediata de muitos direitos fundamentais, cuja função é também ordenadora, constituindo 'normas objectivas para o conjunto da ordem jurídica'. Os sujeitos privados devem-lhes observância, como limites à validade de vinculações negociais e à licitude da actuação extracontratual. Uma outra, largamente maioritária, e com influência na jurisprudência do BVerfG, atribui-lhes uma eficácia apenas mediata, como conteúdos de valor relevante para a interpretação e preenchimento dos conceitos indeterminados e das cláusulas gerais do direito privado". RIBEIRO, Joaquim de Sousa. *O problema do contrato*. Coimbra: Almedina. 1999, p. 134.

da ampla defesa no âmbito da exclusão de sócio na sociedade limitada (observância essa que é determinada pela lei), ainda assim permanece enriquecedora a análise das disposições do artigo 5º, LV, da Constituição, pois auxilia a desenvolver o conteúdo do termo *defesa* lançado no parágrafo único do artigo 1.085 do Código Civil.

O artigo 5º, LV, da Constituição Federal, que traz o seguinte preceito: "aos litigantes, em processo judicial ou administrativo, e aos acusados em geral são assegurados o contraditório e ampla defesa, com os meios e recursos a ela inerentes".

Da interpretação literal desse dispositivo constitucional é possível observar que o texto prevê uma diferenciação entre os destinatários de tal garantia constitucional. Aplica-se ela (i) aos litigantes em processo judicial ou administrativo; e (ii) aos acusados em geral.

Importante também reservar como ferramenta argumentativa que o referido dispositivo afirma que tal garantia será assegurada com os *"meios e recursos a ela inerentes"*.

Adentrando no tratamento dado à questão pela doutrina societária, é possível observar a intensa crítica relativamente à previsão ao direito de defesa constante do artigo 1.085 do Código Civil, seja no que diz respeito à garantia propriamente dita, seja quanto ao seu exercício

Um dos principais apontamentos realizados está relacionado ao fato de que uma deliberação societária se dá perante o colegiado responsável por externar a vontade social, não correspondendo tal deliberação um julgamento do sócio em procedimento de exclusão, tendo em vista a ausência de um terceiro imparcial para a tomada de tal decisão.[313]

Contudo, como supramencionado, a aplicabilidade do direito de defesa do sócio no conclave que deliberará por sua exclusão não é decorrente do primeiro grupo de destinatários da norma constitucional – litigantes em processo judicial ou administrativo –, mas sim do segundo grupo, ou seja, *dos acusados em geral*.[314]

---

[313] Para Modesto Carvalhosa, é fundamental esclarecer que a sociedade não realiza qualquer julgamento acerca da conduta do sócio a ser excluído. O referido autor entende ter ela tão somente o poder de deliberar excluí-lo da sociedade, por ato unilateral e extrajudicial, independente da concordância do sócio excluído. os sócios não se convertem em juízes, ocorrendo, segundo Carvalhosa, uma simples inversão do ônus do recurso ao judiciário. CARVALHOSA, Modesto. *Comentários ao Código Civil*: Parte Especial: do Direito de Empresa (artigos 1.052 a 1.195), vol. 13. (Coord. Antônio Junqueira de Azevedo). São Paulo: Saraiva, 2003, p. 316.

[314] Segundo Carvalhosa, o termo "defesa" constante no artigo 1.085 do Código Civil não possui o mesmo significado de uma defesa constitucional, o qual deverá ser observado em ataque do ato de exclusão na via administrativa, judicial ou arbitral. E mais, entende o referido autor que o conteúdo do direito previsto no parágrafo único do artigo 1.085 do Código Civil estaria limitado à apresentação de argumentos em favor do sócio em processo de exclusão, se assim esse desejar, com o objetivo de convencer os demais sócios da correção de sua conduta, impedindo a concretização da medida excludente pretendida. Idem, p. 317-318.

No caso deste estudo, conforme já abordado anteriormente, a exclusão extrajudicial de sócios tem espaço quando a maioria dos sócios, representativa da maioria do capital social, entender que um ou mais sócios estão pondo em risco a continuidade da empresa, em virtude de ato de inegável gravidade. Assim, no processo de deliberação da exclusão do sócio deverá ser analisado e discutido se o risco de continuidade da empresa cuja criação é atribuída ao sócio constitui, ou não, a justa causa prevista na lei. Ou seja, será discutido se a imputação que é feita em relação ao sócio que se busca excluir da sociedade atende aos requisitos previstos na lei como justificadores do ato, configurando-se essa imputação como uma acusação que é feita em relação ao sócio no âmbito do conclave societário, surgindo a partir daí, de acordo com o entendimento expresso na Constituição Federal, o fundamento jurídico para que tal previsão também seja exigida pela legislação ordinária que regula a exclusão de sócio.

Na amplitude conceitual do termo defesa constante do artigo 1.085 do Código Civil, realizar o exercício de análise do texto constitucional permite colher elementos que acrescem e facilitam a análise da matéria, em especial a referência ao exercício do direito fundamental de defesa através dos "meios e recursos a ela inerentes".

Essa referência remete de imediato à necessidade de o intérprete levar em consideração, no caso em estudo, as peculiaridades inerentes a uma deliberação societária, a fim de que se tenha delineado o contexto e a função do exercício do direito de defesa perante o conclave.

Nessa linha, destaca-se que a deliberação societária é uma forma de expressão de vontade da sociedade por intermédio um órgão colegial. Conforme destacado por Eduardo de Melo Lucas Coelho,[315] enquanto a vontade do órgão singular se apresenta através de uma decisão, a vontade do órgão colegial se dá através da deliberação.

No Direito brasileiro, Modesto Carvalhosa apresenta o conceito de deliberação como "uma combinação de atos, representados pelas declarações de vontade de cada sócio, que se unificam, constituindo, pelo prevalecimento dos votos majoritários (art. 1.076), a vontade da própria sociedade".[316] O entendimento do referido autor é expresso no sentido de que a deliberação social é um processo que inclui a fase de discussão e de votação.[317]

---

[315] COELHO, Eduardo de Melo Lucas. Formas de Deliberação e de Votação dos Sócios. In: *Problemas do direito das sociedades*. Reimpressão da 1ª edição. Coimbra: Almedina, 2003, p. 337.

[316] CARVALHOSA, Modesto. *Comentários ao Código Civil*: Parte Especial: do Direito de Empresa (artigos 1.052 a 1.195), vol. 13. Antônio Junqueira de Azevedo (coord.). São Paulo: Saraiva, 2003, p. 229.

[317] Idem, p. 242.

Em acréscimo a essas duas características do ato deliberativo, é importante destacar a doutrina de Ascarelli sobre a natureza jurídica da deliberação societária, que está ligada à formação da vontade, não à sua declaração.[318]

Assim, a deliberação de determinada matéria em um conclave societário deve ser vista como um processo, uma sequência de atos que tem por objetivo se extrair a vontade da sociedade sobre determinado tópico.

Diante desse processo de obtenção da vontade social, transparece ser o objetivo do parágrafo único do artigo 1.085 do Código Civil assegurar que a discussão e a votação entre os sócios ocorra de forma a prestigiar a boa-fé e as garantias mais elementares daqueles que estão envolvidos no processo em questão.

Nesse viés, o exercício do direito de defesa no âmbito do conclave societário está ligado ao conteúdo originário de tal palavra, adaptado ao processo de tomada de decisão em que o mesmo se torna aplicável. Em vista disso, conforme destaca Carocca Pérez,[319] em um sentido sociológico, a defesa é um impulso vital que tende a procurar a permanência do que se há criado, frente às ações contrárias que o pretendem destruir ou superar aquela primeira posição.

Na organização jurídica de um conclave societário no qual a pretensão de parcela dos sócios é a análise da necessidade de exclusão de um de seus pares do convívio social, o direito de defesa desse sócio cuja exclusão está em processo de deliberação estará assentado na possibilidade de ele apresentar suas razões na discussão sobre o tema entre os sócios a fim de "procurar a permanência" do vínculo societário.

No âmbito do processo *judicial* de natureza civil, o conceito de ampla defesa está atrelado ao desenvolvimento do processo frente ao exercício da jurisdição estatal, constituindo-se, na lição de Carlos Alberto Alvaro de Oliveira e Daniel Mitidiero, como o "direito à cognição plena e exauriente, a fim de que os interessados possam alegar toda a matéria disponível para tutela de suas posições jurídicas".[320] Deve ainda ser esclarecido que a definição de cognição pela doutrina processual civil corresponde a "um ato de inteligência, consistente em considerar, analisar e valorar as alegações e as provas produzidas pelas partes, vale dizer, as questões de fato e de direito que são deduzidas no processo e cujo re-

---

[318] ASCARELLI, Tullio. *Problemas das sociedades anônimas e direito comparado*. São Paulo: Quorum, 2008, p. 533.

[319] PÉREZ, Alex Carocca. *Garantía constitucional de la defensa procesal*. Barcelona: José Maria Bosch. 1998, p. 13.

[320] OLIVEIRA, Carlos Alberto Alvaro; MITIDIERO, Daniel. *Curso de processo civil*: v. 1: teoria geral do processo civil e parte geral do direito processual civil. São Paulo: Atlas, 2010. p. 44.

sultado é o alicerce, o fundamento do *judicium*, do julgamento do objeto litigioso do processo".[321]

Dessa forma, utilizando-se da essência de tais manifestações de ordem processual civil e levando em consideração as peculiaridades atinentes a um conclave societário (que não apresenta a mesma conformação de um processo judicial, mas trata-se procedimento de discussão e votação dos sócios com vistas à obtenção do interesse social), entende-se que o exercício do direito de defesa consiste na possibilidade de o sócio cuja exclusão está em processo de deliberação apresentar aos demais responsáveis pela tomada da deliberação toda a matéria disponível para a tutela de sua posição jurídica, manifestação essa que se espera seja considerada, analisada e valorada pelos demais sócios quando cada um deles vier a apresentar sua posição pessoal na formação da vontade da sociedade para o caso concreto.

Independentemente desse esforço para buscar a especificação dos conceitos abordados pela lei, é possível observar constante crítica relativamente à previsão do próprio direito de defesa no artigo 1.085 do Código Civil. Um dos posicionamentos nesse sentido que merece destaque é aquele externado por Alfredo de Assis Gonçalves Neto, formulado nos seguintes termos:

> Parece-me, de todo modo, extremamente infeliz a previsão do exercício do direito de defesa, já que as deliberações sociais representam, pura e simplesmente, a somatória da vontade da maioria exigida para tomá-la – e não um julgamento. Se a maioria, com ou sem defesa do sócio excluendo decidir sua exclusão, ele tem todo o direito de invocar a proteção do Poder Judiciário para fazer cessar essa agressão ao direito de se manter como sócio, se tal direito existir. Em matéria de deliberações sociais não faz qualquer sentido formalidades desse jaez, absolutamente irrelevantes para a validade da decisão da maioria. Se a maioria erra, por melhor que seja a defesa apresentada, não há recurso, a não ser a via judicial para questionar, amplamente, a validade da deliberação, seja por vício de procedimento, seja por defeito de conteúdo. Criar, no procedimento de exclusão, um direito de defesa para o sócio excluendo, significa permitir que, na recusa de seu exercício, a deliberação seja reputada passível de anulação. Porém, sendo anulada, outra, em seguida, será tomada no mesmíssimo sentido, apesar de aí assegurado aquele direito.[322]

Em que pese o gabarito do referido doutrinador, entende-se que a crítica não procede na forma como está descrita, tendo em vista que ignora os limites teóricos dos institutos envolvidos e busca apenas dar praticidade ao procedimento de formação da vontade da social.

---

[321] WATABABE, Kazuo. *Da cognição no processo civil*. Campinas: Bookseller, 2000. p. 37.

[322] GONÇALVES NETO, Alfredo de Assis. *Lições de Direito Societário*: à luz do Código Civil de 2002. 2. ed. rev. e atual. São Paulo: Juarez de Oliveira, 2004, p. 300-301. E ainda, GONÇALVES NETO, Alfredo de Assis. *Direito de empresa*: comentários aos artigos 966 a 1.195 do Código Civil. 2. ed. rev., atual. e ampl. São Paulo: RT, 2008, p. 409.

No que diz respeito à tomada de uma deliberação pela sociedade, a manifestação supratranscrita entende ser ela *"pura e simplesmente, a somatória da vontade da maioria exigida para tomá-la – e não um julgamento"*. Concorda-se que a tomada de uma deliberação não é um julgamento, contudo, entende-se que ela não é pura e simplesmente a somatória da vontade da maioria, mas sim, como já dito, um procedimento de discussão prévia e votação que tem por consequência o estabelecimento da vontade social com base no princípio majoritário, conforme doutrina de Carvalhosa[323] e Ascarelli.[324]

O objetivo da inserção da previsão do direito de defesa no parágrafo único do artigo 1.085 do Código Civil foi evitar que a exclusão de sócio ocorresse à revelia desse, como ocorria nos procedimentos regrados pela legislação anterior à vigência do Código Civil. Conforme destacado por Fábio Tokars,[325] antes da legislação vigente, muitas vezes, o sócio excluído somente tinha conhecimento de sua exclusão da sociedade após o arquivamento do ato no Registro do Comércio, tendo em vista que, para tanto, bastava decisão escrita firmada pela maioria do capital social.

Acerca desse argumento, o próprio Alfredo de Assis Gonçalves Neto destaca que a inserção do *caput* do artigo 1.085 no Código Civil se deu através de sugestão de Miguel Reale[326] ao Senador Josaphah Marinho, Relator Geral do Projeto de Código Civil no Senado Federal, através da Emenda do Senado Federal n. 103 àquele documento,[327] que jus-

---

[323] CARVALHOSA, Modesto. *Comentários ao Código Civil*: Parte Especial: do Direito de Empresa (artigos 1.052 a 1.195), vol. 13. Antônio Junqueira de Azevedo (coord.). São Paulo: Saraiva, 2003, p. 238.

[324] ASCARELLI, Tullio. *Studi in tema di società*. Milano: Giuffrè. 1952, p. 99 e seguintes.

[325] TOKARS, Fábio. *Sociedades limitadas*. São Paulo: LTr, 2007, p. 367.

[326] Neste sentido, destaca-se manifestação de Miguel Reale: "Por todas essas razões foi dada uma nova estrutura muito mais ampla e diversificada à lei da sociedade por cotas de responsabilidade limitada, sendo certo que a lei especial em vigor está completamente ultrapassada, sendo a matéria regida mais segundo princípios de doutrina e à luz de decisões jurisprudenciais. A propósito desse assunto, para mostrar o cuidado que tivemos em atender à Constituição, lembro que a lei atual sobre sociedades por cotas de responsabilidade limitada permite que se expulse um sócio que esteja causando danos à empresa, bastando para tanto mera decisão majoritária. Fui dos primeiros juristas a exigir que se respeitasse o princípio de justa causa, entendendo que a faculdade de expulsar o sócio nocivo devia estar prevista no contrato, sem o que haveria mero predomínio da maioria. Ora, a Constituição atual declara no artigo 5º que ninguém pode ser privado de sua liberdade e de seus bens sem o devido processo legal e o devido contraditório. Em razão desses dois princípios constitucionais, mantivemos a possibilidade da eliminação do sócio prejudicial, que esteja causando dano à sociedade, locupletando-se às vezes com o patrimônio social, mas lhe asseguramos, por outro lado, o direito de defesa, de maneira que o contraditório se estabeleça no seio da sociedade e depois possa continuar por vias judiciais. Está-se vendo, portanto, a ligação íntima que se procurou estabelecer entre as estruturas constitucionais, de um lado, e aquilo que chamamos de legislação infraconstitucional, na qual o Código Civil se situa como ordenamento fundamental". Em REALE, Miguel. Visão Geral do Projeto de Código Civil. In: *Revista dos Tribunais*, n. 752, ano 87. São Paulo: RT, jun. 1998, p. 29-30.

[327] A inserção da referência ao direito de defesa no parágrafo único do artigo 1.085 do Código Civil se deu na tramitação na Câmara dos Deputados, em segundo turno, através de emenda do Relator do Projeto naquela casa do Congresso Nacional, Deputado Federal Ricardo Fiusa.

tificou sua necessidade expressamente para *"impedir que a exclusão possa ser decretada à revelia do sócio minoritário, com surpresa para ele"*.[328] Nesse sentido, defender que o processo de deliberação deva se dar, única e exclusivamente, através do somatório dos votos dos sócios é buscar uma simplificação que empobrece o direito societário, vinculando o poder de controle única e exclusivamente ao poder econômico da participação no capital social, ignorando princípios que há muito estão presentes em nosso ordenamento jurídico, tal como a função social da empresa e a boa-fé.

Afirmar que a garantia de defesa no processo de exclusão é uma formalidade irrelevante para a deliberação da maioria impõe novo empobrecimento do instituto da exclusão extrajudicial de sócio e da consolidação de sua utilização como ferramenta de solução de conflitos estruturais que causam severos prejuízos a terceiros e a própria sociedade.

Manter forte e efetiva a ferramenta da exclusão de sócios é medida que se deve buscar, tendo em vista que uma decisão tão delicada deve ser tomada por aqueles que estão envolvidos no conjunto fático que envolve a relação societária, os quais possuem a sensibilidade necessária para caracterizar a justa causa para tanto.

Apesar disso, não se ignora que nas pequenas sociedades limitadas, muitas vezes, a maioria do capital social já possui uma posição preestabelecida para a deliberação que será tomada na analise de exclusão de sócio. Não se ignora, também, que o procedimento de exclusão de sócio pode ser utilizado para a prática de atos abusivos contra sócios minoritários. Entretanto, caso configurada alguma ilegalidade nessas hipóteses, cabe ao prejudicado recorrer ao Poder Judiciário para buscar a observância de seus direitos e a reparação dos danos eventualmente causados.

Não se pode retirar importância de um direito tão valioso para sociedade atual como o direito de defesa, baseando-se no entendimento de que os sócios podem ignorar tal garantia quando agem de má-fé. No Direito brasileiro, a regra vigente é a da presunção da boa-fé, devendo a má-fé ser demonstrada para que ocorra seu repúdio.

---

[328] A redação originária da Emenda 103 ao Projeto de Código Civil no Senado Federal possuía o seguinte conteúdo quanto ao parágrafo único do então artigo 1.087 (que foi renumerado na versão final para art. 1.085): "A exclusão somente poderá ser determinada em reunião ou assembleia especialmente convocada para esse fim, ciente o acusado em tempo hábil para permitir seu comparecimento.". Tal redação era assim justificada: "O parágrafo único do artigo 1.087, tal como proposto, visa impedir que a exclusão possa ser decretada à revelia do sócio minoritário, com surpresa para ele". Neste sentido vide: GONÇALVES NETO, Alfredo de Assis. *Direito de empresa*: comentários aos artigos 966 a 1.195 do Código Civil. 2. ed., rev., atual. e ampl. São Paulo: RT, 2008, p. 408-409 e ainda PASSOS, Edilenice; LIMA, João Alberto de Oliveira. *Memória Legislativa do Código Civil*: tramitação no Senado Federal. V. 3. Brasília: Senado Federal, 2012, p. 358-359. Disponível em <http://www.senado.gov.br/publicacoes/mlcc/pdf/mlcc_v3_ed1.pdf>. Acesso em 08.03.2014.

Assim, a presunção de boa-fé no agir dos sócios integrantes de uma sociedade leva à conclusão lógica de que os mesmos externarão com responsabilidade os votos que passarão a nortear a vontade social. A validade e importância da norma em questão está na presunção de que os sócios levarão em consideração as manifestações que serão apresentadas no conclave por todos os envolvidos antes de externar seu posicionamento sobre a exclusão de determinado sócio.

No entanto, caso os sócios que propõem a exclusão estejam agindo de má-fé, tal situação pode ser revisada pelo Poder Judiciário e, normalmente, o que se constata é que a má-fé, nesses casos, não está atrelada apenas ao que diz respeito ao procedimento de deliberação e ao exercício do direito de defesa, mas também em relação à matéria de fundo, ou seja, a justa causa da exclusão extrajudicial.

Em vista disso, pautar a crítica do procedimento de exclusão extrajudicial de sócio por um viés que destaca a utilização abusiva do instituto, como dito, prejudica o próprio desenvolvimento do instituto. Cabe destacar, ainda, que a lei não se destina somente às sociedades com características extremamente personalistas, capazes de afastar de antemão a ocorrência de um verdadeiro debate entre os sócios quando da tomada da decisão de exclusão de sócio. Ela também se destina à grande sociedade empresária limitada, com número considerável de sócios, cujo processo de deliberação ocorre de acordo com o espírito do instituto. Se nesse processo de deliberação, o exercício do direito de defesa for capaz de criar a possibilidade de convencimento ou modificação do entendimento de parcela dos sócios, a importância do instituto já estará assegurada.

A lei prevê que o processo de exclusão seja dado com lisura e não seja permitido o afastamento de um sócio de seu patrimônio[329] sem que a ele seja dado o direito de manifestar-se e defender-se das acusações que servem de fundamento para a convocação do conclave social com tal pauta de deliberação.

Não assegurar tais garantias ao sócio em processo de exclusão resultará em vícios formais nesse procedimento, podendo ocasionar a sua invalidação. Essa circunstância não configura uma deficiência do artigo 1.085 do Código Civil, mas sim uma característica positiva, pois dá efetividade a princípios elementares como a boa-fé e a ampla defesa.

Não se pode olvidar que, para a ocorrência da exclusão extrajudicial de sócio, a lei exige a configuração de uma justa causa e a tomada de tal deliberação através do processo de formação da vontade da socieda-

---

[329] NUNES, Márcio Tadeu Guimarães. *Dissolução parcial, exclusão de sócio e apuração de haveres*: Questões Controvertidas e uma Proposta de Revisão dos Institutos. São Paulo: Quartier Latin, 2010, p. 112.

de, que pressupõe a participação dos sócios. Assim, buscar minimizar e afastar a incidência do direito de defesa constitui enfraquecimento injustificado da posição do sócio que está sendo acusado pelos atos geradores do risco à continuidade da empresa, configurando situação tão abusiva e ilegal quanto a deliberação da exclusão do sócio sem que haja a configuração de uma justa causa para tanto.

Dessa forma, mesmo diante das dificuldades práticas concernentes ao exercício do direito de defesa em um conclave que tenha por objetivo a exclusão de um sócio, torna-se necessário ressaltar a importância daquela garantia. E, para a superação de tais dificuldades práticas, necessário se mostra o estudo específico dos procedimentos a serem realizados no conclave, pois, somente assim, se abrirá espaço para a discussão doutrinária e superação das mesmas.

4.1.3. Das funções da mesa diretora na condução do conclave e da asseguração do exercício do direito de defesa ao sócio que está em procedimento de exclusão extrajudicial

Conforme já observado anteriormente, o exercício do direito de defesa previsto no artigo 1.085 do Código Civil se dá no âmbito da tomada de uma deliberação societária, que pressupõe a discussão da matéria e a posterior votação dos sócios para formação da vontade social.

Diante desse contexto fático, deve ser especificada e delimitada a forma como se dará o exercício do direito de defesa. E para assegurar a observância de tal direito ganha papel de destaque a função exercida pelos integrantes da mesa do conclave, que são os responsáveis pela condução e documentação do ato societário.

O Código Civil não apresenta um tratamento específico das funções e responsabilidades do presidente e secretário de um conclave societário, limitando-se (i) a afirmar de forma singela no artigo 1.075 que a "assembleia será presidida e secretariada por sócios escolhidos entre os presentes"; e (ii) a fazer a referência de que as matérias da ordem do dia serão submetidas pelo presidente à discussão e votação, conforme leitura do § 2º do artigo 1.078. A Lei 6.404/76 também não traz um tratamento detalhado sobre as responsabilidades atribuídas à mesa responsável pela condução dos conclaves societários.

Contudo, independentemente da extensão em que é realizado o tratamento das funções de cada membro da mesa pela legislação pátria, a definição das atividades a eles atinentes é objeto de construção doutrinária a partir de uma interpretação sistemática da lei.

Nesse quesito, o artigo 1.075 do Código Civil imputa à mesa a atividade de coordenação do processo de formação da vontade da sociedade, atos esses que são de natureza interna da sociedade. Tal imputação resulta na exigência da mesa do conclave assegurar a estrita observância da lei e do contrato social, garantido aos participantes o exercício dos direitos inerentes à condição de sócio.

Além disso, o artigo 1.075 do Código Civil estabelece que a presidência e a secretaria do conclave serão exercidas por sócio entre os presentes no ato. Diante dessa circunstância, é necessário que os membros da mesa exerçam sua função de forma independente da condição de sócio, praticando os atos dessa segunda condição, em especial o de votar, sem influência ou confusão com a função especial de dirigentes dos trabalhos do conclave.[330]

No que concerne a esse aspecto, entre as diversas atribuições imputadas aos integrantes da mesa, destaca-se o apontamento resumido realizado por Haroldo Verçosa, a fim de que posteriormente seja possível retomar aquelas que merecem maior destaque e discussão quando da deliberação de exclusão de sócio. Consigna o referido autor quanto às atribuições da mesa do conclave:

> Em resumo, as atividades a cargo do presidente e do secretário da assembleia serão as seguintes, depois de formada a mesa: (i) declaração de instalação da assembleia (instalação prévia); (ii) verificação do quórum legal para instalação em primeira convocação; (iii) não atingido o quórum legal, a assembleia será encerrada, com lavratura de ata que registre o fato, a ser levada ao arquivamento; ou (iv) instalação da assembleia atingindo o quórum legal ou com qualquer quórum na segunda convocação (instalação propriamente dita), com declaração de sua convocação regular pela publicação dos editais necessários e/ou a remessa de correspondência aos sócios que tenham requerido convocação por esta forma. Caso todos os sócios estejam presentes, a verificação do atendimento das formalidades de convocação é desnecessária; (v) leitura da ordem-do-dia pelo secretário; (vi) deliberação a respeito dos temas da ordem-do-dia, estritamente, e na sua sequência, atendidos os quóruns contratuais ou legais, conforme o caso, devendo ser proclamada a decisão vencedora.[331]

Entre os tópicos supraelencados pelo referido doutrinador, existem ressalvas que são feitas pela doutrina, em especial no que diz respeito a discussões sobre a modificação, retirada ou inclusão de itens na ordem do dia, assim como a modificação da própria ordem de apreciação de tais matérias.

---

[330] CARVALHOSA, Modesto. *Comentários ao Código Civil*: Parte Especial: do Direito de Empresa (artigos 1.052 a 1.195), vol. 13. Antônio Junqueira de Azevedo (coord.). São Paulo: Saraiva, 2003, p. 224.

[331] VERÇOSA, Haroldo Malheiros Duclerc. *Curso de Direito Comercial*. Vol. 2. Teoria Geral das Sociedades. As Sociedades em Espécie do Código Civil. 2. ed. São Paulo: Malheiros, 2010, p. 526.

No que diz respeito à exclusão extrajudicial de sócio, o primeiro destaque a ser feito é o dever do presidente em verificar se os requisitos exigidos pelo parágrafo único do artigo 1.085 do Código Civil foram observados – em especial a ciência em tempo hábil do sócio em processo de exclusão – a fim de que se possa dar início ao processo de formação da vontade da sociedade em relação ao tema.

Nesse panorama, constatada a intimação pessoal do sócio cuja exclusão será posta em deliberação, deve o Presidente do conclave tomar as medidas para que todos os presentes também tenham pleno conhecimento de tais fatos, seja através da leitura completa do documento de intimação do sócio, seja através de apresentação pelos proponentes da deliberação, a qual deverá se limitar aqueles elementos em relação aos quais o sócio foi intimado para apresentar sua defesa. Eventual inovação nos fundamentos da proposta de deliberação poderá constituir-se violação direta do direito de defesa.[332]

Outro papel de destaque que é detido pelo presidente da mesa é o poder discricionário que o mesmo possui no que diz respeito à condução dos trabalhos do conclave,[333] mantendo a ordem no recinto, de forma a permitir que a vontade da sociedade possa ser formada.[334]

Sobre essa incumbência, merece destaque a manifestação de Pedro Maia ao abordar a função do presidente da assembleia em uma sociedade por ações, aplicável analogicamente às sociedades limitadas:

> O *regular e ordenado decurso da reunião* traduz não só o cumprimento de todas as regras, legais ou estatutárias, relativas ao procedimento deliberativo, mas também o respeito pelos *direitos individuais dos accionistas* – o direito de participar na assembleia, o direito à informação, o direito de usar da palavra, o direito de apresentar propostas de deliberação e o direito de voto. O presidente da assembleia tem o dever de assegurar o exercício de tais direitos individuais dos sócios, observando o princípio da *igualdade de*

---

[332] "A fim de que esta garantia constitucional tenha eficácia normativa, é imperativo que os atos de acusação contenham todos os elementos que fundamentam a acusação e a motivação respectiva para que o acusado tenha condições de apresentar as provas e aduzir as razões que entender necessárias à sua defesa". ANDRADE FILHO, Edmar Oliveira. *Sociedade de responsabilidade limitada*: de acordo com o Novo Código Civil. São Paulo: Quartier Latin, 2004, p. 220.

[333] Segundo Haroldo Verçosa: "O presidente tem poder discricionário na condução dos trabalhos da assembleia, dotado de liberdade em limites razoáveis para tomar determinadas medidas – como, por exemplo, limitar o tempo da discussão de matérias; restringi-la ao foco determinado pela ordem-do-dia; cassar a palavra de sócios que estejam procurando causar problemas; etc. Poder discricionário não se confunde com poder discriminatório: todos os sócios são iguais nos seus direitos". VERÇOSA, Haroldo Malheiros Duclerc. *Curso de direito comercial*. Vol. 2. Teoria Geral das Sociedades. As Sociedades em Espécie do Código Civil. 2. ed. São Paulo: Malheiros, 2010, p. 526.

[334] CARVALHOSA, Modesto. *Comentários ao Código Civil*: Parte Especial: do Direito de Empresa (artigos 1.052 a 1.195), vol. 13. Antônio Junqueira de Azevedo (coord.). São Paulo: Saraiva, 2003, p. 225; VERÇOSA, op. cit., p. 526; MAIA, Pedro. O Presidente das Assembleias de Sócios. In: *Problemas do Direito das Sociedades*. Coimbra: Almedina, 2003, p. 421-468.

tratamento dos sócios, o princípio da proporcionalidade dos meios na condução da assembleia e o princípio da imparcialidade.[335]

É diante de tais parâmetros de atuação que o presidente do conclave deverá exercer seu poder discricionário de realizar a regular e ordenada condução do ato, tomando medidas tais como a atribuição e limitações temporais quanto ao uso da palavra, restrição das discussões ao que consta na ordem do dia, cassação da palavra e até mesmo exclusão do conclave dos sócios que estão causando problemas e tumultuando o ato.

Ainda, quanto ao exercício do direito de defesa – no qual fica assegurado ao sócio a possibilidade de participação e apresentação de suas considerações nas discussões –, o papel desempenhado pelo presidente do conclave será determinante para a observância ou violação de tal direito.

Isso é depreendido do fato de a lei não estabelecer os limites de tal atuação discricionária do presidente do conclave. Essa tarefa foi desempenhada pela doutrina, que fixou como parâmetros de atuação os princípios da "igualdade de tratamento dos sócios, da proporcionalidade dos meios na condução da assembleia e da imparcialidade".[336]

Segundo o doutrinador português Pedro Maia, o princípio da igualdade de tratamento dos sócios impõe que o presidente da mesa ofereça a todos os sócios condições idênticas para o exercício dos respectivos direitos sociais, devendo ele ser aplicável não somente aos sócios, mas a todos aqueles que a lei ou o contrato atribuem o direito de estar presente no conclave, observadas as peculiaridades da participação de cada uma dessas pessoas e suas funções.

O princípio da igualdade de tratamento dos participantes da assembleia é decorrente da necessidade de o presidente e demais integrantes da mesa serem imparciais no que diz respeito aos atos necessários ao desenvolvimento do conclave societário. Entretanto, não significa o referido princípio a necessidade de imparcialidade do presidente e secretário do conclave no que diz respeito ao exercício dos direitos dos mesmos na condição de sócio, oportunidade na qual alguns doutrinadores defendem a necessidade do integrante da mesa postular a substituição momentânea para que não haja confusão entre as distintas posições jurídicas por ele desempenhadas.[337]

---

[335] MAIA, Pedro. O Presidente das Assembleias de Sócios. In: *Problemas do Direito das Sociedades*. Coimbra: Almedina, 2003, p. 441.

[336] Ibidem.

[337] VERÇOSA, Haroldo Malheiros Duclerc. *Curso de direito comercial*. Vol. 2. Teoria Geral das Sociedades. As Sociedades em Espécie do Código Civil. 2. ed. São Paulo: Malheiros, 2010, p. 524.

O princípio da proporcionalidade dos meios na condução da assembleia, por sua vez, está vinculado aos atos que serão praticados pelo presidente ao longo do conclave, de forma a realizar a condução adequada dos trabalhos. A aplicabilidade de tal princípio pode ser observada no que diz respeito à utilização da palavra pelos sócios no processo de deliberação. É obrigação do presidente do conclave, de forma geral, dar a palavra a todos os sócios que a solicitarem, em condição de igualdade, independentemente da participação no capital social de cada um deles. Contudo, também é atribuição dele restringir ou excluir o uso da palavra pelos sócios caso os debates estejam se tornando prejudiciais ao andamento do conclave. Assim, caberá ao presidente realizar a condução do conclave societário, observando a proporcionalidade das medidas tomadas a fim de que seus atos não resultem em afronta ao direito dos sócios.

No que diz respeito ao exercício do direito de defesa no procedimento de exclusão extrajudicial de sócio, caberá ao presidente da assembleia, em um primeiro momento, conceder a palavra aos proponentes da pauta a fim de repisarem os elementos que entendem caracterizadores da justa causa que resultou na medida. Após a apresentação das razões pelas quais a deliberação de exclusão de sócio foi proposta, caberá ao presidente do conclave conceder a palavra ao sócio em relação a quem é formulada a proposta de deliberação a fim de que ele, ou seu representante nomeado para tanto, apresente sua defesa em relação às imputações que lhe são feitas.

Neste momento, surge um ponto de aplicação decisiva do princípio da proporcionalidade dos meios na condução da assembleia, tendo em vista que, na falta de estipulação do contrato social, caberá ao presidente a fixação do prazo para a apresentação da defesa, que deverá se dar em um período razoável de tempo para que não venha a se configurar uma violação à garantia prevista na lei.

No que diz respeito a uma deliberação corriqueira de um conclave social, destaca Pedro Maia[338] que se pode considerar razoável a concessão de prazo para utilização da palavra por um período de "15 ou de 20 minutos", ou até menos, dependendo do número de sócios participantes do ato e da extensão da pauta. Segundo o referido doutrinador, deve ser levado em consideração alguns critérios objetivos na fixação ou restrição do tempo de manifestação dos sócios, tais como a necessidade de finalização do conclave no mesmo dia em que convocado e a utilização da palavra pelos sócios de forma vinculada aos temas em processo de deliberação.

No que concerne ao exercício do direito de defesa em procedimento de deliberação sobre a exclusão extrajudicial de sócio, não há um parâ-

---

[338] MAIA, Pedro. O Presidente das Assembleias de Sócios. In: *Problemas do Direito das Sociedades*. Coimbra: Almedina, 2003, p. 457.

metro legal relativamente ao tempo mínimo ou máximo para a apresentação da defesa. Dada a delicadeza dessa deliberação, é possível que o prazo normalmente atribuído aos sócios nas discussões corriqueiras em assembleia de sócios seja um limitador indevido do exercício do direito de defesa. Assim, deve ser concedido um prazo suficiente que não prejudique a defesa, mas também não exponha o conclave a uma apresentação de defesa que consuma horas a fio através de manifestações repetitivas, ou sem vinculação com a justa causa ensejadora da proposta de deliberação. Não pode, portanto, o presidente do conclave, igualmente, permitir a realização de manifestações evidentemente procrastinatórias tendo em vista eventual interesse do sócio em processo de exclusão de tumultuar o ato ou buscar configurar, artificialmente, a caracterização de vício formal que permita futura discussão judicial.

Em suma, caberá ao presidente da assembleia a definição do prazo para a apresentação da defesa do sócio cuja exclusão está em procedimento de deliberação, prazo esse que deverá levar em consideração as circunstâncias fáticas que envolvem a deliberação, a previsão de tempo necessária à apresentação da defesa pelo sócio que está em processo de exclusão e a necessidade de que o conclave não se prolongue por um período de tempo injustificadamente longo. Tal decisão deverá ser tomada pelo presidente do conclave considerando a base principiológica acima destacada, já que a tomada de uma decisão que não trate de forma igualitária os sócios quanto ao direito de manifestação no conclave, ou ainda que não assuma uma posição imparcial em tal ato, certamente limitará ilegalmente o exercício do direito de defesa, resultando em uma mácula no processo de deliberação da exclusão extrajudicial de sócio.

Ainda acerca desses procedimentos, é necessário destacar que o secretário do conclave também tem papel de suma importância no procedimento de deliberação sobre a exclusão de um sócio, tendo em vista que é de sua responsabilidade a redação da ata do conclave, devendo ele fazer constar no referido documento o relato dos fatos ocorridos no conclave com vistas ao atendimento dos requisitos legais.

Por fim, tendo em vista a possibilidade de questionamento do ato perante o Poder Judiciário, é indispensável que a mesa tome todas as precauções para, posteriormente à realização do conclave, seus integrantes possam demonstrar o cumprimento de suas obrigações. A doutrina[339] frequentemente destaca a dificuldade de produção de tal prova a fim de justificar eventual entendimento de ineficácia do direito de defesa no procedimento de exclusão de sócio, contudo, cabe a cada um dos envolvidos tomar as medidas que entende cabível para a preservação

---

[339] GONÇALVES NETO, Alfredo de Assis. *Lições de direito societário*: à luz do Código Civil de 2002. 2. ed., rev. e atual. São Paulo: Juarez de Oliveira, 2004, p. 300-301.

de seus direitos, sendo frequentemente lançado mão na prática jurídica a filmagem do conclave para fins de futura prova judicial, sem que tais imagens possam ser utilizadas em outra esfera sob pena de violação de direitos de personalidade, hipótese essa ordinariamente aceita pelo Poder Judiciário.[340]

4.1.4. Do quórum necessário para a deliberação societária de exclusão de sócio

Superada a fase de debates entre os sócios no processo de deliberação societária, observada nesse interim a apresentação da defesa do sócio cuja exclusão está em procedimento de deliberação, cabe ao presidente da assembleia conduzir o conclave para a votação dos sócios.

Nessa fase do conclave, a primeira providência a ser destacada é a indicação daqueles que estão impedidos de votar por conta das normas contida no § 2º do artigo 1.074 do Código Civil.[341]

No que diz respeito à exclusão de sócio, a doutrina não traz objeções à regra legal, hipótese essa que se aplica, também, caso o referido sócio em processo de exclusão esteja atuando na condição de mandatário de outro sócio.[342] Não podendo, portanto, o sócio em processo de exclusão extrajudicial participar da deliberação que lhe diz respeito, cabe

---

[340] Nesse sentido, vide a seguinte decisão que tem por objeto a discussão da verba sucumbencial, mas é oriunda de ação cautelar de produção antecipada de provas, consistente de filmagem de assembleia geral ordinária de uma sociedade por ações. APELAÇÃO CÍVEL. CAUTELAR DE ANTECIPAÇÃO DE PROVAS. FILMAGEM DE ASSEMBLÉIA. SUCUMBÊNCIA. INEXISTÊNCIA DE PRETENSÃO RESISTIDA. PRINCÍPIO DA CAUSALIDADE. APLICAÇÃO ESCORREITA. RECURSO NÃO PROVIDO. (TJPR. Apelação Cível n. 488.831-9, 17ª Câmara Cível. Rel. Des. Vicente Del Prete Misurelli, julgado em 21.05.2008)

[341] "Art. 1.074. (...) § 2º Nenhum sócio, por si ou na condição de mandatário, pode votar matéria que lhe diga respeito diretamente".

[342] ANDRADE FILHO, Edmar Oliveira. *Sociedade de responsabilidade limitada*: de acordo com o novo Código Civil. São Paulo: Quartier Latin, 2004, p. 222. FONSECA, Priscila M. P. Corrêa da. *Dissolução parcial, retirada e exclusão de sócio*. 5. ed. São Paulo: Atlas, 2012, p. 43. GONÇALVES NETO, Alfredo de Assis. *Direito de empresa*: comentários aos artigos 966 a 1.195 do Código Civil. 2. ed. rev., atual. e ampl. São Paulo: RT, 2008, p. 443. LUCENA, José Waldecy. *Das sociedades limitadas*. 6. ed. atualizada em face do novo Código Civil, com formulário. Rio de Janeiro: Renovar, 2005, p. 742-745. RIBEIRO, Renato Ventura. *Exclusão de sócios nas sociedades anônimas*. São Paulo: Quartier Latin, 2005, p. 289. CARVALHOSA, Modesto. *Comentários ao Código Civil*: Parte Especial: do Direito de Empresa (artigos 1.052 a 1.195), vol. 13. Antônio Junqueira de Azevedo (coord.). São Paulo: Saraiva, 2003, p. 319; ADAMEK, Marcelo Vieira von. Anotações sobre a exclusão de sócios por falta grave no regime do Código Civil. In: *Temas de direito societário e empresarial contemporâneos*: Liber Amicorum Prof. Dr. Erasmo Valladão Azevedo e Novaes França. São Paulo: Malheiros, 2011, p. 202. VERÇOSA, Haroldo Malheiros Duclerc. *Curso de direito comercial*. Vol. 2. Teoria Geral das Sociedades. As Sociedades em Espécie do Código Civil. 2. ed. São Paulo: Malheiros, 2010, p. 151. VIO, Daniel de Avila. *A exclusão de sócios na sociedade limitada de acordo com o Código Civil de 2002*, 2008. 230 f. Dissertação (mestrado) – Universidade de São Paulo. Faculdade de Direito. Programa de Pós-Graduação em Direito. São Paulo, BR-SP, 2008, p. 179. SPINELLI, Luis Felipe. *A exclusão de sócio por falta grave na sociedade limitada*. São Paulo: Quartier Latin, 2014, p. 356.

aos demais sócios formalizar suas posições pessoais para fins de formação da vontade social.

Nesse sentido, para que ocorra a deliberação válida da exclusão extrajudicial de sócio é preciso observar o quórum previsto no artigo 1.085 do Código Civil, o qual traz uma dupla informação que muitas vezes é ignorada pela doutrina quando da abordagem do tema. Segundo as disposições literais do referido dispositivo legal, há espaço para a exclusão extrajudicial quando tal questão é deliberada (i) pela maioria dos sócios; (ii) representativa de mais da metade do capital social.

Alguns doutrinadores,[343] mesmo diante da dupla informação, abordam a questão de forma genérica, manifestando apenas que o exercício da faculdade expressa no artigo 1.085 do Código Civil requer a deliberação da maioria do capital social. Tal exigência não é totalmente equivocada, contudo, expressa apenas parcela dos requisitos trazidos na lei.

Não se pode ignorar que, além da exigência de a deliberação de exclusão extrajudicial de sócio ser tomada pela maioria do capital social, deve ela ser tomada pela maioria dos sócios da sociedade.[344] Nesse sentido, essa dupla exigência impossibilita que a exclusão extrajudicial de sócio venha a ser tomada por sócio minoritário em relação a sócio majoritário, ou naquelas sociedades formadas por apenas dois sócios.[345]

---

[343] Fábio Ulhoa Coelho, no Curso de Direito Comercial, ao abordar a possibilidade de exclusão extrajudicial em momentos menciona que essa é uma faculdade da maioria. Em outro trecho, como se verifica da página 448 do mesmo trabalho, é expresso ao mencionar que exclusão extrajudicial pode ser efetivada por *"sócio ou sócios titulares de mais da metade do capital social"*. COELHO, Fábio Ulhoa. *Curso de Direito Comercial*. Vol. 2. 17. ed. São Paulo: Saraiva, 2013, p. 448. Vide também ANDRADE FILHO, Edmar Oliveira. *Sociedade de responsabilidade limitada*: de acordo com o novo Código Civil. São Paulo: Quartier Latin, 2004, p. 222. CRISTIANO, Romano. *Sociedades limitadas de acordo com o Código Civil*. São Paulo: Malheiros, 2008, p. 376. LOPES, Idevan César Rauen. *Empresa & exclusão de sócio:* de Acordo com o Código Civil de 2002. 3. ed. rev. e atual. Curitiba: Juruá, 2013, p. 148-149. RIBEIRO, Renato Ventura. *Exclusão de sócios nas sociedades anônimas*. São Paulo: Quartier Latin, 2005, p. 131-132, TOKARS, Fábio. *Sociedades limitadas*. São Paulo: LTr, 2007, p. 368. VIO, Daniel de Avila. *A exclusão de sócios na sociedade limitada de acordo com o Código Civil de 2002*, 2008. 230 f. Dissertação (mestrado) – Universidade de São Paulo. Faculdade de Direito. Programa de Pós-Graduação em Direito. São Paulo, BR-SP, 2008, p. 179-181. VERÇOSA, Haroldo Malheiros Duclerc. *Curso de direito comercial*. Vol. 2. Teoria Geral das Sociedades. As Sociedades em Espécie do Código Civil. 2. ed. São Paulo: Malheiros, 2010, p. 167.

[344] Apresentando entendimento no sentido de que a dupla exigência lançada no artigo 1.085 do Código Civil relativamente ao quórum de deliberação deve ser observada para a regularidade da decisão tomada, vide: ADAMEK, Marcelo Vieira von. Anotações sobre a exclusão de sócios por falta grave no regime do Código Civil. In: *Temas de direito societário e empresarial contemporâneos*: Liber Amicorum Prof. Dr. Erasmo Valladão Azevedo e Novaes França. São Paulo: Malheiros, 2011, p. 203, FONSECA, Priscila M. P. Corrêa da. *Dissolução parcial, retirada e exclusão de sócio*. 5. ed. São Paulo: Atlas, 2012, p. 39-40. SPINELLI, Luis Felipe. *A exclusão de sócio por falta grave na sociedade limitada*. São Paulo: Quartier Latin, 2014, p. 360-361. ZANETTI, Robson. *Manual da sociedade limitada*. 3. ed. (1ª reimpressão). Curitiba: Juruá, 2012, p. 265.

[345] Em sentido contrário, vide: ANDRADE FILHO, op. cit., p. 222. VIO, op. cit, p. 194. Cumpre ainda transcrever o Enunciado 17 da 1ª Jornada de Direito Comercial promovida pelo Conselho da Justiça Federal: "17. Na sociedade limitada com dois sócios, o sócio titular de mais da metade do capital social pode excluir extrajudicialmente o sócio minoritário desde que atendidas as exigências materiais e procedimentais previstas no art. 1.085, caput e parágrafo único do CC".

Diante disso, torna-se necessário realçar tal questão por conta das limitações que provoca na aplicabilidade do instituto.

Tal situação faz com que se questione se a exigência de uma maioria *per capita* de sócios para a tomada de decisão é um critério adequado para excluir de um grande número de sociedades a possibilidade de aplicação do instituto da exclusão extrajudicial de sócio. A concessão às sociedades limitadas da ferramenta prevista no art. 1.085 do Código Civil tem por objetivo afastar o risco à continuidade da empresa criado por determinado sócio por conta de atos de inegável gravidade, permitindo que o cumprimento de sua função social possa ter continuidade.

A outorga de tal medida extrema à sociedade é contrabalanceada com o estabelecimento de uma série de garantias fixadas com o objetivo de evitar que o sócio minoritário venha a ser excluído da sociedade de forma abusiva.

Dessa forma, o equilíbrio entre tais objetivos é importante para a elaboração de uma norma que atenda, conceitualmente, a todos aqueles potencialmente envolvidos na situação em questão.

E sobre o estabelecimento de tal critério, destaca-se que o mesmo tem por consequência afastar a aplicabilidade da ferramenta legal de um grande número de sociedades na realidade econômica brasileira, além de retirar força da possibilidade de revisão da deliberação, posteriormente, pelo Poder Judiciário.

Ao fixar um duplo critério relativamente ao quórum de deliberação o legislador primou por um caminho que leva para o Poder Judiciário a discussão sobre a exclusão de sócios de um grande número de sociedades, ignorando que a demora no afastamento de um sócio que está colocando em risco a continuidade da empresa traz a ela danos que na prática dificilmente são ressarcidos, principalmente por conta da dificuldade de mensurar os efeitos da desorganização que o litígio provoca na atividade econômica explorada pela sociedade.

Deve-se, além disso, observar que não há um elemento jurídico considerável a justificar a diferenciação entre (i) uma sociedade limitada com três sócios, na qual dois desses sócios formam uma maioria de 50,01% e excluem um minoritário com 49,99%; e (ii) uma sociedade com o mesmo número de sócios (três), sendo que um deles possui 90% do capital social e os outros dois possuem, em conjunto, 10% do capital social, tendo esses últimos praticado, em conjunto, os mesmos atos que resultaram na exclusão do sócio minoritário da primeira hipótese.

Uma das pretensões do legislador poderia ter sido impedir a prevalência da vontade de uma das partes que formam o tecido social sobre as demais, mediante a utilização de uma ferramenta tão forte quanto a exclusão de sócio. Contudo, mesmo considerando esse entendimento, a solução para os casos em que há um desvio da finalidade do instrumento é a apreciação de tal deliberação pelo Poder Judiciário. Nesse sentido, destaca-se que, em sede de medida liminar, geralmente apresentam melhores condições de análise a regularidade de uma exclusão realizada do que uma exclusão a realizar, com o afastamento imediato do sócio.

Entretanto, em que pese a discordância com o afastamento da ferramenta da exclusão de sócio de um grande número de sociedades, o que se entende não encontrar amparo nos fins do instituto, não se pode esquecer que a dupla exigência relacionada ao quórum é decorrente de literal disposição da lei. Nesse sentido, deve-se observar que a interpretação literal é o primeiro argumento interpretativo a ser lançado pelo operador do direito e, somente deve ser desprestigiado se do significado extraído do texto normativo resultar uma interpretação sem coerência sistemática.[346]

Em que pese a discordância com o critério utilizado pelo legislador, entende-se que o duplo critério quanto ao quórum de deliberação não está em desacordo com o sistema no qual a norma está inserida, especialmente pois em tal hipótese sempre é possível que se pleiteie o afastamento do sócio mediante ação judicial.

Ainda no que se refere ao quórum, deve ser destacada discussão doutrinária sobre a possibilidade de se aumentar o patamar mínimo previsto na lei, mediante ajuste contratual entabulado entre os sócios.[347]

Quanto a tal posicionamento, em que pese a existência de argumentos contrários,[348] tendo em vista que a elevação do quórum poderia inviabilizar a utilização do instituto, cabe destacar manifestação apresentada por Luis Felipe Spinelli, que não vê objeções à elevação do quórum, tendo em vista que "a exclusão extrajudicial de sócio é, a rigor,

---

[346] O intérprete não deve perder de vista que o Direito é um meio de regulação e pacificação das relações sociais e como tal deve ser previsível, deve ser acessível àqueles que sofrem os efeitos de tal regulação, para que assim possam orientar suas condutas na sociedade. Portanto, se a norma que exsurge do enunciado pode ser alcançada através de uma interpretação literal, tendo em vista que a linguagem utilizada no texto normativo foi a mais próxima da realidade social, não há qualquer objeção a ser feita ao processo interpretativo. Neste sentido, vide LARENZ, Karl. *Metodologia de la ciencia del derecho*. Trad. y revisión Marcelino Rodriguez Molinero. Barcelona: Editoral Ariel. 1994, p. 318.

[347] Nesse sentido: "Poderá, entretanto, o contrato social estabelecer um quórum maior que o estipulado pela Lei, enquanto o inverso não é permitido, ou seja, não se pode de forma alguma estabelecer um quórum menor do que cinquenta por cento do capital para se ter a exclusão do sócio". LOPES, Idevan César Rauen. *Empresa & exclusão de sócio*: de acordo com o Código Civil de 2002. 3. ed. rev. e atual. Curitiba: Juruá, 2013, p. 151. No mesmo sentido, LUCENA, José Waldecy. *Das sociedades limitadas*. 6. ed. atualizada em face do novo Código Civil, com formulário. Rio de Janeiro: Renovar, 2005, p. 745-746.

[348] FONSECA, Priscila M. P. Corrêa da. *Dissolução parcial, retirada e exclusão de sócio*. 5. ed. São Paulo: Atlas, 2012, p. 41. GONÇALVES NETO, Alfredo de Assis. *Direito de empresa*: comentários aos artigos 966 a 1.195 do Código Civil. 2. ed. rev., atual. e ampl. São Paulo: RT, 2008, p. 412-413.

uma faculdade (que depende de autorização contratual)",[349] não sendo verificável incongruência que as partes do contrato de sociedade ajustem condições diversas além do mínimo legal para a utilização da ferramenta.[350]

4.2. Ata de assembleia e alteração de contrato social

No que diz respeito à ata do conclave societário no qual será deliberada a exclusão do sócio, seu conteúdo deve, no mínimo, (i) expressar os atos realizados no conclave, trazendo os fundamentos que levaram à exclusão do sócio (mesmo que em anexos), (ii) demonstrar o preenchimento dos requisitos procedimentais para a tomada de tal decisão, e (iii) indicar os atos que configuram a justa causa para a tomada de tal deliberação. O atendimento de tais requisitos, além de se configurar cumprimento da lei, também representa medida de cautela que deve ser prestigiada, tanto para a sociedade que toma a deliberação, quanto para o sócio que é excluído, afinal, a ata será o primeiro documento analisado pelo Poder Judiciário em caso de questionamento da deliberação de exclusão de sócio.[351]

A exigência legal de que haja a especificação dos fundamentos para a exclusão também está contida no parágrafo único do artigo 54 do Decreto 1.800/96, que regulamenta a Lei 8.934/96 e estabelece expres-

---

[349] SPINELLI, Luis Felipe. *A exclusão de sócio por falta grave na sociedade limitada*. São Paulo: Quartier Latin, 2014, p. 361.

[350] Nesse sentido, cabe destacar que o Tribunal de Justiça de São Paulo já apreciou caso no qual o quórum estabelecido contratualmente na sociedade era maior que o mínimo legal, não sendo apresentado qualquer objeção quanto a tal fato. Neste sentido, cabe transcrever a ementa: "SOCIEDADE LIMITADA. Expulsão de sócio por justa causa (CC, art. 1.085). Quórum qualificado estabelecido no contrato social (85% do capital social). Inaplicabilidade do art. 1.074, § 2º, da LSA ao caso concreto. Matéria que não diz respeito diretamente ao sócio excluído. Maioria absoluta que se refere ao valor das cotas e não ao número de sócios votantes (CC, art. 1.085, e art. 30 do contrato social neste sentido). Hipótese em que embora exclusão tenha sido aprovada por unanimidade, sócios votantes detinham 79,58% do capital social, percentual inferior ao exigido no contrato social da corré. Inobservância ao quórum deliberativo. Assembleia anulada, reintegrando-se o autor no quadro societário. Anulatória procedente. Apelação provida para este fim". (BRASIL. Tribunal de Justiça de São Paulo. Apelação 0001200-77.2011.8.26.0286. 2ª Câmara Reservada de Direito Empresarial. Relator: Des. Ricardo Negrão. Julgado em: 16 de outubro de 2012).

[351] ADAMEK, Marcelo Vieira von. Anotações sobre a exclusão de sócios por falta grave no regime do Código Civil. In: *Temas de direito societário e empresarial contemporâneos*: Liber Amicorum Prof. Dr. Erasmo Valladão Azevedo e Novaes França. São Paulo: Malheiros, 2011, p. 207. CRISTIANO, Romano. *Sociedades limitadas de acordo com o Código Civil*. São Paulo: Malheiros, 2008, p. 54. LUCENA, José Waldecy. *Das sociedades limitadas*. 6. ed. atualizada em face do novo Código Civil, com formulário. Rio de Janeiro: Renovar, 2005, p. 744. RIBEIRO, Renato Ventura. *Exclusão de sócios nas sociedades anônimas*. São Paulo: Quartier Latin, 2005, p. 197, 284. SPINELLI, Luis Felipe. *A exclusão de sócio por falta grave na sociedade limitada*. São Paulo: Quartier Latin, 2014, p. 365. VIO, Daniel de Avila. *A exclusão de sócios na sociedade limitada de acordo com o Código Civil de 2002*, 2008. 230 f. Dissertação (mestrado) – Universidade de São Paulo. Faculdade de Direito. Programa de Pós-Graduação em Direito. São Paulo, BR-SP, 2008, p. 181-182.

samente que *"[o]s instrumentos de exclusão de sócio deverão indicar, obrigatoriamente, o motivo da exclusão e a destinação da respectiva participação"*.

Todavia, mesmo diante dessa exigência, é de se lembrar que não é competência das Juntas Comerciais investigar o mérito da decisão de exclusão, mas sim o preenchimento dos requisitos formais, conforme já assentado na jurisprudência pátria, servindo de exemplo o Recurso Especial 151.838/PE,[352] julgado pelo Superior Tribunal de Justiça.

Tendo o sócio excluído participado do conclave social, nenhum óbice existe para que o mesmo assine a ata, sendo conveniente que o mesmo diligencie para que suas manifestações estejam expressas em tal documento, seja em seu corpo, seja através de voto em apartado em anexo àquela.

Nesse contexto, cabe aqui ressaltar que a tomada da deliberação pela sociedade vincula imediatamente os sócios, conforme disposição do artigo 1.075, §5°, do Código Civil. Ou seja, o sócio excluído perde o *status socii* em relação à sociedade e aos demais sócios a partir da deliberação de sua exclusão, passando a figurar na condição de credor da sociedade enquanto não efetuado o pagamento dos haveres a ele devidos.

Quanto à investigação sobre eventual necessidade de assinatura do sócio excluído na alteração de contrato social, a filiação a posicionamento que afasta essa exigência se dá pela análise da doutrina de Fran Martins sobre o tema, que também valida a afirmação realizada no parágrafo anterior. Embora emitida antes da vigência do Código Civil atual, permanece válida a manifestação a seguir transcrita, no tema específico aqui discutido:

> Excluído o sócio pela deliberação da sociedade, tomada pela maioria dos demais, passa ele a ser terceiro em relação à sociedade nessas condições, já não tem mais o status de sócio e se, por acaso, exercia função na sociedade, nenhum ato mais pode praticar no desempenho de tal função, que cessa no momento em que o sócio é excluído".[353]

Em que pese esse posicionamento, é possível observar na doutrina posicionamento externado por Modesto Carvalhosa, segundo o qual, caso o sócio excluído não esteja presente no conclave, deve o mesmo ser

---

[352] Mandado de Segurança. Junta Comercial. Arquivamento de alteração. Sociedade por cotas de responsabilidade limitada. Precedentes. 1. A Junta Comercial não cuida de examinar eventual comportamento irregular de sócio, motivador de sua exclusão, devendo limitar-se ao exame das formalidades necessárias ao arquivamento. A falta de assinatura de um dos sócios não impede o arquivamento, previsto, no caso, que as deliberações sociais são tomadas pelo voto da maioria. 2. O exame das cláusulas contratuais não tem espaço no especial, a teor da Súmula n° 05 da Corte. 3. Recurso especial não conhecido. (BRASIL. Superior Tribunal de Justiça. Recurso Especial 151.838-PE. Terceira Turma. Rel. Min. Carlos Alberto Menezes Direito. Julgado em 04.09.2001)

[353] MARTINS, Fran. *Direito societário*. Rio de Janeiro: Forense. 1984, p. 263.

novamente cientificado da deliberação de exclusão antes de encaminhamento de registro da alteração de contrato social na Junta Comercial.[354]

Entretanto, discorda-se de tal posicionamento, tendo em vista não existir nenhuma exigência legal para adoção de tal procedimento. Uma vez cientificado o sócio da realização do conclave que deliberará por sua exclusão da sociedade, com a especificação dos fatos e da possibilidade do exercício de seu direito de defesa, preenchido está o requisito legal. O comparecimento do sócio no conclave que irá deliberar sobre a sua exclusão é ato de liberalidade. Caso os demais requisitos legais sobre tal deliberação sejam observados pela sociedade, não é lícita a imposição do ônus de realização de tantas assembleias quantas bastem para que o sócio a ser excluído se faça presente. Assim como a regra do § 5º do artigo 1.072 do Código Civil[355] prevê a vinculação de todos os sócios às deliberações societárias, estando eles presentes ou não no conclave, com a exclusão extrajudicial de sócio deve ser aplicada a mesma solução, gerando efeitos inclusive em relação àqueles que se ausentaram do ato coletivo. A legitimação de tal decisão e de tal vinculação se dá através do atendimento de todos os requisitos legais para a prática do ato.

Assim, deliberada a exclusão do sócio, entende-se deva a ata do conclave, com a demonstração da observância de todos os requisitos legais, e a alteração de contrato social serem levadas a arquivamento na Junta Comercial para que terceiros, estranhos à sociedade, possam ter conhecimento do ato, gerando efeitos em relação a tais terceiros a partir do arquivamento dos atos, já que, em relação à sociedade e aos demais sócios os efeitos vigem desde a tomada da deliberação de exclusão de sócio.

---

[354] CARVALHOSA, Modesto. *Comentários ao Código Civil*: Parte Especial: do Direito de Empresa (artigos 1.052 a 1.195), vol. 13. Antônio Junqueira de Azevedo (coord.). São Paulo: Saraiva, 2003, p. 320.

[355] Art. 1.072 (...). § 5º. As deliberações tomadas de conformidade com a lei e o contrato vinculam todos os sócios, ainda que ausentes ou dissidentes.

Conclusão

Este trabalho versou sobre a exclusão extrajudicial de sócio, seus requisitos materiais e procedimentais para que se realize o afastamento do sócio minoritário que coloca em risco a continuidade da empresa por conta de atos de inegável gravidade.

Conforme observado ao longo do estudo, as discussões que envolvem o tema transitam entre os conceitos de "sociedade" e "empresa", sendo abordados os fundamentos que demonstram a importância da *ferramenta* exclusão extrajudicial de sócio na preservação dos elementos que, ao fim, se relacionam a um ou outro conceito.

É bem verdade que, no Direito Societário, entre a *sociedade* e a *empresa* existe um universo jurídico que não pode ser ignorado pelo operador do direito, mas a utilização dessa polarização, neste momento, tem por objetivo ressaltar a inter-relação ressaltada pelo artigo 1.085 do Código Civil.

A primeira conclusão que se colhe da simples leitura desse dispositivo é que a colocação da empresa em risco de continuidade, por conta de atos de inegável gravidade, configura a justa causa para o rompimento forçado do vínculo societário. Essa dedução já se tinha antes da realização da dissertação, mas foi através dela e dos elementos que com ela estão envolvidos que se traçou o plano que foi percorrido.

Da polarização destacada anteriormente, demonstrou-se no curso do estudo a importância do fenômeno econômico empresa para a sociedade empresária. Observou-se, ainda, que prejudicar a empresa, considerada em qualquer dos *perfis* jurídicos a ela atrelados, é prejudicar a consecução do fim social.

Sob a ótica do *perfil* funcional – através do qual, no mais das vezes, se originam as riquezas geradas pela sociedade – deve ser dada atenção aos elementos que caracterizam o conceito empresa, ou seja, o exercício da atividade econômica organizada com o objetivo de circulação de bens e serviços. O principal foco do artigo 1.085 do Código Civil, embora não se ignore os demais perfis, é a proteção de tal atividade, na forma como organizada pela sociedade empresária. Nesse sentido, é a atividade econômica organizada que produzirá o resultado que de forma imediata será distribuído entre os sócios, mas que de forma mediata beneficia a todos aqueles que se relacionam com a sociedade, seja seus empregados, fornecedores, clientes e o próprio Estado, que tem nessa atividade a principal fonte financiadora de suas ações.

A importância da empresa é decorrente da funcionalidade a ela atribuída. Nesse contexto, a relação entre os sócios que integram a sociedade empresária que é titular da empresa não pode ignorar tal importância nem deve prejudicar esse bem que é caro a toda a coletividade.

Essa foi uma das principais razões para a inserção do artigo 1.085 do Código Civil, conforme consignou expressamente o próprio Miguel Reale,[356] o qual tem por papel servir de *ferramenta*, de instrumento, para viabilizar o afastamento do sócio minoritário que traz prejuízos à sociedade. Desta função atribuída pelo artigo 1.085 do Código Civil decorre outra conclusão prévia que já se dispunha quando do início deste estudo: a exclusão extrajudicial de sócio também é ferramenta de proteção da sociedade.

E sobre os efeitos de tal proteção conferida à sociedade, ao lado do benefício decorrente do afastamento do sócio minoritário que está colocando em risco a continuidade da empresa, deve ser destacada a importância da efetividade temporal da proteção conferida pelo instituto.

Nesse aspecto, quanto mais rápido puder ser pacificado um conflito societário, ou quanto mais rápido os efeitos desse conflito puderem ser afastados da empresa, maior será a probabilidade de a atividade econômica continuar sendo exercida com a organização conferida pela sociedade empresária, sendo maior a chance de cumprimento da função atribuída pelo Direito a essa atividade e à preservação do patrimônio detido pela sociedade.

A importância da empresa é inconteste nos tempos em que vivemos. Contudo, há que se observar que essa importância não pode ser utilizada para violação de direitos dos sócios minoritários. A necessidade de equilíbrio entre esses valores foi ressaltada na pesquisa e representa a justificativa para a realização deste estudo, tendo em vista que o conhecimento da *ferramenta* da exclusão extrajudicial de sócio é fundamental para que ela possa servir aos fins para os quais foi planejada.

Diante disso, analisou-se a exclusão extrajudicial de sócio através de seus requisitos materiais e procedimentais, tendo sido alcançadas as seguintes conclusões:

---

[356] REALE, Miguel. *História do Código Civil*. Biblioteca de Direito Civil. Estudos em homenagem ao Professor Miguel Reale, vol. I. São Paulo: RT, 2005, p. 168.

a) em relação ao primeiro capítulo, que analisou os principais deveres imputáveis aos sócios da sociedade empresária limitada, e à utilização do fim social como parâmetro interpretativo do comportamento dos sócios, as conclusões parciais alcançadas foram as seguintes: (i) o agir dos sócios deve observar os padrões fixados pelos deveres oriundos, ou do negócio jurídico contrato de sociedade, ou das atividades assumidas por aqueles no exercício da atividade econômica organizada; (ii) o comportamento do sócio deve estar orientado para o alcance do fim social, no limite dos compromissos assumidos pelos sócios; (iii) o fim social deve ser considerado em um sentido amplo, abarcando todo o processo de geração do resultado que será distribuído entre os sócios, consistindo tanto a atividade econômica organizada (escopo meio), quanto a própria distribuição do resultado dela decorrente (escopo fim).

b) em relação ao segundo capítulo, o foco da análise esteve centrado na justa causa que autoriza a exclusão extrajudicial de sócio, o significado dos atos de inegável gravidade que colocam em risco a continuidade da empresa. Para tanto, houve a necessidade de análise do que consiste a justa causa prevista para a hipótese de exclusão judicial de sócio na sociedade limitada, constante no artigo 1.030 do Código Civil. Mesmo considerando a existência de doutrina que atribui às justas causas das hipóteses do artigo 1.085 e 1.030 do Código Civil o mesmo conteúdo, ou seja, de que em ambas as hipóteses a justa causa podem ser sintetizada pelo cometimento de falta grave pelos sócios, a pesquisa realizada buscou investigar os limites de cada um dos conceitos, tendo em vista a amplitude dos termos utilizados pelo legislador. Da investigação realizada as conclusões alcançadas foram as seguintes: (i) ambos os conceitos possuem uma zona de sobreposição quando da comparação das *justas causas*, sendo entendido que o conceito de *falta grave* pode caber no de *atos de inegável gravidade que colocam em risco a continuidade da empresa;* (ii) os termos utilizados no artigo 1.085 do Código Civil trazem um significado mais amplo que os utilizados para delimitar a hipótese do artigo 1.030 do Código Civil, o que não limita a aplicação da exclusão extrajudicial de sócio unicamente aos casos de falta grave, embora a ocorrência dessa seja uma das exigências da exclusão extrajudicial de sócio;

c) em relação ao terceiro capítulo, relacionado aos requisitos procedimentais que devem ser observados *previamente* à realização do conclave que deliberará sobre a exclusão de sócio, a principal conclusão a que se chegou, decorrente da análise conjunta de tais requisitos, é de que eles têm a função de estabelecer critérios mínimos para evitar que os direitos dos sócios minoritários não sejam violados através de uma utilização desvirtuada da ferramenta aqui em estudo. Relativamente à análise individual dos requisitos, a principal conclusão a ser destacada está relacionada à necessidade de observância dos efeitos decorrentes do direito de defesa na cientificação prévia do sócio, que exige a cientificação daquele dos fundamentos pelos quais a maioria dos sócios, detentora de mais da metade do capital social, embasa a proposta de exclusão extrajudicial.

d) em relação ao quarto capítulo, relacionado aos requisitos procedimentais que devem ser observados durante o conclave que deliberará a exclusão de sócio, a conclusão geral apresentada no item anterior deve ser repetida: tais requisitos têm a função de proteção dos direitos dos sócios envolvidos no conclave. Individualmente, a conclusão de maior destaque neste capítulo também está vinculada do direito de defesa: esse direito tem incidência na relação societária e sua aplicação não deve ser confundida com a forma de sua incidência em um processo judicial, mas sim adaptada às circunstâncias do ambiente em questão e ao conceito de deliberação societária.

Por fim, tendo como base todos os fundamentos abordados, uma conclusão geral sobre a exclusão extrajudicial de sócio se faz pertinente: ela é uma ferramenta eficaz na proteção da empresa, e, consequentemente, da sociedade que a detém, alcançando àqueles que foram/são prejudicados pelo agir de um sócio minoritário contrário ao fim social, que coloca em risco a continuidade da empresa, uma solução efetiva e tempestiva.

Tratando-se de uma ferramenta capaz de extinguir o vínculo societário de forma efetiva e em curto espaço de tempo, a exclusão extrajudicial de sócio deve ser estudada, e as discussões sobre seus requisitos disseminadas nos meios jurídicos, pois é através do conhecimento das peculiaridades desse instituto que se alcançará sua correta e segura utilização. Diante dessa crença, espera-se que o estudo até aqui realizado possa ter contribuído, de alguma forma, com a disseminação de tal conhecimento.

Referências bibliográficas

ABRÃO, Nelson. *Sociedade por quotas de responsabilidade limitada*. 6. ed. rev., atual. e ampl. por Carlos Henrique Abrão. São Paulo: Revista dos Tribunais, 1998.

ACQUAS, Brunello; LECIS, Corrado. *L'esclusione del socio nelle società di persone*. Milano: Giuffrè. 2005.

ADAMEK, Marcelo Vieira von. Anotações sobre a exclusão de sócios por falta grave no regime do Código Civil. In: *Temas de direito societário e empresarial contemporâneos*: Liber Amicorum Prof. Dr. Erasmo Valladão Azevedo e Novaes França. São Paulo: Malheiros, 2011.

——. *Abuso de minoria em direito societário*. São Paulo: Malheiros, 2014.

AGUIAR JÚNIOR, Ruy Rosado. *Extinção dos contratos por incumprimento do devedor*. Rio de Janeiro: Aide, 2003.

——. Extinção dos Contratos. In: FERNANDES, Wanderley (org.). *Contratos empresariais*: fundamentos e princípios dos contratos empresariais. 2ª ed. São Paulo: Saraiva, 2012, p. 475-518.

ALMEIDA COSTA, Mario Julio. *Direito das obrigações*. 10. ed. Coimbra: Almedina, 2006.

ANDRADE FILHO, Edmar Oliveira. *Sociedade de responsabilidade limitada*: de acordo com o novo Código Civil. São Paulo: Quartier Latin, 2004.

ARDUIN, Ana Lúcia Alves da Costa; LEITE, Leonardo Barém. A tutela jurídical do sócio minoritário das sociedades limitadas. In: CASTRO, Rodrigo R. Monteiro de (Coord.). *Direito societário*: desafios atuais. São Paulo: Quartier Latin. 2009. p. 365-88.

ASCARELLI, Tullio. *Corso di diritto commerciale*. 3.ed. Milano: Giuffrè. 1962.

——. *Introdução ao estudo do direito mercantil*. Sorocaba: Minelli, 2007.

——. *Panorama do direito comercial*. 2. ed. Sorocaba: Minelli. 2007.

——. *Problemas das sociedades anônimas e direito comparado*. São Paulo: Quorum, 2008.

——. *Studi in tema di società*. Milano: Giuffrè, 1952.

——. *Saggi di diritto commerciale*. Milão: Giuffrè Editora, 1955.

ASQUINI, Alberto. Dal Codice del Commercio del 1865 al libro del lavoro de Codice Civile del 1942. *Rivista del diritto commerciale e del diritto generale dele obbligazione*, Milano, v. 65, n. 1-2, 1967.

——. I Battelli del Reno. *Rivista delle società*, Milano, p. 617-633, 1959.

——. Perfis da Empresa. Tradução de Fábio Konder Comparato. *Revista de direito mercantil, industrial, econômico e financeiro*, São Paulo, n. 104, p. 109-126, out./dez. 1996.

——. Profili dell'impresa. *Rivista del diritto commerciale e del diritto generale dele obbligazioni*, Padova, v. 41, p. 1-20, 1943.

ASSIS, Araken de. *Resolução do contrato por inadimplemento*. 3. ed. São Paulo: Revista dos Tribunais, 1999.

——. *Resolução do contrato por inadimplemento*. 5. ed. São Paulo: Revista dos Tribunais, 2013.

ÁVILA, Humberto. Argumentação jurídica e a imunidade do livro eletrônico. *Revista da Faculdade de Direito da UFRGS*. Porto Alegre: Nova Prova Gráfica e Editora, 2001. n. 19. p. 157-180.

BARBI FILHO, Celso. *Dissolução parcial de sociedades limitadas*. Belo Horizonte: Mandamentos. 2004.

BARBOSA, Henrique Cunha. Dissolução Parcial, Recesso e Exclusão de Sócios: Diálogos e Dissensos na Jurisprudência do STJ e nos Projetos de CPC e Código Comercial. In: MOURA AZEVEDO, Luís André N. de; CASTRO, Rodrigo R. Monteiro de (coord.). *Sociedade limitada contemporânea.* São Paulo: Quartier Latin, 2013. p. 353-402.

BERALDO, Leonardo de Faria. Da Exclusão de Sócios nas Sociedades Limitadas. In: BERALDO, Leonardo de Faria (org.). *Direito societário na atualidade:* aspectos polêmicos. Belo Horizonte: Del Rey, 2007. p. 181-232.

BETTI, Emílio. *Teoria generale delle obligazioni.* Milano: Giuffrè.1953.

BRANCO, Gerson Luiz Carlos. *Função social dos contratos:* interpretação à luz do Código Civil. São Paulo: Saraiva, 2009.

BULGARELLI, Waldírio. *Manual das sociedades anônimas.* 11. ed. São Paulo: Atlas, 1999.

——. *A teoria jurídica da empresa:* análise jurídica da empresarialidade. São Paulo: Revista dos Tribunais, 1985.

——. Anulação de assembleia geral de sociedade anônima. *Revista dos Tribunais.* São Paulo, v. 514, 1978.

——. *Tratado de direito empresarial.* 4. ed. São Paulo: Atlas, 2000.

CARVALHOSA, Modesto. *Comentários ao Código Civil.* São Paulo: Saraiva, 2003. v. 13: Parte Especial: do Direito de Empresa (artigos 1.052 a 1.195).

CATAPANI, Márcio Ferro. Os contratos associativos. In: FRANÇA, Erasmo Valladão Azevedo e Novaes (Coords.). *Direito Societário Contemporâneo I.* São Paulo: Quartier Latin, 2009, p. 87-103.

COELHO, Eduardo de Melo Lucas. Formas de deliberação e de votação dos sócios. In: *Problemas do direito das sociedades.* Coimbra: Almedina, 2003. p. 333-370.

COELHO, Fábio Ulhoa. *Curso de direito comercial.* 17. ed. São Paulo: Saraiva, 2013. v. 2.

——. Apuração de haveres na sociedade limitada. In YARSHELL, Flávio Luiz; PEREIRA, Guilherme Setoguti J. (coord.). *Processo societário.* São Paulo: Quartier Latin, 2012, p. 185-201.

——. O novo Código Civil e o Direito de Empresa – Registro das Sociedades Simples. In: *revista de direito imobiliário.* São Paulo: Revista dos Tribunais. vol 55, jul. 2003.

COMPARATO, Fábio Konder. Exclusão de sócio nas sociedades por cotas de responsabilidade limitada. *Revista de direito mercantil, industrial, econômico e financeiro,* São Paulo, v. 16, n. 25, p. 39-48, 1977.

——. Exclusão de sócio, independentemente de específica previsão legal ou contratual. In: COMPARATO, Fábio Konder. *Ensaios e pareceres de direito empresarial.* Rio de Janeiro: Forense, 1978.

——. COMPARATO, Fábio Konder. *O poder de controle na sociedade anônima.* Atual. Calixto Salomão Filho. Rio de Janeiro: Forense. 2008.

CORDEIRO, António Manuel Menezes. *Direito das obrigações.* Lisboa: Associação Acadêmica da Faculdade de Direito de Lisboa, 1980.

——. A lealdade no direito das sociedades. *Revista da Ordem dos Advogados de Portugal,* v. 66, n. 3, p. 1033-1065, dez. 2006. Disponível em: <http://www.oa.pt/Conteudos/Artigos/detalhe_artigo. aspx?idc=31559&idsc=54103&ida=54129>. Acesso em: 18 mar. 2014.

CORSI, Francesco. *Il concetto di amministrazione nel diritto privato.* Milano: Giuffrè, 1974.

COSTALUNGA, Karime. *As diferentes lógicas do direito na transmissão patrimonial em uma sociedade limitada intuitus personae:* uma proposta de interpretação da matéria após o código civil de 2002. 114 f. Tese (Doutorado) – Faculdade de Direito, Universidade Federal do Rio Grande do Sul, Porto Alegre, 2002.

CRISTIANO, Romano. *Sociedades limitadas de acordo com o Código Civil.* São Paulo: Malheiros. 2008.

CUNHA, Carolina. Exclusão de sócios. In: *Problemas do direito das sociedades.* Coimbra: Almedina, 2003. p. 201-234.

DALMARTELO, Arturo. *L'esclusione dei soci dalle società commerciali.* Padova: CEDAM, 1939.

DAMODARAN, Aswath. *Avaliação de empresas.* YAMAMOTO, Sonia Midori; ALVIM, Marecelo Arantes. (Trad.). 2 ed. São Paulo: Pearson Prentice Hall. 2007.

DOMINGUES, Paulo de Tarso. *Garantias da Consistência do Patrimônio Social.* In: *Problemas do Direito das sociedades.* Coimbra: Almedina, 2003. p. 497-545.

ESPOSITO, Ciro. *L'esclusione del socio nelle società di capitali.* Milano: Giuffrè, 2012.

ESTRELLA, Hernani. *Apuração dos haveres de sócio*. Rio de Janeiro: José Konfino, 1960.

——. *Despedida de sócio e apuração dos haveres*. Porto Alegre: [s.n.], 1948.

ETCHEVERRY, Raúl Aníbal. *Derecho comercial y econômico*: formas jurídicas de la organización de la empresa. 2. ed. Buenos Aires: Astrea, 1995.

FERREIRA, Waldemar. A elaboração do conceito de empresa para extensão do âmbito do direito comercial. *Revista de direito mercantil, industrial, econômico e financeiro*, São Paulo, v. 5, p. 1-34, jan./jun. 1955.

FERRI, Giuseppe. *Manuale di diritto commerciale*. Torino: Unione Tipografico-Editrice Torinese, 1955.

FERRO-LUZZI, Paolo. *I contratti associativi*. Milano: Giuffrè. 1976.

FIALDINI FILHO, Pedro Sérgio. Inovações do Código Civil de 2002 em relação à dissolução parcial da sociedade limitada por justa causa. In: WALD, Arnoldo; FONSECA, Rodrigo Garcia da (coords.). *A empresa no terceiro milênio*: aspectos jurídicos. São Paulo: Juarez de Oliveira, 2005.

FICO, Daniele. *Lo scioglimento del rapporto societário*: recesso, esclusione e morte del socio. Milano, Giuffrè. 2012.

FONSECA, Priscila M. P. Corrêa da. *Dissolução parcial, retirada e exclusão de sócio*. 5. ed. São Paulo: Atlas, 2012.

FORGIONI, Paula Andrea. *A evolução do direito comercial brasileiro*: da mercancia ao mercado. 2. ed. São Paulo: Revista dos Tribunais, 2012.

FRAMIÑÁN SANTAS, Francisco Javier. *La exclusión del socio en la sociedad de responsabilidad limitada*. Albolote: Comares, 2005.

FRAZÃO, Ana. *Função social da empresa*: repercussões sobre a responsabilidade civil de controladores e administradores de S/As. Rio de Janeiro: Renovar, 2011.

GIGLIO, Wagner. *Justa causa*. São Paulo: Saraiva, 2000.

GOLDSCHMIDT, Levin. *Storia universale del diritto commerciale*. Torino: Unione Tipografico-Editrice Torinese, 1913.

GOMES, Orlando. *Contratos*. 22. ed. Rio de Janeiro: Forense, 2000.

——. Parecer. In: Pinheiro Neto & Cia. – Advogados. *Sociedade de Advogados – Exclusão de Sócios – Prevalência do Contrato*. São Paulo: Revista dos Tribunais, 1975. p. 113-134.

GONÇALVES NETO, Alfredo de Assis. *Direito de empresa*: comentários aos artigos 966 a 1.195 do Código Civil. 2. ed. rev., atual. e ampl. São Paulo: Revista dos Tribunais, 2008.

——. *Lições de direito societário*: à luz do Código Civil de 2002. 2 ed. rev. e atual. São Paulo: Juarez de Oliveira, 2004.

——. *Sociedade de advogados*. 3. ed. rev. e ampl. São Paulo: Lex, 2005.

GUASTINI, Riccardo. *Estudios sobre la interpretación jurídica*. Traducción de Miguel Carbonell, Marina Gascón. Cidade do México: Universidad Nacional Autônoma de México, 1999.

——. *Interpretare e argomentare*. Milano: Giuffrè. 2011.

——. *Das fontes às normas*. Trad. Edson Bini. Apresentação Heleno Taveira Tôrres. São Paulo: Quartier Latin, 2005.

GUIMARÃES, Leonardo. Exclusão de sócio em sociedade limitada no novo Código Civil. In: RODRIGUES, Frederico Viana (coord.). *Direito de empresa no novo Código Civil*. Rio de Janeiro: Forense, 2004. p. 291-309.

INNOCENTI, Osmida. *La exclusión del socio*. Traducción de, Juan Majem Morgades Barcelona: AHR, 1958.

JORGE, Tarsis Nametala Sarlo. *Manual das sociedades limitadas*. Rio de Janeiro: Lumen Juris, 2007.

KÜBLER, Friedrich. *Derecho de sociedades*. Tradução de Michèle Klein. Madri: Fundación Cultural del Notariado, 2001.

LA VILLA, Gianluca. *L'oggetto sociale*. Milano: Giuffrè, 1974.

LAMY FILHO, Alfredo; PEDREIRA, José Luiz Bulhões. *Direito das companhias*. Rio de Janeiro: Forense, 2009.

LARENZ, Karl. *Metodología de la ciencia del derecho*. Trad. y revisión Marcelino Rodríguez Molinero. Barcelona: Editorial Ariel. 1994, p. 318.

LEÃES, Luiz Gastão Paes de Barros. Exclusão extrajudicial de sócio em sociedade por quotas. *Revista de direito mercantil, industrial, econômico e financeiro*, São Paulo, n. 100, 1995.

LIVONESI, André Gustavo. Responsabilidade dos Sócios na Sociedade Limitada. In: *Revista de direito privado*. São Paulo: RT, vol. 20, ano 2004, out. – dez. 2004.

LOPES, Idevan César Rauen. *Empresa e exclusão de sócio*: de Acordo com o Código Civil de 2002. 3,ed. Curitiba: Juruá, 2013.

LUCENA, José Waldecy. *Das sociedades por quotas de responsabilidade limitada*. 2. ed. Rio de Janeiro: Renovar, 1997.

——. *Das sociedades limitadas*. 6. ed., atualizada em face do novo Código Civil, com formulário. Rio de Janeiro: Renovar, 2005.

MAIA, Pedro. O presidente das assembleias de sócios. In: *Problemas do direito das sociedades*. Coimbra: Almedina, 2003.

MARCONDES, Sylvio. *Problemas de direito mercantil*. São Paulo: Max Limonad, 1970.

——. *Questões de direito mercantil*. São Paulo: Saraiva, 1977.

MARTINS, Fran. *Direito societário*. Rio de Janeiro: Forense, 1984.

MARTINS-COSTA, Judith Hoffmeister. Os campos normativos da boa-fé objetiva: as três perspectivas do direito privado brasileiro. In: JUNQUEIRA DE AZEVEDO, Antonio; TÔRRES, Heleno Taveira; CARBONE, Paolo (coord.). *Princípios do novo Código Civil Brasileiro e outros temas*: homenagem a Tullio Ascarelli. São Paulo: Quartier Latin, 2008.

——. As cláusulas gerais como fatores de mobilidade do sistema jurídico. *Revista dos Tribunais*, São Paulo, v. 680, p. 47-58, 1992.

——. *Comentários ao novo Código Civil*. Rio de Janeiro: Forense, 2009. v. 5, t. 2: Do inadimplemento das obrigações.

——. Os avatares do abuso do Direito e o rumo indicado pela boa-fé. In: TEPEDINO, Gustavo (org.). *Direito civil contemporâneo* – novos problemas à luz da legalidade constitucional. São Paulo: Atlas, 2008, p. 57-95.

MATIAS, João Luis Nogueira. Aspectos da proteção aos sócios minoritários na sociedade limitada. In: PEREIRA, Guilherme Teixeira. *Direito societário e empresarial*: reflexões jurídicas. São Paulo: Quartier Latin, 2009. p. 120-141.

MESSINEO. Societá e scopo di lucro. In: *Studi di diritto delle società*. Milano: Giuffrè, 1958.

MOSSA, Lorenzo. *Trattato del nuovo diritto commerciale*. Padova: CEDAM. 1953. v. 3: Società a Responsabilità Limitata.

NOVAES FRANÇA, Erasmo Valladão Azevedo. *Affectio Societatis*: um conceito jurídico superado no moderno direito societário pelo conceito de "fim social". In: *Temas de direito societário, falimentar e teoria da empresa*. São Paulo: Malheiros, 2009. p. 27-68.

——. *Invalidade das deliberações de assembléia das S.A*. São Paulo: Malheiros, 1999.

NUNES, António José Avelãs. *O direito de exclusão de sócios nas sociedades comerciais*. Coimbra: Almedina, 2004.

NUNES, Márcio Tadeu Guimarães. *Dissolução parcial, exclusão de sócio e apuração de haveres*: questões controvertidas e uma proposta de revisão dos institutos. São Paulo: Quartier Latin, 2010.

OLIVEIRA, Carlos Alberto Alvaro; MITIDIERO, Daniel. *Curso de processo civil*. São Paulo: Atlas. 2010, v. 1: Teoria geral do processo civil e parte geral do direito processual civil.

PASSOS, Edilenice; LIMA, João Alberto de Oliveira. *Memória legislativa do Código Civil*: tramitação no Senado Federal. Brasília: Senado Federal, 2012, . v. 3, p. 358-359. Disponível em: <http://www.senado.gov.br/publicacoes/mlcc/pdf/mlcc_v3_ed1.pdf>. Acesso em: 8 mar. 2014.

PENTEADO, Mauro Rodrigues. Dissolução parcial da sociedade limitada: da resolução da sociedade em relação a um sócio e do sócio em relação à sociedade. In: RODRIGUES, Frederico Viana (Coord.). *Direito de empresa no novo Código Civil*. Rio de Janeiro: Forense, 2004.

PEREIRA, Luiz Fernando C. *Medidas urgentes no direito societário*. São Paulo: Revista dos Tribunais, 2002.

PÉREZ, Alex Carocca. *Garantía constitucional de la defensa procesal*. Barcelona: Bosch, 1998.

PERRINO, Michele. *Le tecniche di esclusione del socio dalla società*. Milano, Giuffrè, 1997.

PIMENTA, Eduardo Goulart. *Direito societário*. Rio de Janeiro: Elsevier, 2010.

——. *Exclusão e retirada de sócios*: conflitos societários e apuração de haveres no Código Civil e na Lei das Sociedades Anônimas. Belo Horizonte: Mandamentos, 2004.

PONTES DE MIRANDA, Francisco Cavalcanti. Parecer. In: Pinheiro Neto & Cia. – Advogados. *Sociedade de Advogados – Exclusão de Sócios – Prevalência do Contrato*. São Paulo: Revista dos Tribunais, 1975. p. 169-196.

———. *Tratado de direito privado*. Rio de Janeiro: Borsoi, 1970. v. 23.

———. *Tratado de direito privado*: parte geral. 3. ed. Rio de Janeiro: Borsoi, 1970, v. 3: Negócios jurídicos. Representação. Conteúdo. Forma. Prova.

RATHENAU, Walther. Do sistema acionário: uma análise negocial. Tradução de Nilson Lautenschleger Júnior. *Revista de direito mercantil, industrial, econômico e financeiro*, São Paulo, n. 128, out./dez. 2002.

REALE, Miguel. A exclusão de sócio da sociedade civil e o contrôle jurisdicional. In: REALE, Miguel. *Nos quadrantes do direito positivo*: estudos e pareceres. São Paulo: Gráfica Editora Michalany, 1960. p. 309-318.

———. A exclusão de sócio das sociedades mercantis e o registro do comércio. In: REALE, Miguel. *Nos quadrantes do direito positivo: estudos e pareceres*. São Paulo: Gráfica Editora Michalany, 1960. p. 279-303.

———. *História do Código Civil*: Estudos em homenagem ao Professor Miguel Reale. São Paulo: Revista dos Tribunais, 2005. v. 1.

———. Visão geral do Projeto de Código Civil. *Revista dos Tribunais*, São Paulo, v. 87, n. 752, jun. 1998.

———. Exclusão de sócio das sociedades comerciais. In: *Questões de direito*. São Paulo: Sugestões Literárias, 1981, p. 309-320.

REQUIÃO, Rubens. *A preservação da sociedade comercial pela exclusão de sócio*. Tese para Concurso à Cátedra de Direito Comercial da Faculdade de Direito da Universidade do Paraná. Curitiba. 1959, p. 154. Disponível em: <http://dspace.c3sl.ufpr.br/dspace/bitstream/handle/1884/24814/T%20-%20REQUIAO,%20RUBENS%20(T%20 3492).pdf?sequence=1>. Acesso em: 5 out. 2013.

———. *Curso de direito comercial*. 32 ed. rev. e atual. por Rubens Edmundo Requião. São Paulo: Saraiva. Vol. 1. 2013.

RIBEIRO, Joaquim de Sousa. *O problema do contrato*. Coimbra: Almedina. 1999.

RIBEIRO, Renato Ventura. *Exclusão de sócios nas sociedades anônimas*. São Paulo: Quartier Latin, 2005.

RIZZARDO, Arnaldo. *Direito de empresa*. 4 ed. Rio de Janeiro: Forense, 2012.

RODRIGUES, Silvio. Parecer. In: Pinheiro Neto & Cia. – Advogados. *Sociedade de Advogados – Exclusão de Sócios – Prevalência do Contrato*. São Paulo: Revista dos Tribunais, 1975. p. 217-252.

RUIZ, Mercedes Sánchez. *La facultad de exclusión de socios en la teoría general de sociedades*. Cizur Menor: Thomson Civitas, 2006.

SALAMA, Bruno Meyerhof. *O fim da responsabilidade limitada no Brasil*: história, direito e economia. São Paulo: Malheiros Editores. 2014.

SALOMÃO FILHO, Calixto. *O novo direito societário*. 3. ed. rev. e ampl. São Paulo: Malheiros, 2006.

SCHREIBER, Anderson. *A proibição de comportamento contraditório*: tutela da confiança e venire contra factum proprium. Rio de Janeiro, Renovar, 2005.

SILVA, Clóvis Veríssimo do Couto e. *A obrigação como processo*. Rio de Janeiro: Editora FGV, 2006.

SPINELLI, Luis Felipe. *A exclusão de sócio por falta grave na sociedade limitada*: fundamentos, pressupostos e consequências. 2014. 549 f. Tese (Doutorado) – Faculdade de Direito, Universidade de São Paulo, São Paulo, 2014.

SZTAJN, Rachel. *Contrato de sociedade e formas societárias*. São Paulo: Saraiva, 1989.

TOKARS, Fábio. *Sociedades limitadas*. São Paulo: LTr, 2007.

URIA, Rodrigo; MENENDEZ, Aurelio; BELTRAN, Emilio. *Comentario al regimen legal de las sociedades mercantiles*. Madrid: Civitas, 1992.

VALLADÃO, Haroldo. *História do direito especialmente do direito brasileiro*. 3. ed. Rio de Janeiro: Freitas Bastos, 1977.

VERÇOSA, Haroldo Malheiros Duclerc. *Curso de direito comercial*. 2. ed. São Paulo: Malheiros, 2010. v. 2. Teoria Geral das Sociedades. As Sociedades em Espécie do Código Civil.

VILLAVERDE, Rafael Garcia. *La exclusion de socios: causas legales*. Madrid: Montecorvo, 1977.

VIO, Daniel de Avila. *A exclusão de sócios na sociedade limitada de acordo com o Código Civil de 2002*. 2008. 230 f. Dissertação (Mestrado) – Faculdade de Direito, Universidade de São Paulo, São Paulo, 2008.

WALD, Arnoldo. *Comentários ao novo Código Civil*. Rio de Janeiro: Forense, 2005. v. 14: Livro 2, Do Direito de Empresa.

WATABABE, Kazuo. *Da cognição no processo civil*. Campinas: Bookseller, 2000.

WIEDEMANN, Herbert. *Gesellschaftsrecht*. Munique: C. H. Beck, 1980, v. 1: Grundlagen.

——. *Gesellschaftsrecht*. Munique: C. H. Beck, 2004. v. 2: Recht der Personengesellschaften.

——. Vínculos de lealdade e regra de substancialidade: uma comparação de sistemas. Tradução de Otto Carlos Vieira von Adamek. In: *Temas de direito societário e empresarial contemporâneos – Liber Amicorum* Prof. Dr. Erasmo Valladão Azevedo e Novaes França. São Paulo: Malheiros. 2011. p. 143-168.

ZANETTI, Robson. *Manual da sociedade limitada*. 3. ed. Curitiba: Juruá, 2012.

ZANINI, Carlos Klein. *A dissolução judicial da sociedade anônima*. Rio de Janeiro: Forense, 2005.

——. A doutrina dos fiduciary duties no Direito Norte-Americano e a tutela das sociedades e acionistas minoritários frente aos administradores das sociedades anônimas. *Revista de direito mercantil, industrial, econômico e financeiro*, São Paulo, p. 137-149, jan./mar. 1998.

Jurisprudência apresentada

BRASIL, Supremo Tribunal Federal. Recurso Extraordinário 201.819/RJ. Relatora Ministra Ellen Gracie, Segunda Turma, julgado em 11.10.2005.

——. Superior Tribunal de Justiça Recurso Especial 151.838-PE. Terceira Turma. Rel. Min. Carlos Alberto Menezes Direito. Julgado em 04.09.2001.

——. Superior Tribunal de Justiça. Recurso Especial 1.129.222/PR. Terceira Turma. Rel. Min. Nancy Andrighi. Julgado em 28.06.2011.

——. Tribunal de Justiça de Minas Gerais. Apelação 1.0145.05.219477-9/001. Décima Sexta Câmara Cível. Relator: Des. Otávio Portes. Julgado em: 16 de janeiro de 2008.

——. Tribunal de Justiça de São Paulo. Apelação 0007182-44.2011.8.26.0554. Câmara Reservada de Direito Empresarial. Relator: Des. Enio Zuliani. Julgado em: 16 de agosto de 2011.

——. Tribunal de Justiça de São Paulo. Apelação 990.10.561767-0. Quinta Câmara de Direito Privado. Relator: Des. James Siano. Julgado em: 25 de maio de 2011.

——. Tribunal de Justiça de São Paulo. Apelação 994.08.119794-8. Sexta Câmara Cível de Direito Privado. Relator: Des. Sebastião Carlos Garcia. Julgado em: 24 de fevereiro de 2011.

——. Tribunal de Justiça do Estado do Rio Grande do Sul. Agravo Interno 70022332159. Sexta Câmara Cível. Relator: Des. Ubirajara Mach de Oliveira. Julgado em: 14 de novembro de 2007.

——. Tribunal de Justiça do Estado do Rio Grande do Sul. Apelação Cível 70037387735. Sexta Câmara Cível. Relator: Des. Ney Wiedemann. Julgado em: 26 de agosto de 2010.

——. Tribunal de Justiça do Paraná. Agravo de Instrumento 477685-0. Décima Sétima Câmara Cível. Relator: Des. Lauri Caetano da Silva. Julgado em: 30 de abril de 2008.

——. Tribunal de Justiça do Paraná. Apelação Cível n. 488.831-9, Décima Sétima Câmara Cível. Rel. Des. Vicente Del Prete Misurelli, julgado em 21.05.2008.

Impressão:
Evangraf
Rua Waldomiro Schapke, 77 - POA/RS
Fone: (51) 3336.2466 - (51) 3336.0422
E-mail: evangraf.adm@terra.com.br